本书受国家自然科学基金重大项目"创新驱动创业的重
（72091310）课题三"大型企业创新驱动的创业研究"（72091311， 、国家自然科学基金面上项
目"为何不停歇？战略参照点理论视角下公司创业生成与持续机制研究"（71672168）资助。

公司创业投资

CORPORATE VENTURE CAPITAL

戴维奇　王铱◎著

经济管理出版社

ECONOMY & MANAGEMENT PUBLISHING HOUSE

图书在版编目（CIP）数据

公司创业投资/戴维奇，王铱著 . —北京：经济管理出版社，2022. 8
ISBN 978-7-5096-8660-7

Ⅰ.①公⋯ Ⅱ.①戴⋯ ②王⋯ Ⅲ.①公司—创业投资—研究 Ⅳ.①F276.6 ②F830.59

中国版本图书馆 CIP 数据核字（2022）第 146377 号

责任编辑：张莉琼　姜玉满
责任印制：黄章平
责任校对：王淑卿

出版发行：经济管理出版社
　　　　　（北京市海淀区北蜂窝 8 号中雅大厦 A 座 11 层　100038）
网　　址：www. E-mp. com. cn
电　　话：（010）51915602
印　　刷：唐山玺诚印务有限公司
经　　销：新华书店
开　　本：720mm×1000mm/16
印　　张：15.75
字　　数：288 千字
版　　次：2022 年 10 月第 1 版　　2022 年 10 月第 1 次印刷
书　　号：ISBN 978-7-5096-8660-7
定　　价：78. 00 元

前　言

　　我们可以从三个角度来理解公司创业投资（Corporate Venture Capital）及其重要价值。一是从创业投资（Venture Capital）的角度，将公司创业投资理解为有别于独立创业投资（Independent Venture Capital，即通常意义上的风险投资）、由非金融类的在位企业完成的风险投资。由于公司风险投资的主体具有独特性，因此其出发点和目标也与传统风险投资不尽相同。学界和业界都认为，公司风险投资更多的是在位企业出于战略性考虑而做出的投资活动，其主要目的在于为自身构筑"防火墙"或者"护城河"，以降低被突破性技术或颠覆性技术"降维打击"的风险。

　　二是从公司创业的角度来理解公司创业投资。所谓公司创业就是在位企业的再创业行为。当在位企业识别了机会、利用了机会并且创造了价值，那么在位企业就是在做创业的事。在位企业从事公司创业，有的是为了解决自身发展中的问题，如安排冗余的员工就业；有的是为了未雨绸缪，应对环境的挑战，为未来转型蓄力；有的则是为了抓住环境中新涌现的机会。显然，在位企业从事公司创业的形式有多种，不仅包括在企业内部创办新业务［在公司创业术语体系中被称为"内部公司冒险"（Internal Corporate Venturing）］，而且也包括在企业边界之外形成新的业务［在公司创业术语体系中被称为"外部公司冒险"（External Corporate Venturing）］。而外部公司冒险的具体实现形式又可进一步细化为收购、合资和企业衍生（Spin-off）等。尽管公司创业投资是在位企业对新创企业或中小企业所做的"少数股权投资"，但通过这一形式在位企业也在一定程度上掌控了自身边界之外的企业，因此其也是外部公司冒险的具体形式，具备与其他公司创业形式相类似的功能。

　　三是从实物期权（Real Option）的视角理解公司创业投资。在位企业通过向新创企业或中小企业购买少数股权（通常是10%以下），就拥有了未来的"选择权"。如果被投资的企业发展势头不好，那么在位企业可以承担有限的投资损失甚至干脆放弃股权。而如果被投资企业发展顺利，成长快速，甚至成为"独角兽"或"瞪羚"企业，那么在位企业将获得超额的投资回报。不仅如此，当被投的新创或中小企业展现出新技术的巨大潜力时，在位企业可根据自身战略需要进一步追加投资或是将其收购。可见，公司创业投资具有"下限损失锁定，上线收益不封顶"的特征，是一种典型的"看涨期权"。

从时间上来讲，公司创业投资最早于 20 世纪 60 年代在美国出现。彼时，一众大型企业试图通过公司创业投资，为进入潜在的新业务增长领域"探路"。20世纪 60 年代至 90 年代末，公司创业投资伴随着美国经济周期几经震荡。进入 21世纪，由于美国整体经济的稳定，公司创业投资焕发出了巨大活力。与此同时，在这一轮公司创业投资浪潮中，亚太地区尤其是中国作为新兴市场国家也日渐活跃。近 20 年来，有关公司创业投资的理论研究层出不穷。总体来看，以美国情境为主的研究更为活跃，相关文章见诸管理学顶级期刊。但自 2011 年以来，尤其是 2015 年我国推出"双创"政策以及 2016 年颁布"创投二十二条"后，我国公司创业投资行业快速成长，有更多的在位企业通过参股、建立投资子部门、新建投资子公司等方式涉足公司创业投资。相应地，国内的公司创业投资理论研究也在近 10 年呈现出快速追赶的态势。本书呈现的三个核心研究均是在这一浪潮中形成的。

研究一（第三章）从高管团队的角度分析其职能背景如何通过塑造注意力焦点最终作用于公司创业投资决策。研究二（第四章）研究 CEO 的自恋对公司创业投资的影响，以及监管和被监管对前述这对关系的调节作用。如果说研究一和研究二都考察了公司创业投资的前因，那么研究三（第五章）则将焦点转到公司创业投资的后果上来。研究三具体分析了接收公司创业投资对新创企业价值的影响以及创新产出在其中的中介作用。通过这三个研究，本书从高阶梯队和企业家认知的角度考察了公司创业投资的形成，也站在新创企业的角度，分析了公司创业投资所带来的积极效应，弥合了既有研究的不足，给出了中国情境下公司创业投资的若干洞见，具有一定的实际指导意义。

本书的完成是众人努力的结果。我的研究生王铱、冯健、杨俊、姜浩然、钱奕彤、赵映、胡双、张晓萍、秦鑫和梁雨薇等，对本书均有重要贡献，在此表示感谢。经济管理出版社张莉琼女士也为本书的出版付出了努力，在此也一并表示感谢。当然，文责自负。

戴维奇

2022 年 7 月 23 日于杭州

目　录

第一章 绪论

第一节 研究背景

一、现实背景

2022 年 1 月 19 日，字节跳动解散战略投资部，涉及 100 多名员工。同时，华为旗下成立近三年的战略投资公司——哈勃科技创业投资有限公司，登记为私募基金管理人，正式进军私募行业。中国的创投圈正在经历着前所未有的新变化。

诚然，在数字技术快速发展，外部环境呈现 VUCA[①] 特征的时代，如何把握新机遇并保持原有竞争地位受到企业广泛的关注。越来越多的企业将注意力放在开展公司创业（Corporate Entrepreneurship）尤其是外部公司冒险（External Corporate Venturing）活动上（Sharma and Chrisman，1999），致力于构建企业的竞争优势和提高可持续发展的能力。特别是从 2009 年创业板运行、创业企业的股权投资市场蓬勃发展，到 2015 年国家关于"大众创业、万众创新"政策和 2016 年"创投二十二条"等的出台，公司创业投资（Corporate Venture Capital，CVC）作为外部公司冒险的一种形式，成为非金融行业的在位企业通过对新创企业进行少数股权投资活动来开辟技术和产品新窗口（Dushnitsky and Lenox，2006），进而促进自身创新发展的重要战略选择（Basu et al.，2011）。

追溯公司创业投资的发展历程，从某种意义上说，早在 1914 年，杜邦投资成立刚满六年的通用汽车，就开启了公司创业投资的模式。随后的美国在百年

[①] VUCA：易变性（Volatility）、不确定性（Uncertainty）、复杂性（Complexity）和模糊性（Ambiguity）。

间，经历了 20 世纪 50 年代的垄断巨头多元化转型、70 年代的硅谷崛起、90 年代的互联网泡沫后，产业公司的公司创业投资模式已相当成熟。经过百年起伏沉淀后，无论是英特尔资本、高通创投等老牌公司，还是谷歌风投之类的科技互联网新秀，都是如今创投市场上的活跃玩家。按照 CB Insights 的数据，2020 年全球公司创业投资案例数量占到了整体风险投资的 24%，投资金额创下 731 亿美元的历史新高。纵观国内公司创业投资的发展，最早可以追溯到 1998 年博记软件联合了几家风投公司共同投资设立了一家专注研究管理软件工程自动化的公司"博科资讯"。2000 年，刚成立一年的阿里巴巴就涉足投资了海尔旗下的智慧品牌"海尔智家"；用友幸福投资了四川成都的"财智软件"。彼时，国内的公司创业投资才刚刚萌芽，在之后的 10 年时间内处于摸索阶段；2011 年后各大互联网巨头主业稳定，新的移动互联网创业浪潮来临，在以腾讯为代表的互联网公司大举进行股权投资时，中国公司创业投资行业才逐步迎来了快速增长期。2019 年我国公司创投占国内创投市场的比重已接近两成①。2019 年涌现的独角兽企业背后大多由阿里、腾讯、百度、华为、联想等大企业提供投资支持。在中国，即使如宗庆后这样的老一辈成功企业家，也在热切地关注公司创业活动。2021 年《证券日报》等媒体报道，浙江娃哈哈创业投资有限公司（简称"娃哈哈创投"）通过基金业协会的登记备案，正式开启私募基金业务②，引发各界关注。

事实表明，公司创业投资作为一种战略投资方式，无论是对投资方——在位企业（一般为大公司），还是被投资方——新创企业（特别是"专精特新"中小企业）都有重要的战略价值。

一方面，大公司面临重塑竞争优势、突破发展桎梏的挑战，公司创业投资正日益成为企业寻求可持续竞争优势的关键战略选择（Sharma and Chrisman，1999）。国外以英特尔为例，1991 年，英特尔设立英特尔资本（Intel Capital）作为独立的公司创业投资部门。最开始，英特尔的公司创业投资部门主要投资那些可以弥补产品线空白的技术。但随后不久，就把业务扩大到围绕英特尔产品的生态布局中，从而改变市场格局。所有这些投资使得英特尔在互联网时代泡沫破灭的时候屹立不倒（Chesbrough，2002）。国内部分企业也逐渐意识到，企业要创新，仅靠内部是不够的。为了抢占智能互联网赛道，2016 年，联想集团宣布业务重组，联想创投（Lenovo Capital）应运而生。被委以重任的，正是联想集团 30 余年发展历程中的重要产品和创新技术的直接贡献者联想集团高级副总裁贺

---

① 参见融中研究：《2020 年中国企业风险投资（CVC）发展报告》，https：//baijiahao. baidu. com/s? id = 1673077103015124124&wfr = spider&for = pc。

② 参见《证券日报》，https：//baijiahao. baidu. com/s? id = 1707755141964327992&wfr = spider&for = pc。

志强，他被任命为联想创投集团总裁，通过公司创业投资模式为联想布局未来5~10年的发展方向。目前，联想创投已投资上百家初创企业，为联想的"智能变革"贡献了重要力量。如今，无论是传统互联网巨头腾讯、阿里巴巴，还是新崛起的字节跳动、美团等，以及宁德时代、华为等热门赛道上的龙头企业，都有了属于自己的投资部门或产业基金，他们善于利用手中的资金和资源，把产业版图扩展到上下游产业链，同时逐渐重塑自己的产业生态，扶持更多中小企业的同时，也将进一步强化自身的产业龙头地位。可见，公司创业投资已成为国内外大企业一种较为普遍的做法。

另一方面，新创企业面临自身缺乏足够资金和资源的困境，公司创业投资所能提供的互补性资源、多元知识和背书效应，对于推动新创企业构建可持续竞争优势具有重要意义。特别是在当前中国发力硬科技、突围中高端价值链的大背景下，围绕硬科技领域创业的创业者已经成为产业创新的重塑者，他们正以技术的力量拆解产业链、改造上下游、提升产业效率，在这个过程中，来自产业的资源和资金的支持对新创企业显得尤为重要。

近年来，腾讯、阿里巴巴、小米集团、百度等在位企业利用公司创业投资方式进行战略扩张和行业生态布局。互联网行业的新创企业"站队"BAT（百度、阿里巴巴、腾讯）现象屡见不鲜（杜什尼茨基等，2021）。事实表明，众多新创企业在公司投资者（即在位企业）的支持下取得了瞩目的发展成就，其长期发展的综合能力和未来成长价值被市场持续看好。例如：2011年面世的知乎在快手、百度等公司投资者的支持下完成F轮融资，现已成为中文互联网最大的知识讨论社区；2014年成立的小鹏汽车曾获阿里巴巴、富士康等知名企业的联合领投，并最终于2020年在纽约证券交易所正式上市；2015年上线的自由运动场（Keep APP）获得腾讯的战略投资，现已成为中国最大的运动社交平台。尤其值得注意的是，对于"专精特新"的中小企业而言，它们很多都集中在二、三线城市，作为深扎在行业中的隐形冠军，需要CVC支持进行下沉式挖掘，从而来助力"专精特新"中小企业高质量发展。例如，海尔金控旗下的海尔资本专注产业全生态投资，其服务过程中专注于对专精特新企业的挖掘，为它们提供培育生态优势的服务；诺基亚成长基金管理的母基金和直投业务，也特别关注成长期企业，助推其未来发展；广汽集团下的全资子公司——广汽资本围绕汽车行业上下链产业链，本着"陪伴企业成长，相互成就"的理念，为被投企业提供广泛的资源对接和赋能；讯飞联创也致力于通过技术和产业的协同，支持新创企业的发展。由此可见，公司创业投资对被投新创企业的未来成长具有重要价值。

近几年，中国的公司创业投资悄然发生着许多新变化：一方面，产业资本前所未有的活跃，成为创投圈最强势的力量；但另一方面，互联网大厂战投收缩，以华为、宁德时代为代表的硬科技产业巨头站上了舞台中央。创投圈感慨互联网战投攻城略地的时代过去了，取而代之的是科技巨头纷纷弯下腰布局硬科技。因此，在中国创投市场已达 3.0 阶段——产业资本开始活跃的时代大背景下，探究公司创业投资的前世今生具有不可或缺的实践价值和时代意义。

二、理论背景

公司创业投资的"流行"也激发了学界对其进行研究。学界通常将公司创业投资定义为非金融类的在位企业（通常是大企业）对私人持有的新创企业进行的少数股权投资（Minority Equity Investments）活动（Dushnitsky and Lenox，2006）。Chesbrough（2002）强调公司创业投资是开放式创新（Open Innovation）的重要模式，企业在获取财务收益的同时，也能实现一系列战略目标。国内外学者从在位企业和新创企业两个主体出发来探究公司创业投资的前因和后果。前因研究主要从在位企业角度识别公司投资者从事公司创业投资来开辟技术和产品新窗口的战略扩张动机（Lantz et al.，2011；Sykes，1990），从新创企业角度凸显被投企业吸引公司创业投资来获取增值服务的融资需求（Katila et al.，2008；Maula，2001）。后果研究则将重点放在公司创业投资对在位企业或新创企业的绩效效应上，学者们较多地探索了公司创业投资对在位企业的财务绩效（Abell and Nisar，2007；Dushnitsky and Lenox，2006）、创新绩效（Maula et al.，2013；Wadhwa et al.，2016）、综合绩效（Titus and Anderson，2018；Yang et al.，2014）以及其他公司创业战略活动的影响（Belderbos et al.，2018；van de Vrande and Vanhaverbeke，2013），少数学者关注公司创业投资对被投新创企业的创新绩效（Alvarez-Garrido and Dushnitsky，2016；Uzuegbunam et al.，2019）和上市表现（Ivanov and Xie，2010；Wang and Wan，2013）的影响。考虑到公司创业投资的诸多积极意义，我们有必要进一步分析：是什么因素推动了大企业从事公司创业投资？对于被投资的新创企业而言，公司创业投资作为一种新型的融资来源究竟给其带来哪些影响？其中的机制是什么？这些问题亟待解决。

公司创业投资研究虽已有很大进展，但仍存在理论缺口。从前因研究来看，主要表现在三个方面：第一，以往研究普遍将企业视为一个整体分析单位，将企业公司创业投资战略的制定和实施看作是一个完全理性的形成过程，通过分析企业内部的资源与能力以及企业外部的环境确定企业的创业投资战略（Basu et al.，2011；Dushnitsky and Lenox，2006），忽略了决策者的特质及心理认知对于公司创业投资决策制定的作用。事实上，高阶梯队理论（Upper Echelons Theory）强调了高管团队在战略决策中的重要作用（Hambrick and Mason，1984），研究了高管团队人口统计学特征（如教育水平、年龄、任期、职能背景等）与企业战略决策之间的关系（孙俊华、贾良定，2009），但这些研究直接将高管团队的特征与企业战略决策联系起来，对高管特征如何影响企业战略决策的机理缺乏深入探讨（Hambrick，2007）。此外，高层管理者作为嵌入企业经营决策中的代理人，仅仅考虑背景特征对决策者认知和战略选择的影响是不完备的（Jensen and Meckling，1976）。薪酬激励等公司治理因素在其中所起的情境作用尚未得到探索。

第二，以往关于公司创业投资前因的研究主要基于资源基础理论（Resource-based View）、资源依赖理论（Resource Dependence Theory）等主流理论视角（Barney，1991；Pfeffer and Nowak，1976）展开，从管理认知角度分析公司创业投资动因的研究较少。有关战略管理的研究越来越多地关注决策者的管理认知如何影响企业的战略决策，学者们发现用决策者某些心理认知或性格因素解释企业决策过程更为直观，例如自负（Li and Tang，2010）和自恋（Buyl et al.，2019）等。注意力基础观（Attention-based View）指出，注意力是战略决策者认知的重要反映，是影响战略决策过程的一个关键因素，决策的结果取决于高管团队将自己有限的注意力配置在了哪些影响决策的关键议题和答案上（Ocasio，1997）。在本书研究中，公司创业即是企业的重要议题，公司创业投资则是企业可以采取的答案之一（Narayanan et al.，2009），但目前鲜有学者将管理者注意力引入公司创业投资的前因研究中。

第三，注意力基础观领域的研究较为详尽地阐述了注意力焦点对组织战略和绩效结果的影响（Bouquet et al.，2009；Li et al.，2013），但关于决策者注意力配置影响因素的探讨相对不足。以往研究表明，注意力配置受注意力结构的影响，而注意力结构则因社会、经济和文化结构而异（March，1994）。现有研究已识别出影响管理者注意力配置的部分因素，如公司治理情境、结构和规则（Ocasio，1997）以及过往业绩（March and Shapira，1992）等。然而，较少有研究关注信息接收者即高管团队背景特征是如何影响其注意力焦点和所感知到的环境刺激（Dai et al.，2018）的。因此，需要系统揭示注意力分配者即高管团队背景特征对管理者注意力的塑造作用。

从后果研究来看，主要缺口有两个方面：第一，虽已有研究从新创企业角度展开公司创业投资研究，但大多数研究局限于公司创业投资对新创企业的创新产出的影响，且呈现了存在冲突的研究结论（Park and Steensma，2013；Uzuegbunam et al.，2019）。既有研究尚未深入探究新创企业获得公司创业投资对其长期发展能力和未来成长价值的意义（Chemmanur et al.，2014；Cirillo，2019）。

第二，尽管公司创业投资日益受到国内学者的关注，文献数量快速增加（陈军，2001；陈敏灵、薛静，2012；梁晓艳等，2007；乔明哲等，2014），但总的来看，已有公司创业投资研究大多数基于欧美发达国家背景，以新兴经济体国家为研究情境的公司创业投资研究有待增加。

弥合以上理论缺口对于推进公司创业投资研究至关重要。一方面，从前因研究来看，首先，公司创业投资作为公司创业活动的一种重要形式，已经成为国内外诸多在位企业的重要选择（Sharma and Chrisman，1999），因而研究企业公司创业投资动机可以更好地帮助企业制定公司创业投资战略决策。其次，高管团队作为企业战略决策的制定者，引入管理认知视角可以更好地洞察管理者背景特征作用于公司创业投资战略决策的内在机理（Hambrick，2007）。此外，复杂化的公司治理情境使得高阶梯队理论的预测能力有限（Wowak and Hambrick，2010），薪酬激励等公司治理因素的纳入可以丰富该理论的适用边界。再次，管理者的时间和精力都是有限的，他们不可能同时关注所有事件，对有限的注意力进行有效的配置就显得尤为重要（Ocasio，1997）。对注意力焦点前置因素的探索，为更好地引导决策者注意力配置提供了可能。最后，管理自主权概念是高阶梯队理论的重大推进，有助于解释高管特征对企业战略行为影响的强度（Finkelstein and Hambrick，1990），因此，其成为相关研究中至关重要的边界条件。高管通常处于内部和外部监管并存的情境中，仅考察内部监管对其管理自主权的影响并不符合实际。在未准确识别高管"反监管"策略的前提下，无法为实践提供全面有效的药方。

另一方面，从后果研究来看，首先，通常情况下，对于缺乏资金与资源的新创企业而言，公司创业投资是其融资时可自主选择的重要选项。现实表明，公司创业投资不仅能直接为新创企业提供资金和资源，而且还能影响其他利益相关者对于新创企业未来成长前景的看法。现有研究在很大程度上忽视了公司创业投资之于新创企业的"信号"价值，不利于人们形成对于公司创业投资作用的全面理解，或降低了选择这一重要选项的可能性。其次，鉴于中国与欧美国家的情境存在显著差异，有关公司创业投资后果方面的探究极可能获得迥异的发现。为此，应积极响应杜什尼茨基等（2021）提出的号召，加强中国情境下公司创业投资研究。

第二节　研究内容

本书共分为六章，每章主要内容如下：

第一章绪论。主要介绍了研究背景、研究内容和研究意义。包括本书研究的现实和理论背景，梳理以往研究存在的理论不足，并在此基础上阐述本书的研究概要、理论及现实意义和实践启示。

第二章文献综述。包括公司创业投资研究、相关领域研究和理论基础的文献综述。其中公司创业投资相关研究主要介绍了从公司创业到公司创业投资，公司创业投资的内涵、组织结构及其与独立风险投资的差异，在位企业和新创企业角度的公司创业投资研究。相关领域研究主要是对管理自主权、CEO 自恋、创新产出和托宾 Q 值进行了文献综述。理论基础部分介绍了高阶梯队理论、注意力基础观、信号理论和知识基础观。

第三章至第五章包括了三个子研究。其中，第三章通过整合高阶梯队理论和注意力基础观，分析高管团队职能背景对公司创业投资战略决策的影响、高管团队注意力焦点对前述关系的中介作用以及期权激励对"高管团队职能背景—公司创业投资"关系的调节效应。首先，根据高阶梯队理论，高层管理者的背景特征影响管理者的认知偏好和信息处理方式，并最终反映在战略选择上（Hambrick and Mason，1984）。因此，本章依据高阶梯队理论的核心观点，探讨高管团队职能背景对公司创业投资的直接影响效应。其次，管理者背景特征影响其注意力分配模式，管理者所做的战略决策取决于他们的注意力焦点（Ocasio，1997）。因而，本章以注意力基础观为补充，分析注意力焦点在高管团队职能背景与公司创业投资关系中的中介作用。最后，考虑到薪酬机制对管理者认知和战略决策的重要情境作用，本章结合高阶梯队理论和代理理论的观点（Wowak and Hambrick，2010），分析期权激励对上述关系的调节作用。综上所述，本章通过引入注意力焦点的中介机制和期权激励的情境作用，进一步拓展了高阶梯队理论对于战略决策的分析框架，完善了高阶梯队理论解释企业决策行为的因果逻辑。

第四章借用高阶梯队理论探索在不同企业内外监管实践强度下 CEO 自恋与公司创业投资之间的关系。由于高阶梯队理论认为企业的战略、行为是由高管及其特征所决定的，因此从自恋者认知和动机两个层次解释 CEO 的自恋心理会使企业战略决策向高收益、高风险的方向倾斜，进而促进公司创业投资。进一步地，在管理自主权概念的基础上，将企业外部监管纳入到研究模型中，认为企业监管实践包括企业外部监管和内部监管两个方面，并提出企业内外监管（股权集中度、独立董事以及政府监管）会通过降低 CEO 的管理自主权来抑制其由自恋所产生的风险倾向的充分释放，从而减少公司创业投资行为。高管（CEO）可利用两职合一和政治联系实施"反监管"，扩大 CEO 自身的管理自主权进而弱化企业内外部监管实践对 CEO 自恋与公司创业投资间正向关系的负向影响。综上所述，本章基于中国情境通过将企业监管和高管（CEO）"反监管"策略等情境因素纳入研究模型中，考察不同监管类型及强度下 CEO 自恋与公司创业投资间的关系，不仅回答了中国企业为何实施公司创业投资以及不同企业间为何差异明显这一现实问题，还补充了CEO自恋研究和公司创业投资前因研究，进而完善了高阶梯队理论下企业战略决策的逻辑框架。

第五章聚焦"新创企业获得公司创业投资如何影响其托宾Q值"这一核心问题，以中国深圳创业板的上市公司为研究对象，依托信号理论和知识基础观进行实证研究。首先，探究公司创业投资与创新产出、创新产出与托宾Q值之间的直接关系；其次，探究公司创业投资对新创企业的托宾Q值的直接影响，揭示新创企业的创新产出在公司创业投资与其托宾Q值之间的中介效应；再次，探究新创企业的吸收能力以及其与在位企业的地理邻近性对公司创业投资与新创企业的创新产出之间关系的调节作用；最后，探究企业能见度对新创企业的创新产出与其托宾Q值之间关系的权变影响。本章的结论具有重要理论意义。第一，基于新创企业情境，依托信号理论探究托宾Q值的前因，识别了公司创业投资的"信号"作用以及其对提升新创企业的托宾Q值的重要价值，推动了有关托宾Q值的前因研究。第二，整合信号理论和知识基础观，探究公司创业投资对新创企业的长期发展能力和未来成长价值的影响以及上述关系的作用机制，揭示了创新产出在公司创业投资与托宾Q值之间的重要中介作用。第三，基于中国的特殊情境，不仅探究了新创企业的吸收能力以及其与在位企业的地理邻近性对公司创业投资与创新产出之间关系的调节作用，在一定程度上调和了现有研究中有关公司创业投资与创新产出之间关系的冲突结论；而且识别了创新产出影响托宾Q值的情境条件，强调了新创企业能见度对创新产出与托宾Q值之间关系的权变影响。

第六章结论与政策建议。本章对本书公司创业投资研究的结果进行了归纳，总结了本书研究的理论价值和实践启示，并对公司创业投资研究的未来进行了展望。

第三节　研究意义

一、理论意义

1. 前因研究方面

第一，对高阶梯队理论有两方面的意义：一方面，整合了高阶梯队理论和注意力基础观，尝试性地揭示了高管团队特征影响企业战略决策的内部机理。虽然高阶梯队理论认为高管认知是企业战略选择和绩效的重要决定因素（Hambrick，2007；Hambrick and Mason，1984），但由于认知等心理变量难以测量，现有研究通常借助高管人口统计特征来推断高管团队的认知以及其与企业战略决策的关系（张三保、李晔，2018）。因此，高管团队认知和偏好的作用并未受到重视，在实证方面的检验更是不足。本书能较好地弥合这一不足，通过将注意力基础观和高阶梯队理论整合，利用文本分析方法对高管团队注意力进行测量，尝试性地揭示了其内部作用机理。另一方面，结合代理理论引入期权激励的调节效应，是对高阶梯队理论情境化研究的一种丰富。关于高阶梯队理论的研究，在探讨高管团队背景特征对组织的影响时，学者们越来越注重情境因素的作用，例如引入管理自由度（Managerial Discretion）（Hambrick，2007）和行为整合（Behavioral Integra-tion）机制（戴维奇等，2018）等重要情境变量，在一定程度上协调了研究结论不一致的问题。因此，本书结合代理理论的研究发现，从公司治理层面引入期权激励这一情境因素，是对先前研究的一个补充。

　　第二，将企业注意力基础观引入公司创业投资的前因研究当中，有助于揭示公司创业投资战略决策的微观认知基础（Ocasio，2011）。现有关于公司创业投资前置因素的研究相对匮乏且理论视角有限，学者们主要强调了企业内部资源基础（Basu et al.，2011）和外部行业环境（Sahaym et al.，2010）的作用。虽然高管团队是企业战略决策的制定和执行者，但关于企业关键决策者特质以及认知的研究却付之阙如。本书将注意力基础观引入公司创业投资的研究，从高管团队注意力这一团队层面因素去揭示企业从事公司创业投资的动力机制，是对既有研究文献的一个完善。再者，从高管团队职能背景的角度解释其注意力焦点，是对注意力基础观的一种丰富。现有文献大多都强调了企业环境（Ocasio，1997）和社会结构（March and Shapira，1992）对管理者注意力配置的影响。高阶梯队理论指出，职能背景塑造了管理者的认知框架（Daft and Weick，1984）。因此，本书另辟蹊径，通过分析两类职能背景高管团队对企业内外部环境信息的敏感程度，尝试性解答了其注意力配置上的差异，进一步丰富了注意力基础观。

　　第三，较为全面地刻画了 CEO 自恋与公司创业投资之间的关系。一方面，相较于公司创业投资过程和后果的研究，其前因的研究处于滞后状态，特别是从微观个体层次解释企业实施公司创业投资的原因（Drover et al.，2017）。另一方面，此前研究只关注高管自恋与公司创业行为之间的直接关系（Chatterjee and Pollock，2017），而忽视了对影响两者关系强弱甚至方向的边界条件的探索。在特定情境下，高管个体与公司创业投资之间关系的模糊不仅阻碍了相关理论研究的发展，也不利于为企业相关创业实践提供指导。因而，在不同情境下验证高管个体层次因素（如 CEO 自恋）对公司创业投资的影响是当前研究亟待解决的问题。Buyl 等（2019）研究证明了企业内部监管实践会深刻制约自恋 CEO 的战略决策和行为。基于此，本书进一步将企业外部监管纳入研究模型，构建并验证了在企业监管环境（企业内部和外部监管）以及高管"反监管"策略（两职合一和政治联系）互动情境下 CEO 自恋与公司创业投资之间的关系。这不仅从高管个人的微观视角揭示了企业实施公司创业投资的原因，从而为公司创业前因研究提供了微观证据，而且还响应了 Wales 等（2013）以及 Chatterjee 和 Pollock（2017）的呼吁，探索了 CEO 自恋对企业影响所产生的边界条件，证明了情境条件对公司创业行为前因研究的重要性。

第四，有助于调和已有自恋研究的结论。尽管学界普遍认可 CEO 自恋对企业具有正反两方面影响的观点，但哪种影响占主导地位尚未达成共识（Antoinette and Harry，2013；Charles et al.，2018）。为了揭示 CEO 自恋对企业的影响，有学者甚至呼吁将自恋进行分类（Wales et al.，2013）。但也有学者指出，由于自恋是一种正常的心理现象（Antoinette and Harry，2013），自恋本身并无优劣之分、自恋者本身也无建设性与破坏性之分（Gerstner et al.，2013），因此有关 CEO 自恋的研究不应聚焦于其哪方面影响占主导地位，而要考察 CEO 自恋对企业的影响，要考虑到具体的企业与 CEO 个人（Chatterjee and Pollock，2017）。本书基于 CEO 影响企业的权力基础（管理自主权）指出自恋 CEO 对企业战略、行为的影响并不是固定的，其会随着环境与自身特征以及两者的交互而变化，进一步论证了自恋本身并无优劣，而自恋 CEO 对企业影响的方向是权变的，从而有利于调和领域内不同的研究结论。

第五，将企业外部监管纳入考察范围，在同一模型内同时检验了企业外部监管和内部监管对企业战略、行为的影响，并揭示了企业监管与反监管的关系。研究者们普遍认为企业内部监管实践是降低 CEO 管理自主权进而削弱 CEO 及其特征（如自恋心理）对企业战略、行为影响的关键因素（Buyl et al.，2019；Tang et al.，2011），但尚未关注 CEO 可能面临的企业外部监管。需要指出的是，在 CEO 自恋研究中，企业外部监管实践至关重要，其对自恋 CEO 的影响甚至超过企业内部监管实践。一方面，就企业外部监管而言，宏观制度环境及其要素对企业的影响已经得到不同领域研究者的反复验证（Crossland and Hambrick，2011，2007；White et al.，2015；Zhang et al.，2016），因此作为制度执行方的企业外部监管（这里指政府监管）是考察自恋 CEO 对企业影响所不能忽视的。另一方面，就自恋心理而言，由于自恋的 CEO 为了获得"自恋供给"本身就会关注企业外部环境，其对外部环境的关注甚至超过内部环境（Gerstner et al.，2013），因此企业外部环境要素在 CEO 自恋对企业战略、行为的影响中扮演着重要角色。基于以上讨论，本书进一步认为自恋 CEO 所面临的监管不仅来源于企业内部，还来源于企业外部。企业监管既包括内部结构（如大股东和独立董事）的监管也包括企业外部利益相关者（如政府及其监管机构）的监管，进而得以全面检验企业监管对企业的影响。此外，本书还发现高管的"反监管"策略（两职合一、政治联系）会降低企业内外部监管的强度和可能性，其会被高管用来推动实现自身的决策意愿。

2. 后果研究方面

第一，基于新创企业情境，依托信号理论探究托宾 Q 值的前因，识别公司创业投资的"信号"作用以及其对提升新创企业的托宾 Q 值的重要作用。这是对托宾 Q 值前因研究的重要补充。一方面，不同于以往学者主要关注托宾 Q 值对成熟企业或存续时间较长的家族企业的重要作用（Andres，2008；Lindenberg and Ross，1981），本书着眼于托宾 Q 值对新创企业建构认知合法性以及获得生存的重大意义（Masucci et al.，2020），基于新创企业情境展开研究。另一方面，不同于既有研究重点探究在位企业内在特征对托宾 Q 值的直接影响（Pan et al.，2016；Rajan et al.，2000），以及基于在位企业情境从实物期权理论视角探究公司创业投资对托宾 Q 值的影响（Yang et al.，2014；王苏生等，2017）的研究现状，本书基于信号理论，揭示公司创业投资的"信号"作用以及其对提高新创企业的托宾 Q 值的重要作用。这是因为，对于新创企业而言，公司创业投资更应被视为一种能向外界传递的积极信号，帮助新创企业获得利益相关者和潜在投资者对其未来盈利能力和投资成长价值的认可和支持，进而提升被投新创企业的托宾 Q 值。通过对于新创企业情境下公司创业投资本质的再认识以及信号理论的运用，本书从后果研究方面进一步丰富了托宾 Q 值的前因研究。

第二，整合信号理论和知识基础观，解释新创企业获得公司创业投资影响其托宾 Q 值的中间过程，揭示公司创业投资通过新创企业的创新产出进而影响其托宾 Q 值的作用机制。不同于既有的新创企业角度的公司创业投资，后果研究重点关注公司创业投资影响被投企业创新绩效的研究现状（Alvarez-Garrido and Dushnitsky，2016；Paik and Woo，2017），本书依托信号理论和知识基础观，揭示公司创业投资对于提升新创企业的长期发展能力和未来成长价值的重要意义以及上述关系的中间过程。本书强调新创企业的创新产出在公司创业投资与托宾 Q 值之间的中介作用，揭示公司创业投资能为新创企业带来互补资源、多元知识和背书效应，进而提高新创企业的创新产出（Boone et al.，2019；Chemmanur et al.，2014），而后者又进一步作为一种积极信号向外界传递，最终影响利益相关者和潜在投资者对新创企业的未来盈利能力、长期发展趋势和投资价值评估的传导过程（Neeley and Leonardi，2018）。因此，本书解释了公司创业投资影响托宾 Q 值的中间过程。

第三，基于中国的特殊情境，调和了现有研究中有关公司创业投资与创新产出之间关系的冲突结论，识别了创新产出影响托宾 Q 值的情境条件。一方面，本书基于知识基础观，从内外两方面识别新创企业的吸收能力以及其与在位企业的地理邻近性对公司创业投资与新创企业的创新产出之间关系的重要调节作用，有利于调和现有研究中有关公司创业投资与新创企业的创新产出之间关系的冲突结论（Park and Steensma，2013；Uzuegbunam et al.，2019）。另一方面，本书基于信号理论，进一步探究企业能见度对新创企业的创新产出与其托宾 Q 值之间关系的权变影响，识别了新创企业的创新产出影响其托宾 Q 值的情境条件。

二、现实意义

除上述理论意义外，本书也具有以下现实意义：

1. 在位企业角度

第一，注意力焦点的中介机制意味着企业管理者应有意识地对其注意力资源进行合理配置，此发现为有效引导企业的公司创业投资决策提供了可能。对于企业而言，高管团队成员的引入或退出，不仅成本较大，而且灵活性不高。本书研究中，关于注意力焦点部分中介作用的发现为解决该问题提供了思路。当高管团队的特征无法变动时，只要能够有效地分配高管团队的注意力，仍可引导企业的公司创业投资决策。此外，输出型职能背景高管正向影响公司创业投资决策，表明管理者背景特征在解释战略决策上的异质性。对于企业而言，构建一支科学合理的高管团队对企业发展至关重要。具有不同职能背景的管理者有着完全不同的认知模式和价值理念，在做出战略决策时，也有着完全不同的偏好与倾向。因此，企业所有者应根据企业发展阶段适当调整企业高管团队的构成。

第二，为企业选拔和任命 CEO 提供了依据。一方面，本书证明了 CEO 特征，特别是心理特质，对企业战略、行为的深刻影响。因此企业应当全面考察 CEO 候选人以选择出最适宜企业当前状况和未来发展目标的 CEO。另一方面，企业在挑选和任命 CEO 时要正确看待其自恋心理。自学界研究 CEO 自恋以来，学者们一直致力于揭示自恋 CEO 对企业的影响，进而为实践提供指导。不同于以往关注 CEO 自恋影响性质的研究，本书认为 CEO 自恋对企业的影响是建立在其行动范围（管理自主权）的基础之上的。此前的研究也证实了情境因素是影响 CEO 自恋作用方向的重要因素（Buyl et al.，2019；Engelen et al.，2016）。换言之，在一定条件下，CEO 自恋始终对企业战略、行为及其绩效具有积极的影响。因此，企业在挑选、任命 CEO 时，不应将候选人是否自恋作为判断依据，而应根据企业情况选择与企业相匹配的 CEO。

第三，期权激励正向调节高管团队职能背景与注意力焦点以及公司创业投资的关系，表明企业应完善内部激励机制，注重对企业核心决策者认知的塑造。完善的激励机制不仅是现代企业公司治理机制科学性的体现，也能实质性解决长期存在于企业内部的代理问题。

第四，有利于企业适时优化治理设计与实践。一方面，企业要充分考虑其内部监管的有效性。本书的研究结果证明了为了推动自身决策意愿得以实现，具有自恋心理的 CEO 会利用企业结构、特征来实施反监管，减弱企业内部监管实践对其决策的干扰，扩大自身的管理自主权。因而，企业在进行治理设计时应该考虑到企业结构、特征对 CEO 管理自主权的影响，既能保证 CEO 充分发挥其自主性又能有效避免其自利行为的出现。另一方面，企业还要充分考虑其内部监管的时效性。本书发现为了有效实现自身的决策意愿，CEO 会对已有的企业内部监管实践实施"反监管"策略进而达到扩大自身管理自主权的目的。因此，随着时间的推移，企业内部的权力结构与组织框架会发生变化，原有的企业内部监管设计可能难以持续发挥有效的监管功能。基于此，企业应该适时评估高管的管理自主权并对企业内部治理设计进行变革，实现既能最大化发挥高管的自主性又能有效防止高管自利行为的出现并最终优化公司治理。

2. 新创企业角度

第一，启示新创企业重视公司创业投资的重要作用。本书认为新创企业引入公司战略投资者能为其带来更多的创新产出和更高的托宾 Q 值。特别是在新兴经济体国家，新创企业虽然是创新的关键来源，但其持续发展往往受限于企业内部资金、资源和知识基础储备不足的问题，需要寻求外部资源和知识的支持以及在位企业的背书效应（Uzuegbunam et al.，2019）。在这样的背景下，新创企业对公司创业投资这一重要战略融资方式有很大的需求。本书认为公司创业投资能为新创企业带来更多的互补资源、多元知识和技术背书效应，促进新创企业的创新产出。新创企业通过向外界利益相关者和潜在投资者传递积极信号，进而提高企业的托宾 Q 值。因此，对新创企业而言，将战略投资者引入到其多元化融资结构中，发挥公司创业投资的重要作用，是其提高企业核心竞争力和长期发展能力的重要举措。

第二，为新创企业有效获取和运用知识资源进行创新活动提供了一定的指导。本书认为，新创企业内部吸收能力的提高能促进企业从以往经验中提炼先验知识，提升企业识别和运用外部知识的能力，进而强化公司创业投资对新创企业的创新产出的积极影响。相反，新创企业与在位企业相对地理位置过于邻近会减少在位企业可转移知识的存量和广度，加剧知识同质化现象进而出现知识流动的无效循环，从而弱化公司创业投资对新创企业的创新产出的积极影响。因此，新创企业要重视内部吸收能力构建和外部融资对象的相对地理位置选择对企业知识吸收和创新能力提升的重要影响。新创企业不仅要避免选择地理位置过于邻近的在位企业作为融资对象，而且要重视在企业承受能力范围内适当提高研发投入，增强吸收能力，由此强化公司创业投资对其创新产出的积极影响。

第三，启示新创企业重视创新产出和企业能见度对其提高认知合法性和托宾 Q 值的重要意义。本书基于信号理论验证新创企业持续的创新产出能向外界传递积极信号，帮助新创企业获得外界对其长期发展态势和未来成长价值的认可和肯定，进而提高新创企业的托宾 Q 值。提高企业能见度能放大创新能力强的新创企业向外界传递的积极信号，增强外界对其传递信号的感知和认可，进而对新创企业的创新产出与其托宾 Q 值之间的关系具有正向调节作用。因此，增强新创企业的创新产出能力，以此向外界传递积极信号，并进一步提高企业能见度来推进新创企业被更多利益相关者和潜在投资者认知，是提高新创企业市场知名度和声誉，增强新创企业的认知合法性和长期发展潜力的重要途径。

3. 政府角度

本书为政策制定者的决策提供了一定的指导。本书基于高管管理自主权验证了政府监管作为政府政策的具体实施活动会影响到企业的公司创业行为战略的制定，佐证了制度对企业行为（如创业）的重要性。这就要求政府在起草、制定、出台以及修改各项政策规定时不仅要考虑这些政策规定对企业的直接影响，还应考虑这些政策规定对企业决策者（如 CEO）的潜在影响。由于制度会通过多种渠道（如制定和执行）影响企业自主权进而影响企业战略的制定和实施，因此，政策制定者在制定相关政策法规时要在"松绑"和"控制"企业行为之间找到最佳的平衡点，以促进企业更好地发展。

第二章　文献综述

第一节　公司创业投资研究

一、从公司创业到公司创业投资

技术、市场的快速变革导致在位企业逐渐丧失原有的竞争地位,动荡的行业环境迫使企业将战略选择的重点放在开展公司创业活动上(Covin and Miles,1999)。公司创业(Corporate Entrepreneurship,CE)活动的本质是企业内部资源与外部资源进行"新的组合"过程,包括企业冒险(Corporate Venturing,CV)、创新(Innovation)和战略更新(Strategic Renewal)等一系列活动(Sharma and Chrisman,1999)。作为CE的一个组成部分,CV是指在位企业为了开发创新商业模式,从而创建新的组织实体的过程(Reimsbach and Hauschild,2012)。CV与创新和战略更新紧密相关,这主要体现在CV和战略更新都意味着企业现有战略或结构发生变化,这可能都涉及创新。但CV与战略更新的主要区别在于,CV涉及新业务或组织实体的创建,而战略更新则导致企业现有业务的重新配置。

对于在充满活力的市场中经营的在位企业来说,一个关键的战略任务是对新机遇保持警惕和反应,因此许多在位企业选择了CV活动(Ahuja and Lampert,2001)。CV的主要目标是开发未被充分利用的资源,以引进新技术,进入新市场,并推动企业整体增长。为了实现这些目标,在位企业经常使用内部和外部资源来获取创新想法、技术机会和商业实践,甚至能够促进增长和提高盈利能力的业务(Miles and Covin,2002)。因此,学者们普遍将CV视为一套组织系统、流程和实践,它们关注于利用内部和外部手段在现有或新领域、市场或行业创建业务(Narayanan et al.,2009)。这些举措包括内部企业冒险(Internal Corporate

Venturing，ICV）和外部企业冒险（External Corporate Venturing，ECV）。ECV 旨在寻求利用企业边界之外的创新资源，因此其重要特征是与企业边界之外的潜在合作伙伴互动的本质。无论是面向内部的 ICV 还是面向外部的 ECV，都具有一个关键的结构特征，即与企业核心业务一定程度的分离（Dushnitsky and Birkin-shaw，2016）。

在位企业越来越多地利用 ECV，从企业边界以外的知识资源中学习。企业可以利用多种形式的 ECV 活动，包括公司创业投资、合资企业和收购（见图 2-1）。在这些企业冒险形式中，在位企业移植风险投资界的企业实践，积极参与股权市场（Schildt et al.，2005）。通过与边界之外的企业建立联系以获取知识，这类外部业务开发活动可以丰富企业层面的创新成果（Titus et al.，2017）。相较于后两种 ECV 活动，公司创业投资由于更小的资源承诺以及战略灵活性，受到在位企业和学者们的广泛青睐，目前已经发展成为公司创业领域重点探讨的话题。

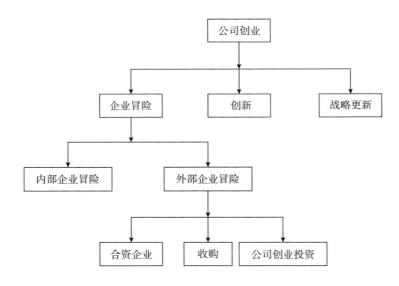

图 2-1 公司创业投资与公司创业的关系

资料来源：Sharma 和 Chrisman（1999）。

二、公司创业投资的内涵

公司创业投资的内涵一直是学界热议的话题，不同学者基于公司创业投资发展不同阶段的特点给出了不同的定义（Chahine et al.，2019；Chesbrough，2002；

Dushnitsky and Lenox，2006；Gompers and Lerner，1998；van de Vrande and Van-haverbeke，2013）。

20世纪八九十年代，在新兴技术和强劲经济增长的推动下，在位企业对新创企业的股权投资出现爆炸式增长。Gompers和Lerner（1998）将这种狂热的现象定义为由成熟的在位企业对未上市新创企业发起的股权投资。尽管21世纪初互联网泡沫破裂，导致风险投资市场出现短期下滑，但公司创业投资仍是在位企业的一项重要活动。为解释这一现象，Chesbrough（2002）重新审视了公司创业投资的内涵，将其定义为一种企业基金，用于直接投资于外部新创企业。在此基础上，Dushnitsky和Lenox（2006）将公司创业投资定义为在位企业对独立的新创企业进行的少数股权投资，明确了公司创业投资的基本内涵。

与此同时，学者们对公司创业投资的作用和价值进行了讨论。例如，强调公司创业投资"技术窗口"的作用（Dushnitsky and Lenox，2005a）；关注在位企业通过与拥有新技术的创业型企业互动学习，获取新知识和新技术，从而增强企业创新能力和公司价值（Dushnitsky and Lenox，2006）。也有部分学者指出，公司创业投资作为一种实物期权创造机制，通过减少后续投资的不确定性，促成企业之间的联盟活动（van de Vrande and Vanhaverbeke，2013）。另外，有研究认为公司创业投资作为一种"预警机制"，可以加深企业关于现有能力空洞的认知，更多关注技术变化与不连续性的挑战（Maula et al.，2013）。而且，学者们越来越关注公司创业投资在新创企业首次公开发行以及创业生态系统建设中的重要角色，强调公司创业投资作为在位企业外部"开放式创新"途径，在新创企业首次公开发行（Initial Public Offering，IPO）过程中应发挥认证、咨询和监督作用（Chahine et al.，2019），并促进企业创业生态系统的建设（Masucci et al.，2020）。也有学者关注公司创业投资在可持续领域传达合法性的独特能力，强调公司创业投资可以作为背书和信号，赋予可持续新创企业合法性，并促进其成功发展（de Lange and Valliere，2020）。

虽然学者们关注的视角不尽相同，但仍在一些关键方面达成如下共识：第一，公司创业投资的投资方是从事非金融类主营业务的成熟在位企业（又称公司投资者），不同于独立风险投资（Independent Venture Capital，IVC）的投资方是专业投资机构；第二，公司创业投资的受资方是独立于公司投资者的新创企业，一般具有高技术能力和发展潜力；第三，在位企业对新创企业进行少数股权投资，区别于其他涉及多数股权的投资行为，如收购或合资；第四，公司投资者不仅仅出于财务目标进行投资，更聚焦于公司创业投资可能带来的战略收益，且后者对在位企业的激励作用更大。因此，概括而言，公司创业投资是指有明确主营业务的非金融类在位企业，在战略扩张动机和财务收益目标的驱动下，对具有发

公司创业投资

展潜力的新创企业进行少数股权投资的公司创业行为。本书梳理了公司创业投资内涵的研究进展（见表2-1）。

表 2-1　公司创业投资的关键内涵

作者与年份	研究结论
Dushnitsky 和 Lenox（2005）	公司创业投资是企业创新战略的重要组成部分，帮助在位企业打开一扇"技术窗口"
Dushnitsky 和 Lenox（2006）	公司创业投资是增强企业创新能力和公司价值的重要途径，帮助在位企业获取新知识和新技术
Wadhwa 和 Kotha（2006）	公司创业投资是在位企业了解新技术和新市场的一种手段，帮助企业实现更多创新产出
Keil 等（2008）	公司创业投资是在位企业在组织边界之外的"无实体实验"，帮助企业克服固有惯性约束，提高其对现有能力空洞的认知
Benson 和 Ziedonis（2009）	公司创业投资是影响企业收购决策的重要因素，可以通过信息优势帮助企业更好地识别和评估收购目标，进而提高企业收购绩效
Keil 等（2010）	公司创业投资所带来的独特资源能帮助企业进入风险投资联合网络并迅速获得中心地位
Maula 等（2013）	公司创业投资作为一种"预警机制"，能引导高层管理者的注意力集中于技术变化与不连续性的挑战
van de Vrande 和 Vanhaverbeke（2013）	公司创业投资作为一种实物期权创造机制，通过减少后续投资的不确定性，促成企业间联盟
Hill 和 Birkinshaw（2014）	公司创业投资是企业可以灵活采取行动的工具，既可以帮助母公司开发和利用其现有优势，又可以帮助母公司探索和建立新的能力
Alvarez - Garrido 和 Dushnitsky（2016）	公司创业投资是新创企业获取互补性资源，促进企业创新的重要股权融资方式
Ceccagnoli 等（2018）	公司创业投资是企业在不确定环境中获取外部技术的一种学习战略
Chahine 等（2019）	公司创业投资在新创企业IPO中发挥了三种主要的作用：认证作用、咨询作用和监督作用
Masucci 等（2020）	公司创业投资是企业加速与合作者之间技术进步，从而消除其业务生态系统中的技术瓶颈的对外开放创新战略
de Lange 和 Valliere（2020）	公司创业投资具有在可持续领域传达合法性的独特能力，其可以作为背书和信号，赋予可持续新创企业合法性，并促进其成功发展

资料来源：笔者整理。

三、公司创业投资的组织结构

公司创业投资的概念最早可追溯到 1983 年德国西门子公司和其他合作伙伴成立的风险投资基金，旨在为新创企业提供融资和管理支持。与美国许多企业的公司创业投资模式不同，德国往往是由母公司投资成立一个独立的子公司进行投资。这种组织结构也是当今最典型的公司创业投资组织结构，具体如图 2-2 所示。

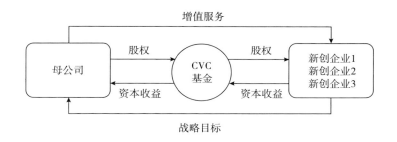

图 2-2 典型的公司创业投资组织结构

根据企业从事公司创业投资的手段可以对公司创业投资组织结构进行细致划分。如表 2-2 所示，首先，在联合基金模式下，在位企业通常以有限合伙人的身份与多家公司参与独立风险投资管理的 VC 基金业务，从事公司创业投资活动。由于自治程度较高，故而存在着对新创企业缺乏了解的弊端，母公司只能获得有限的战略利益。其次，在专项基金这种投资模式下，母公司通过与独立风险投资者建立稳定的合作关系，共同设立一项专用基金，以投资于能够与母公司产生战略协同效应的新创企业。最后，母公司也可以通过创建全资子公司，形成一种完全拥有的自我管理基金投资模式。对于完全内部化的直接投资项目而言，母公司在企业内部创建 VC 基金，建立自己的投资网络和交易流程，直接投资于新创企业。这种组织结构使公司创业投资活动与业务单元的战略紧密相连，战略利益能够更加有效地在企业各个部门利用与转移。

Dushnitsky（2006）根据母公司的参与程度，按照由"松散"到"紧密"的顺序区分了四种类型的投资模式：有限合伙人、专用基金、全资子公司和直接投资，如图 2-3 所示。第一种模式下，企业以有限合伙人的身份加入现有的风险投资基金，间接地投资新创企业。第二种模式下，由在位企业与独立风险投资共同出资成立一个共同基金并共同管理公司创业投资活动。例如，小米公司与顺为资本联手，在相同的轮次以相同的条件共同投资于能产生战略协同效应的新创企业，打造了一个强大的生态圈发展模式。第三种模式下，在位企业单独成立一个

表 2-2 公司创业投资的组织结构

投资类型	间接投资			直接投资	
自治程度	独立		完全拥有	完全内部化	
投资手段	联合基金	专项基金	自管基金	公司 NVD 中央基金	业务单元 NVD 分散基金
组织结构	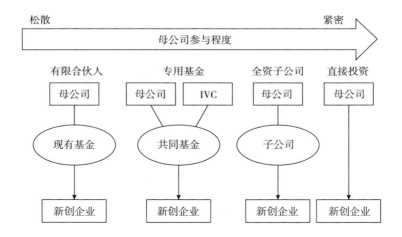				

注：NVD（New Venture Development）为新创事业发展部，BU（Business Unit）为业务单元。

资料来源：Yang（2006）。

图 2-3 不同参与程度下的公司创业投资组织结构

资料来源：Dushnitsky（2006）。

全资子公司，专门负责公司创业投资活动。第四种模式是母公司参与程度最高的模式，在这种模式下，在位企业的业务部门直接投资新创企业。这类投资模式在电信设备行业最为活跃，如加拿大著名电信设备供应商北电网络采用的就是这种模式。

根据母公司对公司创业投资的控制程度，Lantz 等（2011）将基金类型划分为"半圈养基金"和"专属基金"。前一种是由母公司控制的基金，同时也可以向其他合作伙伴开放。这些基金的投资活动主要是围绕企业核心业务而开展的。

后一种由母公司全资拥有，其目标是服务于母公司的战略和财务利益。此外，不同的公司创业投资类型在资源承诺、承诺水平以及投资目标上存在差异，具体如表2-3所示。

表 2-3 公司创业投资类型

公司创业投资类型	承诺类型	承诺水平	投资目标
直接公司创业投资			
内部部门公司创业投资	财务和组织	高	创建一个专用 VC 结构以尝试组织外部的外围技术
内部投资基金	财务和组织	中或高	与其他公共/私人基金一起投资以获取财务回报，并创造新技术窗口
分拆基金	财务和组织	中或高	通过公司内部专长寻求外部发展
合作开发	财务和组织	中	与创新型中小企业合作开发新项目
分步投资	财务	低	偶尔与其他投资者合作进行较弱的决策和技术控制投资
间接公司创业投资			
外部投资基金	财务	低	通过风险投资公司对各种创新的中小企业进行投资以获取财务回报

资料来源：Lantz 等（2011）。

公司创业投资需要权衡战略与财务回报。Chesbrough（2002）根据公司创业投资的投资动机以及被投资企业与母公司的战略契合度，划分了四种公司创业投资策略，具体如图2-4所示。

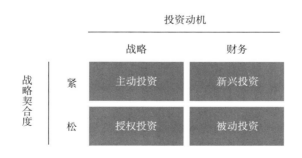

图 2-4 四种公司创业投资策略

资料来源：Chesbrough（2002）。

第一种是主动投资。该投资策略的投资动机为战略导向，投资对象为与母公司现有业务关联度较高的新创企业。因此，这类投资的目的是推动公司战略的发展，以及产生战略协同效应。例如，微软全力资助那些利用其架构的新创企业，以此推动微软的行业标准。第二种是授权投资。虽然这类投资仍为战略导向，但与母公司现有业务关联度不大，因此被当作是对当前业务的补充。第三种是新兴投资。此类投资策略的动机为财务导向，母公司试图通过此类投资探索相关联的潜在商业模式，以分散现有的行业风险。当商业环境发生巨大变化，或者母公司的战略发生调整时，这项投资策略就变得非常具有战略价值。第四种是被动投资。这类投资的目标与母公司现有业务并无关联，主要寻求出售股票或首次公开发行等退出事件获取可观的财务回报。

四、公司创业投资与独立风险投资的差异

1. 公司创业投资与独立风险投资的运作模式

独立风险投资市场的活动主体，也是新创企业的主要资金来源。对独立风险投资者来说，成功退出被投资企业是其商业模式的核心（Park and Steensma，2013）。作为普通合伙人（GP），独立风险投资者通过与大型机构（如大学、保险公司、养老基金）的有限合伙人（LP）筹集资金，通过首次公开发行或收购等成功退出事件，投资于私营新创企业，以获得更高的资本收益（Gompers and Lerner，1998）。根据基金规模，独立风险投资向有限合伙人收取固定的年度"管理费"（约占被投资基金资产的2%），但大部分薪酬来自"附带权益"，约占基金利润的20%（Sahlman，1990）。有限合伙人通常会预先规定有限的投资年限（通常为十年），并赋予独立风险投资者相对较大的投资决策自主权，因此独立风险投资周期相对较短。

独立风险投资的运作模式如图2-5所示。

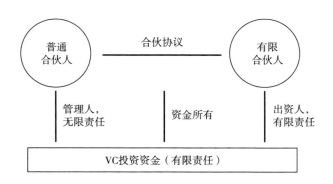

图2-5 独立风险投资的运作模式

资料来源：Dushnitsky 和 Lenox（2006）。

公司创业投资者是风险投资市场仅次于独立风险投资的投资群体。公司创业投资者没有采用有限合伙制，而是主要从母公司筹集资金。与独立风险投资者相同，公司创业投资者也寻求财务回报，但它们与独立风险投资最大的区别就在于它们关注的是通过与新创企业的技术协同效应而带来的母公司整体价值的最大化（Wadhwa and Kotha，2006）。因此，公司创业投资经常从新创企业的创新中获益，而不考虑新创企业的盈利能力和市场价值。为了避免员工在公司创业投资项目中来回调动产生的管理问题以及出于保持薪酬平等的倾向，公司创业投资通常采取的是固定工资的薪酬方案（Dushnitsky and Shapira，2010）。因此，与独立风险投资相比，公司创业投资缺乏有效的薪酬激励机制。在先前的研究基础上，本书将独立风险投资与公司创业投资之间存在的差异整理如表2-4所示。

表2-4　公司创业投资与独立风险投资的比较

	独立风险投资	公司创业投资
定义	致力于在新创企业中进行股权投资的投资	在位企业对私人持有的新创企业的少数股权投资
投资者	专业金融投资者	具有主营业务或多条业务线的在位企业
投资目标	资本收益最大化，财务导向	兼顾财务与战略收益，主要以战略为导向
投资时限	通常为十年	通常视为无时间限制
投资规模	投资活动是独立风险投资的唯一业务，独立风险投资的管理资本完全用于创业投资	投资活动不是企业的主要业务，年度投资额是企业总收入或资产的一小部分
组织结构	有限责任合伙企业。普通合伙人从有限合伙人处筹集资金，然后将资金投资于新创企业	各种法律实体和组织结构。公司创业投资团队位于业务单元或总部内。母公司是唯一出资方，并通过研发、业务和其他公司职能支持新创企业
人员规模及背景	平均人数为4.7人。背景通常由投资专业人士、前企业家组成，有时还拥有高级博士学位	公司创业投资母公司包括数千名在研发、销售和营销以及法律和监管领域高度专业化的人员；公司创业投资单位的平均人数为4.3人。他们的背景通常由母公司人员组成，也可能包括前风险投资专业人士、前企业家或投资专业人士
薪酬方案	与投资业绩挂钩，20%的附带权益和2%的管理费，灵活性高	固定工资，与母公司整体业绩挂钩，灵活性低

资料来源：根据相关文献整理。

2. 公司创业投资与独立风险投资的制度逻辑

独立风险投资的制度逻辑体现在其专业性上。独立风险投资者是风险投资市场的专业人士，专门为具有高增长潜力的新创企业提供融资。他们代表机构投资者选择这些新创企业，并试图引导企业家以正回报退出（Hellmann and Puri，2002）。首先，独立风险投资有自己的一套规范基础，主要包括成员标准、合法性以及权力结构。独立风险投资者通常都有类似的教育经历和管理经验，尽管与技术人员常有联系，但他们本身通常技术含量不高，可能追随技术潮流（Sorenson and Stuart，2008）。独立风险投资的合法性源自其成功的投资记录（Hallen and Pahnke，2016），并使得他们得到顶级投资者的美誉以及业内人士眼中的排他性。独立风险投资者通常是合伙人中的最高决策者，对自己的投资拥有很大的自主权，因此通常其有很大的机会影响企业的重大决策。其次，独立风险投资者的专业性也影响着他们的战略选择。由于他们的专业性，独立风险投资者认为自己是熟练的商业顾问。事实上，许多独立风险投资者把自己看作是"有所作为"的新创企业的共同创造者。最后，根据风险投资中根深蒂固的惯例，独立风险投资主要关注的是帮助企业实现与及时清算风险投资基金相关的里程碑。这种按时按部就班地完成工作的压力，会推动企业获得里程碑式的进展，比如与新创企业准备退出活动相关的产品进展（Pahnke et al.，2015）。综上所述，独立风险投资的专业制度逻辑可以概括为娴熟的商业技巧、高度自治的权力结构、积极的商业顾问身份以及被视为理所当然的新创企业里程碑。

公司创业投资的制度逻辑则与母公司有关。首先，公司创业投资管理者在企业内部拥有丰富的经验，他们通常了解企业的资源，如研发、销售渠道和制造设施等（Dushnitsky and Lenox，2006）。但是，由于公司创业投资管理者被嵌入到企业的层级结构中，并且必须与企业和业务部门协调以获取资源，他们的权力有限，这可能会降低他们对企业的作用。其次，作为企业逻辑的载体，公司创业投资管理者通常将自己视为新技术、新产品的探索者，以及业务部门和新创企业之间潜在的中介机制（Hallen et al.，2014）。最后，与独立风险投资不同，公司创业投资管理者不太可能帮助新创企业成长。他们的战略重点是确保新创企业的创新符合企业的技术需求。此外，与快速、有时间节奏的独立风险投资不同，公司创业投资将自己标榜为"耐心资本"。因此，尽管公司创业投资像独立风险投资一样提供阶段性融资，但其重点和相关的时间范围与企业的长期战略需求相关联（Park and Steensma，2012）。总而言之，公司创业投资的企业逻辑与母公司有着深刻的渊源，主要体现在由于权力分散而导致复杂且缓慢的决策，专注于企业战略目标的中间人身份，以及长期的视野。表2-5列出了独立风险投资与公司创业投资的一些制度逻辑差异。

表 2-5　独立风险投资与公司创业投资的制度逻辑

	独立风险投资（专业逻辑）	公司创业投资（企业逻辑）
成员标准	教育经历和管理经验	企业内部的管理经验
合法性	良好的投资信誉	以商业和技术成功为基础的企业信誉
权力结构	简单层次结构的伙伴关系；具有高度决策自主权	业务单位和企业内部的复杂结构；分散权力、决策缓慢、内部冲突
战略基础	高度参与新创企业的商业顾问	寻找母公司—新创企业技术和产品的中间人
关注焦点	为新创企业制定程序化和有节奏的时间表、阶段性融资的里程碑	长远时间跨度的耐心资本、符合母公司的整体战略

资料来源：Pahnke 等（2015）。

五、在位企业角度的公司创业投资研究

从在位企业角度看，学者们主要从公司创业投资的目标与动机、影响因素、绩效效应以及公司创业投资与其他公司创业方式的关系四个方面进行研究。

1. 公司创业投资的目标与动机

20 世纪 90 年代末，在新技术和新经济的冲击下，公司创业投资蓬勃发展。学者们对在位企业进行公司创业投资的目标和动机进行了较多的探讨（见表 2-6），认为公司创业投资需要权衡企业财务回报与长期战略定位，其中，战略目标相对而言更重要。例如，Sykes（1990）认为在位企业进行公司创业投资的主要战略目标在于把握新机会和拓展业务关系。Kann（2000）则将战略目标概括为外部研发、加快进入新市场和刺激需求三种。陈军（2001）将公司创业投资的主要动机总结为战略需要和财务回报两点，并进一步识别了拓展内部 R&D、扩大市场、并购、缔结战略盟友、长期期权、创新和进入高科技领域七个具体策略目标。Dushnitsky 和 Lenox（2006）则将在位企业进行公司创业投资的战略动机划分为技术寻求型和需求促进型两类，通过技术和产品两方面获取更多公司价值。在此基础上，Lantz 等（2011）将在位企业的投资动机进一步细分为技术、研发、市场、实践和财务五方面。吴雄臣和李恩平（2013）认为在位企业退出公司创业投资时获取最大化收益是其投资决策的重要目标。陆晓丽（2015）强调高额利润回报和长期战略发展是在位企业进行公司创业投资的两大目标，其中前者是短期的，后者是长期的。段勇倩和陈劲（2021）从信号、资源、制度和激励四个视角识别了在位企业期望借助投资新创企业进行创新孵化，进而获得更多新技术和新机会，促进实现企业创新的目标。

表 2-6　在位企业进行公司创业投资的目标与动机

作者与年份	公司创业投资的目标与动机
Sykes（1990）	把握新机会和拓展业务关系
Kann（2000）	外部研发、加快进入新市场和刺激需求
陈军（2001）	主要动机：战略需要、财务回报； 具体策略目标：拓展内部 R&D、扩大市场、并购、缔结战略盟友、长期期权、创新和进入高科技领域
Dushnitsky 和 Lenox（2006）	技术寻求型和需求促进型
Lantz 等（2011）	技术、研发、市场、实践和财务五方面
吴雄臣和李恩平（2013）	投资退出时收益最大化
陆晓丽（2015）	高额利润回报和长期战略发展
段勇倩和陈劲（2021）	信号、资源、制度和激励视角下的创新孵化

资料来源：笔者整理。

2. 在位企业进行公司创业投资的影响因素

现有研究对公司创业投资的影响因素从外部环境与企业内部特征两个角度进行分析。例如，Dushnitsky 和 Lenox（2005b）认为，技术变化率、行业资源冗余和知识产权制度等环境层面的因素，以及资源、现金流和吸收能力等企业层面的因素对促进公司创业投资具有重要作用。

从外部环境看，在位企业在技术迅速变化、高竞争强度以及弱独占性的行业中参与更多的公司创业投资（Basu et al.，2011）。市场不确定性对公司创业投资也具有促进作用（Tong and Li，2011）。

从企业内部特征看，现有研究主要是基于不同理论视角来分析识别内部因素对公司创业投资的影响。彭学兵和胡剑锋（2011）依托资源基础观，探究企业技术、财务和商誉资源对其公司创业投资战略决策的差异化影响。Sahaym 等（2010）基于吸收能力视角发现企业内部研发提高了在位企业评估和开发新创企业机会的能力，促进其进行公司创业投资。戴维奇等（2012）基于展望理论与威胁—刚性理论，发现企业过往绩效与公司创业投资之间存在负相关关系。Gaba 和 Bhattacharya（2012）借鉴行为理论，发现公司管理人员对于创新绩效目标的期望是公司采用或终止公司创业投资的一个重要影响因素。郭蓉和文巧甜（2019）进一步基于企业行为理论，探究中国经济转型升级背景下企业业绩反馈与公司创业投资强度之间的关系。Titus 等（2020）也探究了绩效期望与公司创业投资之间的关系。Dokko 和 Gaba（2012）基于制度理论，发现执行公司创业投资的管理人员的职业经验对公司创业投资关系的形成有重要影响。戴维奇和姜浩然（2020）则依托高阶梯队理论，发现 CEO 自恋能促使企业进行公司创业投资。

Gaba 和 Dokko（2016）基于组织学习理论，发现在位企业放弃公司创业投资的行为不仅受外部社会参照组织的影响，也受公司内部投资实践经验以及员工配置情况的影响。Guerrero 等（2019）基于人力资本理论的相关知识，发现不同年龄层员工的特征和行为会影响企业公司创业投资的决策。Cabral 等（2021）也基于人力资源的相关知识探究公司创业投资的前因。Fischer 等（2019）基于代理理论，探究了在位企业高管团队与公司创业投资部门经理之间的代理冲突影响公司创业投资单元生存的内在逻辑。基于关系视角的研究也颇为丰富。例如，Hill 和 Birkinshaw（2014）研究表明公司创业投资的成功与企业建立牢固社会关系的能力密切相关。Kim 等（2019）的研究进一步证实，当在位企业不存在机会主义倾向，且新创企业与在位企业有直接或间接社会关系时，技术联系将有力地促进公司创业投资关系的形成。Cheng 和 Tang（2019）发现，在不确定因素下，公司投资者选择与独立风险投资人形成伙伴关系，有利于提高投资成功的可能性。表2-7 是对上述研究内容的汇总。

表 2-7　在位企业进行公司创业投资的影响因素

研究角度	作者与年份	理论视角	影响因素
外部环境条件	Dushnitsky 和 Lenox（2005）	权变理论	技术变化率、行业资源冗余和知识产权制度
	Basu 等（2011）		技术变化速度、竞争强度和行业独占性
	Tong 和 Li（2011）	实物期权理论	市场不确定性和投资不可逆性
企业内部特征	彭学兵和胡剑锋（2011）	资源基础观	技术资源、财务资源和商誉资源
	Sahaym 等（2010）	吸收能力视角	内部研发能力
	戴维奇等（2012）	展望理论和威胁—刚性理论	企业过往绩效和高管政治网络
	Gaba 和 Bhattacharya（2012）	企业行为理论	创新绩效期望
	郭蓉和文巧甜（2019）		企业业绩反馈
	Titus 等（2020）		绩效期望和创业导向
	Dokko 和 Gaba（2012）	制度理论	管理人员职业经验
	戴维奇和姜浩然（2020）	高阶梯队理论	CEO 自恋
	Gaba 和 Dokko（2016）	组织学习理论	社会参照和投资实践经验
	Guerrero 等（2019）	人力资本理论	不同年龄层员工的特征和行为
	Cabral 等（2021）		工作安全保障
	Fischer 等（2019）	代理理论	在位企业高管团队与公司创业投资部门经理之间的代理冲突

研究角度	作者与年份	理论视角	影响因素
企业内部特征	Hill 和 Birkinshaw（2014）	关系视角	社会关系构建
	Kim 等（2019）		机会主义倾向和社会关系
	Cheng 和 Tang（2019）		公司投资者与独立风险投资人形成伙伴关系

资料来源：笔者整理。

3. 公司创业投资对在位企业的绩效效应

在竞争激烈的市场环境中，在位企业要不断获取新知识以增强其创新能力，新创企业可能是这些宝贵知识的重要来源（Gans and Stern，2003）。因此，既有研究指出，在位企业可以通过从事公司创业投资来获得了解新技术和产品的窗口，以此刺激自身的创新努力（Dushnitsky and Lenox，2005a）和调整经营策略（Maula et al.，2009），最终影响在位企业的创新绩效、财务绩效和综合绩效（Keil et al.，2008），如表 2-8 所示。

表 2-8 在位企业进行公司创业投资的绩效效应

影响方面	作者与年份	影响内容
创新绩效	Maula 等（2013）	关注新技术的不连续性
	Dushnitsky 和 Lenox（2006）	创新率
	Wadhwa 和 Kotha（2006）	专利产出
	Hill 和 Birkinshaw（2008）	创新绩效产出
	曾蔚等（2020）	创新投入和创新产出
	Sahaym 等（2010）	识别和吸收新创企业技术知识的能力
	Smith 和 Shah（2013）	产品开发成果
	乔明哲等（2017）	技术创新绩效
	万坤扬和陆文聪（2014b，2016）	技术创新和创新产出
	Wadhwa 等（2016）	创新产出
	段勇倩和陈劲（2021）	企业创新
财务绩效	Dushnitsky 和 Lenox（2006）	财务绩效
	宋效中和程玮（2014）	经营绩效
	翟丽等（2010）	长期收益
	韩瑾等（2016）	财务绩效

续表

影响方面	作者与年份	影响内容
综合绩效	Braune 等（2021）、Keil 等（2010）	风险投资组合中的地位
	Hill 等（2009）	实践经验和投资机会
	林子尧和李新春（2012）	公司价值
	万坤扬和陆文聪（2014a）	
	王苏生等（2017）	公司价值创造
	Yang 等（2014）	

资料来源：笔者整理。

首先，在位企业进行公司创业投资在一定程度上影响其创新绩效。例如，Maula 等（2013）发现公司创业投资与企业及时关注新出现技术的不连续性密切相关，进行公司创业投资的企业创新率更高（Dushnitsky and Lenox，2006），而且公司创业投资对企业专利产出的贡献率随着公司投资者参与程度的加深而增大（Wadhwa and Kotha，2006）。Hill 和 Birkinshaw（2008）则发现公司创业投资与高激励、自治结构以及阶段投资模式相结合时，更能提高企业的创新绩效。此外，曾蔚等（2020）发现不同的公司创业投资模式对企业技术创新绩效存在差异化影响。Sahaym 等（2010）发现公司投资者通过内部研发知识开发可提高企业识别和吸收来自新创企业的技术知识的能力。同时，乔明哲等（2017）基于实物期权理论，发现公司创业投资数量与投资企业的技术创新绩效之间存在着显著的倒 U 形关系。万坤扬和陆文聪（2014b，2016）以"在位企业—公司创业投资项目—新创企业"三元框架探究发现公司创业投资数量与企业技术创新之间存在非线性的倒 U 形关系，而新创企业知识异质性与公司投资者创新产出之间存在 U 形关系。Wadhwa 等（2016）也发现了上述关系。段勇倩和陈劲（2021）依托信号、资源、制度和激励理论探究公司创业投资影响企业创新的机制和路径。

其次，公司创业投资可能会对在位企业的财务绩效产生影响。例如，Dushnitsky 和 Lenox（2006）发现公司投资者出于战略目标参与公司创业投资时，往往能为在位企业带来更大的财务绩效。宋效中和程玮（2014）在此基础上进一步发现，公司创业投资所投资企业的资产规模、行业相关度会促进企业经营绩效的提升。相反，翟丽等（2010）却发现公司创业投资与在位企业长期收益负相关。基于此，韩瑾等（2016）发现公司投资者参与程度与企业财务绩效之间存在倒 U 形关系。

最后，学者们探究公司创业投资对在位企业综合绩效的影响。有研究发现，公司投资者的资源优势可以在一定程度上弥补其在风险投资组合中的劣势（Braune et al.，2021），提升其地位甚至促进企业获得中心地位（Keil et al.，2010）。在位企业可在投资组合中与独立风险投资公司建立关系，学习更多投资实践经验并获取更多有利的投资机会，进而促进其综合绩效的提升（Hill et al.，2009）。此外，学者们关注公司创业投资与公司价值之间的关系。例如，林子尧和李新春（2012）研究发现公司创业投资与公司价值之间不存在显著关系，而王苏生等（2017）研究发现公司创业投资与公司价值创造有显著正相关关系。Yang等（2014）的研究则认为在位企业投资组合多样性与公司价值创造之间存在U形关系。万坤扬和陆文聪（2014a）基于多重实物期权理论视角，也证实了公司创业投资组合多元化与公司价值之间存在U形关系。

4. 公司创业投资与其他公司创业方式的关系

除此之外，学者们探究公司创业投资与收购、联盟、合资等多种外部企业风险投资方式的关系。

公司创业投资与在位企业的联盟活动相互作用，并由此影响企业绩效。一方面，企业联盟活动会增加其后续采取公司创业投资方式的可能（Mathews，2006）。另一方面，公司创业投资也会影响企业后续战略联盟的形成（van de Vrande and Vanhaverbeke，2013）。同时，学者们肯定了公司创业投资与技术联盟对企业创新绩效的促进作用（Belderbos et al.，2018），发现在不确定市场环境中，公司创业投资而不是联盟更能为企业带来更高的创新产出（Cirillo，2019）。

类似地，公司创业投资也会影响企业收购活动。例如，Benson和Ziedonis（2010）研究发现，在收购溢价的基础上，公司创业投资对公司整体的并购决策有积极影响。Ivanov和Xie（2010）研究发现，公司投资者提供的服务和支持在公司创业投资准备退出时能够转化为更高的收购溢价。Janney等（2021）研究发现，以公司投资者对新创企业先前的投资为背书，可以促使企业在收购时获得更高的财务回报。Titus等（2017）研究则发现企业的探索活动对其采用收购而不是公司创业投资战略更有促进作用。Ceccagnoli等（2018）探究在位企业开展公司创业投资抑或技术收购决策的影响因素以及边界条件。图2-6总结了在位企业角度的公司创业投资研究框架。

六、新创企业角度的公司创业投资研究

从公司创业投资的被投资方——新创企业角度看，学者们主要聚焦于新创企业选择公司创业投资的动机及影响因素、后果研究以及公司创业投资与独立风险投资的比较三个研究主题。

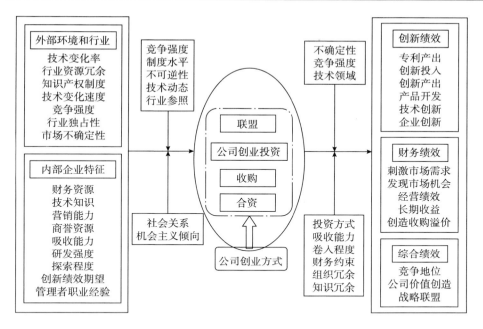

图 2-6 在位企业角度的公司创业投资研究框架

资料来源:笔者绘制。

1. 新创企业选择公司创业投资的动机及影响因素

相对于聚焦在位企业的研究,学者们从新创企业角度研究企业选择公司创业投资的动机的文献相对较少,且已有研究主要关注新创企业通过公司创业投资可获得的价值增益。例如,Maula(2001)研究指出新创企业基于获取资源、分享知识和技术背书效应三种增值机制选择公司创业投资。杜什尼茨基等(2021)强调新创企业以少数股权换取在位企业的互补资源、管理支持和品牌效应。首先,新创企业从其公司投资者处获取互补性资源,包括财务资源、生产性资源、技术资源和人力资源等。新创企业利用在位企业的相关制造资源助力生产活动,拥有更多机会进入在位企业的实验室和接触研发设施,从在位企业获得更多互补技术与专业人员输入,以此弥补新创企业创新和价值创造活动的资源缺口(Park and Steensma,2012)。其次,新创企业从其公司投资者处获取技术和管理知识,学习和借鉴在位企业的研发知识、制造知识、管理经验和运营经验,构建企业生产和创新的动态能力,以此弥补新创企业的知识短板(Qian et al.,2017)。最后,新创企业受益于其公司投资者的技术背书效应和品牌效应(de Lange and Valliere,2020)。新创企业通过选择成熟在位企业的公司创业投资的方式,积极与行业主导企业建立联系,进一步以在位企业的声誉作为自己的背书,提高其在市场竞争环境中的声誉和地位，最终促进新创企业在客户、供应商和其他投资者等利益相关者那里建构合法性，推动企业的商业化进程（Arikan and Capron，2010）。

学者们聚焦于新创企业与公司投资者之间的二元关系来分析新创企业是否选择公司创业投资。例如，Hellmann 和 Puri（2002）研究发现，当新创企业与在位企业的技术互为替代关系时，考虑到新技术可能被剥夺和盗用的风险，新创企业往往会选择联合投资方式，如风险投资辛迪加（Venture Capital Syndicate），而不是直接选择公司创业投资（Hellmann and Puri，2002）。Dushnitsky 和 Shaver（2009）进一步强调新创企业在做出是否选择公司创业投资的决策过程中，既要考虑公司投资者可提供的多种增值服务，又要考量在位企业模仿盗用其新技术与发明专利的可能性。当新创企业与在位企业是同行业潜在竞争对手，且其所处行业知识产权制度薄弱时，新创企业往往不会选择公司投资者。反之，当新创企业与在位企业是互补关系而不是潜在竞争关系时，新创企业则更有可能选择公司投资者（Maula et al.，2009）。Mohammadi 和 Khashabi（2021）在研究保护法案对新创企业选择公司创业投资的影响时发现，进行专利披露减少了新创企业与在位企业之间的信息不对称，进而增加了新创企业获得公司创业投资的可能性，且此现象在专利具有较高信息重要性的行业中更显著。图 2-7 总结了新创企业选择公司创业投资的前因研究框架。

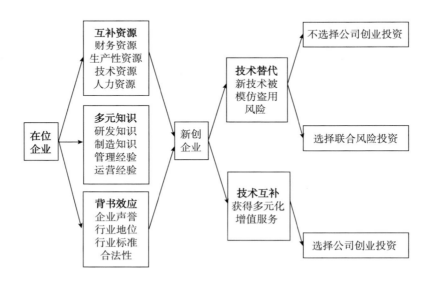

图 2-7 新创企业选择公司创业投资的前因研究

资料来源：笔者绘制。

2. 公司创业投资对新创企业的后果研究

公司创业投资对新创企业的绩效和市场表现的影响存在差异化结论（Casciaro and Piskorski，2005）。一方面，公司投资者可提供多种增值服务，为新创企业提供更多资源、知识、技术和管理支持，有效发挥知识导向性与战略协同性，从而对新创企业的创新绩效和上市表现有积极影响（van de Vrande et al.，2011）；另一方面，在位企业可能模仿盗用新创企业的技术与发明专利，剥夺新创企业的核心竞争优势，进而对新创企业的创新绩效和综合绩效造成消极影响（Uzuegbunam et al.，2019）。研究结果如表2-9所示。

表2-9　公司创业投资对新创企业的后果研究

影响性质	影响方面	作者和年份	影响因素	影响内容
积极影响	创新绩效	Alvarez - Garrido 和 Dushnitsky（2016）	互补性资源和多元知识	企业创新
		Chemmanur 等（2014）	可利用资源和技术契合度	创新产出率
		Paik 和 Woo（2017）		研发强度
		丰若旸和温军（2020）		技术创新
		Rossi 等（2020）		突破式技术创新
	市场地位	Maula 等（2005）	技术支持	商业信誉和认知合法性
		Keil 等（2008）	市场和技术信息	产品开发和市场竞争地位
	IPO绩效	Ivanov 和 Xie（2010）	服务和支持	IPO估值
		Wang 和 Wan（2013）	资源和战略目标	IPO折价发行
		乔明哲等（2017）		IPO抑价水平
消极影响	创新绩效	Uzuegbunam 等（2019）		以市场为中心的创新产出（商标产出）
		王雷和亓亚荣（2019）	行业竞争强度	创新产出
	绩效分配	Huang 和 Madhavan（2021）		绩效收益分配不均
	综合绩效	Di Lorenzo 和 van de Vrande（2019）		知识流动和技术人员流动

资料来源：笔者整理。

具体而言，公司创业投资对新创企业的积极影响表现在创新绩效、市场地位和IPO绩效三个方面。

首先，公司投资者为新创企业带来在位企业的资源和知识，帮助新创企业通过资源获取和组织学习方式，吸收和利用在位企业的互补性资源和多元知识，从而对企业创新有重要促进作用（Alvarez-Garrido and Dushnitsky，2016）。特别是当公司投资者提供的可利用资源和知识的数量和质量都比较可观，且新创企业与在位企业之间技术契合度比较强时，公司创业投资的正向效应最强，新创企业也更有可能表现出更高的创新产出率（Chemmanur et al.，2014）。Paik 和 Woo（2017）研究揭示了公司创业投资对新创企业增强研发强度具有积极影响。丰若旸和温军（2020）强调了公司创业投资对新创企业技术创新的关键作用。Rossi等（2020）发现公司创业投资是促进新创企业突破式技术创新的重要融资来源。

其次，公司创业投资可以帮助新创企业获取更多关于行业和产品市场的内部知识，降低新创企业与市场的信息不对称性，构建自身的认知合法性，进而提升新创企业在市场竞争中的声誉和地位（de Lange and Valliere，2020）。Maula 等（2005）的研究肯定了公司创业投资在供给技术支持，帮助新创企业建立商业信誉和认知合法性方面的关键作用。Keil 等（2008）研究也发现，公司投资者往往能为新创企业提供更多市场和技术信息，帮助新创企业在产品开发和市场竞争中占据更好的位置。

最后，公司创业投资对新创企业 IPO 绩效产生积极影响。例如，Ivanov 和 Xie（2010）研究发现公司投资者提供的服务和支持在公司创业投资准备退出时能够转化为更高的 IPO 估值。Wang 和 Wan（2013）研究表明，由于公司投资者能够为企业提供其他投资方式所不具有的资源，同时以战略收益为主要目标，因此公司投资者的股权参与程度与新创企业 IPO 折价发行负相关。乔明哲等（2017）基于信息不对称理论，研究发现获得公司创业投资的新创企业的 IPO 抑价水平显著低于其他企业。

相应地，公司创业投资对新创企业的消极影响体现在创新绩效、绩效分配和综合绩效方面。首先，进行公司创业投资的在位企业往往对新创企业的创新活动存在偏好，并积极推动被投资企业以牺牲其他创造市场价值的价值链活动为代价来进行创新尝试（Michael et al.，2008）。但对于新创企业而言，创新不是衡量其绩效产出的全部指标，且创新对企业影响是高度情境化的（Rosenbusch et al.，2011）。因此，当新创企业过度依赖公司创业投资进行更多创新尝试时，可能会减少其他价值创造活动的投入，而损害新创企业的综合绩效。Uzuegbunam 等（2019）基于资源依赖理论和知识产权战略的相关知识，对 2004~2011 年八年间美国跨行业的新创企业数据进行实证分析，证明公司创业投资在促进企业以技术为中心的创新产出（专利和版权）发展的同时，会阻碍企业以市场为中心的创新产出（商标）发展。王雷和亓亚荣（2019）研究发现，公司投资者与被投资企业间的行业竞争强度虽然促进新创企业的创新投入，但却抑制了新创企业的创新产出。

其次，公司创业投资是服务于在位企业整体战略的，因而公司投资者可能会"剥削"而非真正"培育"新创企业的技术创新能力，从而对新创企业的长期战略部署和持续发展产生专横影响（Dushnitsky and Shaver，2009；Katila et al.，2008）。有研究发现，公司创业投资或员工流动性对新创企业吸收利用在位企业知识具有消极影响。研究通过对1992~2005年获得过英特尔公司的公司创业投资的新创企业数据及其员工流动情况进行实证分析，发现获得在位企业的公司创业投资的新创企业更少使用公司投资者的知识资产，且技术员工更少流动到引用其前雇主专利的新创企业，从而不利于新创企业的知识获取和持续竞争优势开发（Di Lorenzo and van de Vrande，2019）。Huang和Madhavan（2021）通过对公司创业投资的文献进行元分析，发现公司创业投资可以为新创企业和在位企业创造价值，但其为双方创造的价值大小不一，合作伙伴之间以及绩效方面的收益分配存在严重的分配不均现象。

最后，以现实案例来进一步支持以上观点。以石米科技为例，石米科技作为小米生态链系统建设中的一分子，一方面，依托小米的资源和技术背书效应，通过大量研发创新与技术投入，快速获得了品牌曝光度；但另一方面，大量的创新投入消耗以及其对小米的过度依赖也导致了其公司业务和经营业绩发生下滑，对企业综合绩效产生了重大不利影响。

3. 新创企业获得公司创业投资与独立风险投资的比较研究

公司创业投资与独立风险投资在投资主体和投资目标方面存在显著差异（Rossi et al.，2020）。独立风险投资是专业投资机构发起的以财务收益为主要目的的传统股权投资方式（Dushnitsky and Shapira，2010），公司创业投资则是由非金融行业的在位企业发起的以财务和战略双重目标为导向的公司创业方式（Dushnitsky and Lenox，2005a），两者对于新创企业而言都是获得融资的重要方式（Alvarez-Garrido and Dushnitsky，2016）。新创企业面临复杂多变的外部环境，需要在公司创业投资方式与独立风险投资之间进行战略选择，有效利用法律、时机与社会防御的重要作用，减少甚至避免公司投资者可能模仿或者盗用其创新成果的风险，以期真正发挥公司创业投资的战略优越性（Colombo and Shafi，2016）。

学界基于公司创业投资与独立风险投资制度逻辑的比较研究，探究两种风险投资方式对新创企业的差异化影响，并得到了较为丰富的研究成果。例如，Katila等（2008）发现获得公司创业投资的新创企业至少表现得与独立风险投资支持的同行一样好。Alvarez-Garrido和Dushnitsky（2016）基于美国生物技术行业545家获得独立风险投资或公司创业投资的新创企业数据，肯定了公司创业投资的战略优越性，研究发现，与完全由独立风险投资支持的同行相比，获得公司创业投资的新创企业的出版和专利产出更多。Park 和 Steensma（2013）基于 1990~2003 年美国 508 家获得风险投资的新创企业数据，研究发现获得公司创业投资的新创企业比仅获得独立风险投资的新创企业，在投资退出后表现出更高的创新率，而且这一效应在公司投资者相对于独立风险投资有更高声誉时被强化。王雷和周方召（2017）的研究则发现，虽然获得公司创业投资的新创企业的创新投入高于获得独立风险投资的企业，但后者的专利申请数量，即创新产出要高于前者。薛超凯等（2019）则得出差异化的结论，发现获得公司创业投资的新创企业的创新投入和创新产出都显著高于仅由独立风险投资支持的新创企业。Bertoni 等（2013）探究不同类型投资者对新创企业成长模式的影响，研究发现，由独立风险投资支持的新创企业的短期销售增长要优于公司创业投资支持的新创企业，但以上两种风险投资方式对新创企业的员工就业增长的影响不存在显著差异。同时，学者们发现由不同类型风险投资者支持的新创企业的后续战略选择和创新倾向也存在着很大差异。对获得公司创业投资的新创企业而言，在位企业对战略目标的追求以及新创企业为维护自身利益而进行的防御举措都会影响新创企业的双元创新决策（Hill and Birkinshaw，2014）。新创企业创始人所有权和知识水平越高，新创企业越有可能构建探索式的创新策略。对于获得独立风险投资的新创企业而言，在相同情境条件下更可能构建开发式创新策略（Galloway et al.，2016）。图 2-8 总结了基于新创企业角度的公司创业投资研究框架。

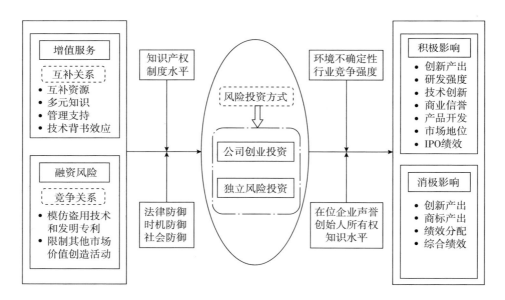

图 2-8 基于新创企业角度的公司创业投资研究框架

资料来源：笔者绘制。

第二节　相关领域研究

一、管理自主权的相关研究

高管的管理自主权概念是伴随高阶梯队理论不断成熟发展的。高阶梯队理论自 1984 年被 Hambrick 和 Mason 首次提出以来，该理论聚焦于企业高管（团队）及其特质对企业战略和绩效的影响（Bromiley and Rau，2016）。高阶梯队理论的基本观点是高管会从他们各自的个性化视角来理解自己所身处的战略位置并据此做出相关决策，而这些对于战略位置的个性化理解则建立在高管的价值观、经验、人格特质和其他人为因素的基础上（Hambrick，2007）。高阶梯队理论的提出有两个基本假设前提："有限理性"假设和"弱情境"假设。卡内基学派，如西蒙（1947）提出了有限理性的构念。有限理性指的是组织中的管理者由于面临着具有高度复杂性、模糊性和多种刺激要素的环境，因此他们的决策往往会缺乏合理性。管理者通常会寻求心理捷径——从他们之前的经历中寻求帮助，对问题和选择做出个性化的解释。尽管管理者会努力追求理性并声称他们是理性的，但是他们所能达到的仅仅是"有限理性"（Hambrick，2007，2016）。"弱情境"假设是基于情境强度理论所提出的。情境强度理论认为当个体面临"强情境"时，个体所受到的环境刺激更少且更明确，此时这些刺激物会决定（驱动）个体的行为；而当个体面临"弱情境"时，个体所感受的刺激物是多样的、模糊的且相互冲突的，此时个体的经验、偏见和倾向就会决定个体的行为（Mischel，1977）。

作为企业高管的代表——CEO 一直是高阶梯队理论聚焦的核心之一（Hambrick，2016，2007）。高阶梯队理论下的 CEO 研究主要有三个方向：CEO 人口学特征对企业的影响、CEO 的个性特征对企业的影响以及 CEO 特征与高管团队互动对企业的影响（Hambrick，2007）。在 CEO 人口学特征上，如 CEO 任期（Henderson et al.，2006；Zhang and Rajagopalan，2010）、CEO 经验（Jensen and Zajac，2004；Kunisch et al.，2019）、CEO 来源（Kunisch et al.，2019；Zhang and Rajagopalan，2010）、CEO 继任（Haveman et al.，2001；Kesner and Dan，1994；Zhang and Qu，2016）、CEO 性别（Ho et al.，2015；Ingersoll et al.，2017；Zhang and Qu，2016）、CEO 年龄（Belenzon et al.，2019）等常作为研究变量。

在 CEO 个性特征的研究上，有研究证明了 CEO 的个性特征对组织结构的重要影响，常见的 CEO 个性特征变量有 CEO 大五人格（Herrmann and Nadkarni，2014）、CEO 自恋（Buyl et al.，2019；Charles et al.，2018；Gerstner et al.，2013）、过度自信（Chen et al.，2015；Lai et al.，2017）、自负（Li and Tang，2010；Tang et al.，2015）、魅力（Fanelli and Grasselli，2006；Wowak et al.，2006）、价值观（Hood，2003；Jiao et al.，2017）、谦逊（Ou et al.，2018；Ou et al.，2014）、核心自我评价（Simsek et al.，2010；Timothy et al.，2009）等。

在 CEO 特征对高管团队过程影响的研究上，有学者指出高管团队是 CEO 特征的反应：CEO 的特征会影响高管团队的构成、过程和行为（Simsek et al.，2005）。所以，CEO 的特征不仅会直接影响到企业产出还会通过高管团队间接影响到企业产出。例如，Ou 等（2014）基于 63 家中国私营企业的数据进行的研究显示，在复杂的组织结构下谦逊的 CEO 会通过放权对高管团队进行整合。又如 De Jong 等（2013）基于 323 家新创企业的数据证明了新创企业创始人的心理特质会影响高管团队的任务冲突和关系冲突，进而对企业绩效产生影响。

尽管高阶梯队理论的核心逻辑是企业产出是企业高管及其特征的映射，但现实情况是企业中的部分高管对企业产出的影响总是大于其他高管。为了避免理论陷入困境，Hambrick 和 Finkelstein（1987）引入了"管理自由裁量权"（Managerial discretion）这一构念。管理自由裁量权的定义为：在既定环境下，决策者可自由采取管理行为的范围（即管理自主权）。

管理自主权的引入，有效地整合了学界有关高管对企业产出影响的两大理论——种群生态学和战略选择理论。种群生态学认为组织是惯性的，其会受到内外环境压力的限制，企业行为与绩效是由环境所决定的（Hannan and Freeman，1977）。内部压力包括不可逆转的人员、厂房和设备的投资，外部压力包括法律、财政进入和退出壁垒、可利用信息的限制以及企业的合法性。战略选择理论认为管理的战略选择决定了组织的绩效（Andrews，1971；Child，1972）。管理决策者决定了组织的目标以及实现目标的行动（Chandler，1962）。管理决策者拥有着改变结构、决定竞争领域以及绩效标准的"战略选择"（Child，1972）。前者否定了"人"的因素，而后者则过分强调"人"的因素。高阶梯队理论则指出企业行为是由高管所决定的，但是高管对企业影响的大小是权变的，其受到高管权力大小的影响，且影响高管权力大小的因素是多方面的（包括企业内外部环境）（Wangrow et al.，2015）。

在管理自主权的前因研究方面，主流的观点认为其来源于以下三个方面：任务环境、组织内部因素以及管理者特征。任务环境指的是企业所处行业内的因素以及企业在行业内的运营方式。该方向上的研究主要聚焦于行业的总体特征，如行业集中度（Hambrick and Finkelstein，1987）、监管水平（Hambrick and Abrahamson，1995）、需求强度（Hambrick and Abrahamson，1995）、外部利益相关者（Porter，1980）等，以及企业与竞争对手之间的关系，如产品差异化（Hambrick and Abrahamson，1995），对企业管理自主权的影响。在组织内部因素方面，学者们进一步识别出三大主要因素：惯性因素（Hannan and Freeman，1984；Kelly and Amburgey，1991）、内部利益相关者（Boeker，1997；Pfeffer and Salancik，1978）以及内部资源的可利用性（Hambrick and Finkelstein，1987；Hambrick and Macmillan，1985）。内部组织定义了企业在多大程度上能接受各种行为，并赋予CEO相符的行为权力（Hambrick and Finkelstein，1987）。组织惯性因素包括组织的规模、年龄以及文化等。内部利益相关者为了维护自身的权力和利益通常会倾向于限制管理者的管理自主权，而资源的可利用性（如资本密集程度）同样会通过赋予管理者可使用的资源数量与质量来影响其管理自主权（Wangrow et al.，2015）。需要指出的是，Finkelstein 和 Peteraf（2007）指出管理自主权的来源还存在第四个来源——管理活动本身，并将其定义为：一项由管理者自主选择的涉及多种方式处理的任务或职能。他们指出管理活动自身或其成果的不确定性、复杂性和困难度越高，管理者的管理自主权越大（Finkelstein and Peteraf，2007）。图 2-7 总结了已有的管理自主权前因研究。

管理自主权具有动态性特征，这种特征对于解释管理者对企业产出的影响至关重要（Finkelstein and Peteraf，2007）。管理自主权变化的原因是产生管理自主权的因素并不是稳定的，它们的作用方向与强度或单独或交互地发生波动（Finkelstein and Peteraf，2007）。尽管目前有研究者注意到这一方向（Finkelstein and Peteraf，2007；Wangrow et al.，2015），但相关研究还处于起步阶段。少量的文献探索了哪些因素会造成高管管理自主权的变化。如 Ocasio（1994）发现高管的权力会随着其任期的变化而变化，从而证明了高管的管理自主权是具有动态特征的。

二、CEO 自恋的相关研究

1. 自恋的内涵

英国医生和心理学家 Ellis 于 1898 年首次提出并使用"自恋"（narcissism）一词，用以描述一种"自爱"的临床表现（Antoinette and Harry，2013）。随后，Kets De Vries 和 Miller（1985）将自恋观点首次引入领导学，进而越来越多的管理学学者开始关注自恋研究（Wales et al.，2013）。"自恋"一词起源于古希腊，Narcissus 因拒绝女神 Echo 的求爱而受到惩罚——被诅咒只能爱自己，他每天沉溺于欣赏自己在水中的倒影，并在死后变成了一株水仙花（Wales et al.，2013）。20 世纪 80 年代中期之前，医生和研究人员将自恋视为一种心理或精神疾病。他们将个体分为正常（没有自恋表现）和不正常（具有自恋表现）两种。例如，Ellis 就将自恋用以描述一种临床表现，具有自恋特征的个体表现出反常的自爱。在 20 世纪 80 年代中期以后，研究人员，如 Emmons（1987）、Raskin 和 Terry（1988），逐渐认可将自恋作为一种人格维度——自恋是每个个体都存在的人格特质，个体的差异仅体现在自恋水平上（Antoinette and Harry，2013；Emmons，1987；Raskin and Terry，1988）。Freud 将个体的人格分为生产性人格和非生产性人格，并在此基础上提出自恋广泛存在于不同的个体之中，其既可以表现为生产性人格也可以表现为非生产性人格（Maccoby，2000）。Raskin 和 Hall（1979）以及 Emmons（1984，1987）等的研究，确立了"自恋"的现代内涵：自恋是一种形成于成年早期的、普遍存在的夸大心理模式（存在于幻想或行为中），其存在于不同的情境之中（Antoinette and Harry，2013；Raskin and Terry，1988）。在自恋类型的划分上，学界尚未形成共识。如 Maccoby（2000）基于 Freud 的理论提出自恋者应该分为建设型自恋和非建设型自恋，但目前管理学界较为认可的观点是将自恋分为病理型自恋和外向型自恋（Charles et al.，2018）。

作为一种稳定的心理特征，学者试图对自恋进行不同维度的划分。早在 Ellis（1898）首次使用"自恋"这一构念之后，Freud 就归纳了自恋构念的不同维度：自我钦佩、自我膨胀、将他人视为自我延伸的倾向（Maccoby，2000）。基于因子分析，Emmons（1987）提出将自恋划分为四个维度，包括滥用权力/应得权力（Exploitativeness/Entitlement）、优越感/自大（Superiority/Arrogance）、聚精会神/自我欣赏（Self－absorption/Self－admiration）、领导力/权威（Leadership/Authority）（Chatterjee and Hambrick，2007）。目前，学者普遍认可将自恋分为优越感、权力掌控以及对注意力与钦佩的不断需求三个维度（Buyl et al.，2019；Chatterjee and Hambrick，2007；Gerstner et al.，2013）。

作为一种人格特质，自恋由认知要素和动机要素两个层次构成（Chatterjee and Hambrick，2007；Pincus and Roche，2012）。在认知层次，自恋者对自身有着过高的认知。他们往往认为自己极具天赋，并在智力、竞争力、领导力、创新等方面优于他人（Judge et al.，2006；Liu et al.，2019）。这种膨胀的自我认知使得他们在工作中对自身能力和判断力高度自信（Chatterjee and Hambrick，2007；Zhu and Chen，2015a）。在动机层次，自恋者需要不断地对自身的优越性进行确认。Kernberg（1975）将这种提供不断确认优越性的源泉称为"自恋的供应"，其包括自恋者的自我行为表现和自恋者贬低他人两种形式（Bogart et al.，2004）。尽管这两种形式都可以满足自恋者对自身形象不断肯定的需求，但其必须要有他人的参与（肯定、掌声、钦佩以及奉承等形式）才能最终得以实现"自恋的供应"（Wallace and Baumeister，2002）。例如，研究者证明了在任何时期，自恋者都会寻求超过他人来获得钦佩（Wallace and Baumeister，2002），而一旦这种超过他人的努力并未获得预期的掌声，自恋者往往会变得愤怒进而贬低他人，借此来不断强化自身的形象（Rhodewalt and Morf，1998）。

基于大量研究（Bogart et al.，2004；Rhodewalt and Morf，1998），研究人员认为自恋作为一种普遍存在的人格特质，受到基因以及父母关系的影响（Gerstner et al.，2013）。此外，有关研究证实了个体成长经历与这一期间所发生的重大事件对自恋人格也产生了重要的影响（Chatterjee and Hambrick，2007）。因此，正如其他人格特质一样，个体的自恋程度尽管具有稳定性与持续性，但其会受到成长经历或环境刺激而可能发生变化（Campbell et al.，2004）。因此，自恋心理尽管是一个稳定的心理特征，但从长期的角度来看其存在变化的可能。

2. CEO 自恋及其影响

自恋研究的一个重要分支是对 CEO 自恋的研究。从自恋本身来看，一方面自恋会驱使个体追求具有更大影响力的更高职位（Kernberg，1975）。正如有研究所指出的与自恋有关的自尊有助于个体取得工作上的进步（Raskin et al.，1991）。其他学者有关"自恋是领导力的核心"（Kohut，2009）、"任何想要站在组织金字塔顶端的人必然是自恋的"（Vries，2004）等观点也佐证了这一论点。另一方面由于高度自恋者在人际关系等方面的不足会对企业决策和行为造成严重不良影响，因而极端的自恋者也不可能成为企业的当权者（Chatterjee and Hambrick，2007）。所以，尽管我们并不能确定 CEO 的具体自恋水平，但我们可以肯定，相较于其他人，CEO 存在较高的自恋水平且不同个体之间存在差异。高阶梯队理论的基本观点认为组织是高管的映射，组织高管的个人特征，如经验、价值观和心理特征都会对企业的行为、战略产生影响（Hambrick，2016）。相较于其他高管，CEO 对企业的决策和行为的影响具有决定性作用。Zhu 和 Chen（2015a）就指出 CEO 在企业决策中占主导地位，其他高管对企业决策的影响更多是以提供信息、建议等非直接方式实现的。因而，管理学中的自恋研究全都聚焦于 CEO，而这一观点也得到 Chatterjee 等的支持（Chatterjee and Hambrick，2007）。

在战略管理研究中，已有的 CEO 自恋研究所关注的焦点是自恋 CEO 对企业的影响。已有研究可分为 CEO 自恋对企业财务绩效和战略（行为）影响两个方向。在自恋 CEO 与企业财务绩效的关系研究上，所得研究结论之间存在冲突。一方面，有研究指出 CEO 自恋与公司财务绩效之间存在正相关关系。如 Wales 等（2013）基于 173 位上市公司 CEO 的数据证明了 CEO 自恋与企业绩效之间存在正相关关系，且创业导向在这之间起到了中介作用。又如，基于 31 家德国大型制造业企业 2004~2013 年的数据，Oesterle 等（2016）验证了 CEO 自恋与海外市场销售额之间存在正向关系。另一方面，有研究认为 CEO 自恋会损害企业绩效。如 Buyl 等（2019）的研究证明了 CEO 自恋与经济危机之后的商业银行财务绩效提升之间存在负相关关系。又如，Engelen 等（2016）证实了尽管创业导向和企业绩效之间存在正相关关系，但 CEO 自恋负向调节了这一关系。此外，还有研究关注的并非是 CEO 自恋对企业绩效的正向或负向影响，而是其对企业绩效特征的影响。如 Chatterjee 和 Hambrick（2007）基于 111 位 CEO 1992~2004 年的数据验证了 CEO 自恋与企业极端绩效以及绩效波动呈正相关关系。

在 CEO 自恋和企业战略（行为）的关系研究上，已有研究主要验证了 CEO 自恋与企业相关风险战略（行为）之间的关系，且普遍存在正相关关系。这是因为自恋的 CEO 往往倾向于选择具有风险的战略行为以满足自身的"自恋供给"（Liu et al.，2019）。如有研究证明了 CEO 自恋与企业诉讼风险和诉讼时长（Charles et al.，2018）、企业国际化程度（Oesterle et al.，2016）、企业风险承担与偏激行为（Ingersoll et al.，2017）、企业采取新技术战略（Gerstner et al.，2013）、企业政策的风险性（Buyl et al.，2019）、公司创业活动（Navis and Ozbek，2016）、企业收购（Chatterjee and Hambrick，2007）等之间均存在正相关关系。此外，还有部分研究验证了 CEO 自恋对其他特定战略（行为）的影响。如 Petrenko 等（2016）验证了 CEO 自恋与企业社会责任活动呈正相关关系且负向调节了企业社会责任与企业绩效之间的关系。又如 Liu 等（2019）基于 180 份问卷证明了 CEO 自恋阻碍了企业从创业失败中学习且失败成本正向调节了两者的关系。图 2-9 总结了已有 CEO 自恋与企业财务绩效、公司战略（行为）间关系的研究。

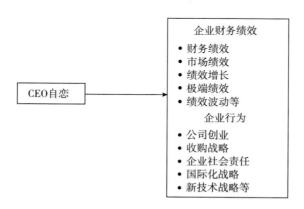

图 2-9　CEO 自恋与企业财务绩效、公司战略（行为）的关系研究

资料来源：笔者绘制。

三、创新产出的相关研究

1. 创新产出的内涵

创新产出是衡量企业知识创造和技术创新能力的重要指标（许昊等，2017）。学者们大多基于知识的属性和来源、知识创造的过程等视角揭示创新产出的丰富内涵，具体如表2-10所示。

表 2-10　创新产出的内涵

研究视角	作者和年份	研究内容	
知识属性	Nonaka（1994） Atherton（2013）	显性知识和隐性知识	
知识来源	Rynes 等（2001）	内部/组织内 创新产出	内部储备知识重新配置
	Wang 等（2011） Suorsa 和 Huotari（2014）		组织内部成员重组知识
	Camison 和 Fores（2010） Milosevic 等（2015）	外部/跨组织 创新产出	吸收整合外部多元知识
	Liao 和 Phan（2016）		与外界利益相关者合作
创造过程	Shu 等（2011）	知识交换、知识融合	
	Muthuveloo 等（2017）	组织社会化、内在化	
创造结果	Smith 等（2005）	专利发明、产品创新、服务优化	
	Kaba 等（2017）	技术创新、产品创新、组织创新	

资料来源：笔者整理。

从知识的属性来看，Atherton（2013）将创新产出分为组织依托显性知识进行渐进性创新和基于隐性知识进行突破式创新两个维度。从知识来源角度分析，学者们将创新产出分为内部和外部两个维度，或称之为组织内创新产出和跨组织创新产出（Su et al.，2016）。一方面，学者们认为创新产出是组织利用内部储备知识进行知识重组或重新配置从而获取新知识的结果（Rynes et al.，2001）。例如，Wang 等（2011）认为创新产出是组织内部成员基于共同目标，将原有知识进行重新组合的过程；Suorsa 和 Huotari（2014）指出组织内部员工在互助学习、重组新知识的过程中实现创新产出。另一方面，学者们认为组织从外部机构获取多元知识资源，从而进行动态知识创新（Camison and Fores，2010）。例如，Milosevic 等（2015）认为创新产出表征的是组织在动态环境中吸收和整合外部多元知识的过程；Liao 和 Phan（2016）强调组织在与外部利益相关者的合作中获取知识资源，并实现创新产出。从知识创造的过程而言，Shu 等（2011）认为从知识交换到知识融合是创新产出的必须过程；Muthuveloo 等（2017）在 Nonaka（1994）SECI 模型的基础上研究发现，组织社会化和内在化的过程有利于实现创新产出。从知识创造的结果来看，Smith 等（2005）认为创新产出在专利发明、产品创新和服务优化中得以具体化；Kaba 等（2017）强调企业在技术、产品以及组织方面的创新是创新产出的重要体现。

综上所述，创新产出是组织为了在动态环境中保持可持续竞争优势，内部不断开发现有资源，外部不断整合社会资源，以此实现知识获取、消化、重组和创新，并最终体现为组织发明专利、产品创新和服务创新的动态过程。

2. 创新产出的前因研究

现有学者主要从外部因素、组织因素、团队特征和个体因素四方面展开创新产出的前因研究，如图 2-10 所示。

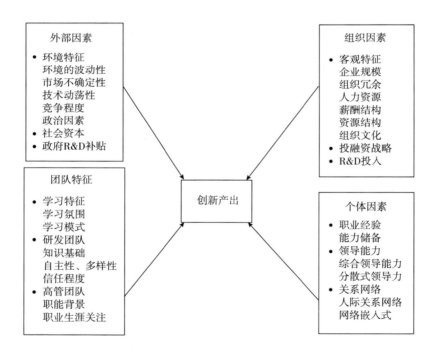

图 2-10　创新产出的前因研究

资料来源：笔者绘制。

从外部因素看，学者们认为外部环境特征、社会资本和政府 R&D 补贴是影响企业创新产出的重要因素。首先，外部环境特征方面，Nonaka 和 Takeuchi

（1995）认为外部环境的动态波动和创造性破坏会冲击组织现存的固有模式和轨迹，刺激组织成员打破原有的僵化认知，进而促使组织进行创新活动，提高创新产出。Su 等（2016）的研究发现组织所处环境的竞争程度、技术的动荡性和政治因素会影响企业的创新产出。吕冲冲等（2017）发现市场和技术的不确定性是影响创新产出的重要因素。其次，社会资本方面，Zhao 等（2016）探究了社会资本与创新产出之间的相关关系。李振华等（2016）基于多中心治理视角进一步验证上述两者之间的关系。最后，基于中国的特殊情境，大量学者将政府 R&D 补贴视为影响企业创新产出的重要因素。如王俊（2010）认为政府 R&D 补贴通过改变企业的 R&D 投入影响其创新产出。李晋和邓峰（2013）以高新技术企业为研究对象探究上述关系。李世奇和朱平芳（2019）的研究细分了研发补贴对不同规模和所有权企业创新产出的影响。吴伟伟和张天一（2021）则从新创企业视角展开政府补贴与创新产出之间关系的研究，并将补贴细分为非研发和研发补贴两种。

从组织因素看，学者们主要研究企业的规模、结构、文化等客观特征，投资或融资战略和 R&D 投入对其创新产出的影响。首先，在客观特征方面，学者们肯定了企业规模对创新产出具有重要影响（舒志彪等，2007；于君博、舒志彪，2007），探究了组织冗余（方润生、李雄怡，2005）、企业的人力资源、薪酬结构（Mohrman et al.，2003）、研发资源和资源结构（李晓翔、李晶，2019；张化尧、史小坤，2012）对企业创新产出的重要影响。Wang 等（2011）认为组织文化是影响创新产出能力的重要因素。Zelaya-Zamora 和 Dai（2013）则强调组织的管理方式会影响企业的创新产出能力。Li 等（2009）验证了创业导向会提高组织的创新产出的结果。其次，投融资方面，学者发现企业的投资战略会对创新产出产生重要影响（Tsai and Li，2007）。例如，马嫣然等（2018）发现不同股权比例的风险投资会对新创企业的技术创新产出产生差异化影响。施国平等（2020）发现国有企业参与风险投资的行为会影响其创新产出。最后，大量学者探究企业 R&D 投入对创新产出的影响（柳卸林、田凌飞，2019；孙道军、王栋，2010；王红霞、高山行，2008；张优智等，2014；周铭山、张倩倩，2016）。

从团队特征层面看，学者们主要关注团队的知识和学习特征对创新产出的影响，特别注重对研发团队和高管团队特征的探讨。首先，在团队的学习特征方面，Hong 等（2017）发现团队的学习氛围和知识丰腴性会影响整个团队创新产出成果。Cauwelier 等（2019）通过实证研究发现团队的学习模式与心理安全感是影响团队创新产出的重要因素。其次，在研发团队方面，汤超颖和丁雪辰（2015）的研究验证了研发团队知识基础与团队创新产出之间的关系。Lloria 和 Peris-Ortiz（2014）的研究表明创新团队或工作团队的自主性、多样性和信任程度是影响企业创新产出的效率和效果的重要因素。最后，在高管团队方面，陈守明和戴燚（2015）的研究证明了高管团队多样性的职能背景通过对创新的关注影响企业的创新产出。刘人怀和霍盟军（2021）强调高管团队的职业生涯关注显著促进创新产出。

从个体因素看，学者们主要关注组织成员的职业经验、领导能力、关系网络对创新产出的影响。首先，Smith 等（2005）发现组织成员的职业经验和能力储备是影响创新产出的重要因素。其次，Krogh 等（2012）论证了领导能力有利于促进创新产出。Cannatelli 等（2016）进一步探究发现，分散式领导能力与创新产出能力存在重要关系。最后，Hansen（2002）发现组织成员的人际关系网络对知识交换、重组和创造的过程有重要影响。王崇峰等（2019）探究了发明人不同的网络嵌入性特征对创新产出的差异化影响。

3. 创新产出的后果研究

创新产出的后果研究主要集中于探究创新产出对企业创新表现、企业绩效和动态能力构建的影响，如表 2-11 所示。

表 2-11　创新产出的后果研究

影响方面	作者和年份	影响因素	影响结果
创新表现	Atherton（2013）		渐进性创新和突破式创新
	胡钢和曹兴（2014）		创新多元化
	Zelaya-Zamora 和 Senoo（2013）	组织资源	创新绩效
	Kao 和 Wu（2016）	组织创造模式	
	褚淑贞和都兰娜（2017）	创新投入	
企业绩效	Tsai 和 Li（2007）、Li 等（2009）	战略决策	企业绩效
	员智凯和李林蔚（2011）	组织学习	财务绩效
	海本禄等（2020）		
	李梦雅等（2021）	风险投资	经营绩效
	高腾飞等（2021）		经济价值
	张军等（2016）		成长绩效
	Neeley 和 Leonardi（2018）	知识共享	未来成长价值
	Helmers 和 Rogers（2011）	知识资产	价值增益
动态能力构建	Barker（2015）		适应快速变化的环境
	吴悦等（2020）		动态能力

资料来源：笔者整理。

首先，创新产出是影响企业创新表现的重要因素。Atherton（2013）发现创新产出是影响企业渐进性创新和突破式创新的重要因素。胡钢和曹兴（2014）验证了创新产出与企业创新多元化之间的关系。Zelaya-Zamora 和 Dai（2013）提出创新产出是影响组织资源与创新绩效之间关系的重要机制。Kao 和 Wu（2016）以创新产出过程揭示了组织创造模式到创新绩效之间的内在逻辑机理。褚淑贞和都兰娜（2017）以医药制造业为研究对象，探究了企业内部"创新投入—创新产出—创新绩效"的关键路径。

其次，创新产出对企业绩效具有重要影响。Tsai 和 Li（2007）、Li 等（2009）研究发现企业的战略决策通过影响创新产出，间接影响企业绩效。国内学者员智凯和李林蔚（2011）研究发现企业通过组织学习增强创新产出，并最终对其财务绩效有积极影响。李梦雅等（2021）研究发现，风险投资会对企业的创新产出质量产生差异化影响，并最终影响企业的经营绩效。海本禄等（2020）以创新企业为研究对象，探究了创新产出与财务绩效之间的理论机制。高腾飞等（2021）也发现了企业创新产出对企业经济价值的重要作用。张军等（2016）则通过案例研究探讨不同程度创新产出对企业成长绩效的影响。特别是在知识经济时代，创新产出对于企业构建竞争优势和提高未来成长价值的作用得到学者们的广泛认可（Neeley and Leonardi，2018）。但既有研究多采纳资源基础观等视角，强调创新产出作为特有知识资产对价值增益的重要作用（Helmers and Rogers，2011）。

最后，创新产出与动态能力构建之间的关系也受到越来越多学者的关注。Barker（2015）认为企业创新产出的过程有利于企业冲破僵化能力、路径依赖和组织惰性的限制，不断适应快速变化的环境。吴悦等（2020）发现创新产出会加强企业的知识优势，并最终提高企业的动态能力。

根据以上分析，本书认为创新产出对增强企业创新能力、提升企业绩效和维持企业可持续发展优势具有重要意义。

四、托宾 Q 值的相关研究

1. 托宾 Q 值的内涵

学者们对托宾 Q 值的内涵从不同维度给出定义，图 2-11 是托宾 Q 值内涵的简单汇总。20 世纪 60 年代末，James Tobin 最早提出了托宾 Q 系数（托宾 Q 值），以企业资本的市场价值与重置成本的比值来衡量企业的投资价值。托宾 Q 值等于 1 表明投资者评估公司的市场价值等于其资产价值，投资活动不能带来价值增益。托宾 Q 值大于 1 说明公司的市场价值比公司资产的重置成本更高。投资者对公司当前的盈利能力和未来发展能力有更好的评估，认为投资活动能创造价值，进而增加对企业追加投资的可能性。托宾 Q 值小于 1 显示公司的市场价值低于公司基础资产的重置价值。投资者对公司未来的发展态势与成长能力不看好，进而会减少进一步投资的可能性（Tobin，1969）。在此基础上，学者们以托宾 Q 值，即公司市场价值与公司资产重置成本的比值来综合评估公司当前的发展态势和未来的成长价值（Chung and Pruitt，1994）。从时间维度看，托宾 Q 值可以描述企业过往的经营成果、当前的盈利能力和未来的发展潜力（黄磊等，2009；王苏生等，2017）。从企业边界维度看，托宾 Q 值既可以描述为企业生产经营能力的内在价值（唐清泉、韩宏稳，2018），又可以描述为企业在商业环境中所创造的市场价值（李心丹等，2007），也可以描述为在资本投资市场中所表现的投资价值（张红等，2014）。

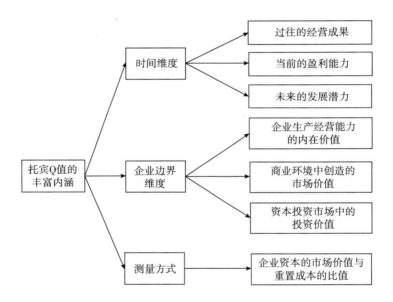

图 2-11　托宾 Q 值的丰富内涵

资料来源：笔者绘制。

综上所述，托宾 Q 值的本质是企业的利益相关者和潜在投资者等群体对企业未来盈利能力、长期发展趋势和投资价值增益潜力的评估（Flammer and Kacperc-zyk，2019）。

2. 托宾 Q 值的研究回顾

学者们对托宾 Q 值的相关问题进行了持续的研究，如图 2-12 所示。一方面，学者们认识到托宾 Q 值对在位企业或存续时间较长的家族企业的投资活动和企业发展具有重要意义。例如，Tobin（1969）发现托宾 Q 值会对新的投资活动形成产生重要影响。Yashikawa（1980）发现当公司生产的边际成本与其托宾 Q 值相等时，公司的投资规模和发展速度才能达到最优。Lindenberg 和 Ross（1981）发现托宾 Q 值的大小对竞争行业企业获利能力具有重要影响。彭茂和李进军（2016）研究发现托宾 Q 值高对抑制企业违法行为存在积极作用。

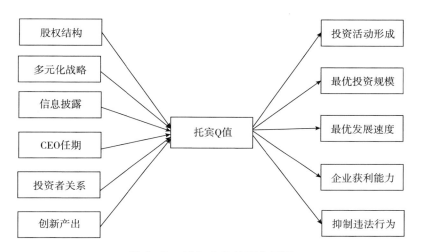

图 2-12　托宾 Q 值的研究回顾

资料来源：笔者绘制。

另一方面，学者们从企业层面探究影响托宾 Q 值的重要因素。首先，股权结构对托宾 Q 值有重要影响。如 Demsetz 和 Lehn（1985）探究企业内部股权结构与托宾 Q 值的关系。Andres（2008）进一步探究家族企业大股东所有权与托宾 Q 值之间的关系。萧维嘉等（2009）则探究大股东和独立董事的交互作用如何影响企业的托宾 Q 值。李九斤等（2015）的研究还揭示了股权投资特征与托宾 Q 值之间的关系。其次，企业多元化战略会影响其托宾 Q 值。Lang 和 Stulz（1993）发现企业的多元化战略与托宾 Q 值之间存在负相关关系。Rajan 等（2000）也支持企业过度多元化行为会导致无效率的投资，进而降低托宾 Q 值的观点。再次，信息披露对托宾 Q 值的影响为学者们所关注。例如，Saverio 等（2003）在探究企业信息披露与托宾 Q 值之间的关系的过程中，发现盈利能力强的企业更偏向于向外界传递其智力资本的信息，并为其托宾 Q 值的提升带来积极影响。Yiru（2018）的研究也证明信息披露与托宾 Q 值增长之间存在显著相关性。除此之外，学者们发现 CEO 任期的增加会对企业投资的数量和质量产生不利影响，进而影响托宾 Q 值（Pan et al.，2016）。李心丹等（2007）发现投资者关系管理对提升托宾 Q 值具有重要意义。最后，在知识经济时代，创新产出对于提高托宾 Q

值的作用得到学者们的广泛认可（Neeley and Leonardi，2018）。既有研究多采用资源基础观等视角，强调创新产出作为特有知识资产对企业价值增益所带来的重要作用（Helmers and Rogers，2011；纪明明、邓伟，2017；李牧南等，2019），探讨企业内在特征如公司类型、规模（Andries and Faems，2013）和外部环境如环境风险、行业性质（Tan et al.，2007）等客观因素对上述关系的调节作用。

3. 公司创业投资与托宾 Q 值

在公司创业投资领域，学者们主要基于实物期权理论视角探究公司的创业投资战略对在位企业托宾 Q 值的影响。例如，Yang 等（2014）基于实物期权理论发现在位企业的公司创业投资组合多样性与其托宾 Q 值之间存在 U 形关系，且在位企业内部的财务约束对上述关系有重要边界调节作用（Yang et al.，2014）。国内学者万坤扬和陆文聪（2014a）基于沪深主板的数据进行实证分析，所得结果支持了上述结论。王苏生等（2017）发现公司创业投资与托宾 Q 值之间存在显著的正相关关系，在位企业所处环境的不确定性通过增强企业实物期权的战略柔性正向调节上述关系，在位企业所处市场的竞争强度则通过抑制实物期权价值对上述关系产生负向调节作用。也有学者从其他视角探究公司创业投资与托宾 Q 值之间的关系。例如，Titus 和 Anderson（2018）基于注意力基础观和权变理论，研究发现公司创业投资能增加托宾 Q 值，且这一效应在在位企业组织结构集中度高或环境冗余资源稀缺时得到强化。

综上可发现，学者们主要从在位企业角度探究公司创业投资对托宾 Q 值的影响机制，关于公司创业投资对被投资新创企业托宾 Q 值的影响的关注相对不足，对新创企业获得公司创业投资后影响其未来发展能力和纵向成长价值的中间过程和边界条件还不明朗。

第三节　理论基础

一、高阶梯队理论

卡内基学派理论家认为，组织的复杂决策在很大程度上是行为因素的结果，而不是对经济优化的机械追求（Cyert and March，1963）。根据 Simon（1947）有限理性理论，战略决策者所面临的情境复杂多变，并且由许多可能决策者无法理解的现象组成。因此，战略选择有很大的行为成分，它们反映了决策者的特质。此外，这些复杂的信息、不确定的情况在客观上是"不可知的"，仅仅是可解释的（Daft and Weick，1984）。现实的经济活动中，企业战略决策却是一个复杂的过程，企业高管的有限理性及经济人的假设很难做出符合所谓的经济理性和最优化标准的具体决策。

在有限理性原则的基础上，Hambrick 和 Mason（1984）整合了先前高层管理者的相关研究，开创性地提出了高阶梯队理论。该理论将企业管理者的个人特质、战略决策和企业绩效这三个变量整合在一起，认为企业高管团队的价值和认知模式将会影响企业战略的选择，进而间接影响企业的绩效。高阶梯队理论把管理者对于外界事物的认知看作是一个循序渐进的过程（Hambrick，2007）：首先，管理者不可能对企业内外部环境的所有方面进行全面彻底的审视，因而管理者的视野是有限的；其次，即使对于那些在其视野之内的现象，管理者也只会进行选择性的注意；最后，管理者对相关信息的解释也是由既有的认知框架和价值观进行过滤后形成的。在整个过程中，高管扮演着"信息工人"的角色，管理者的认知模式反映了其对不同决策优劣顺序的偏好。

自 1984 年高阶梯队理论问世以来，有关高管与公司战略和绩效关系的研究成为 30 余年来最为活跃的研究领域之一（张三保、李晔，2018）。国内外学者将高阶梯队理论纳入战略管理、组织行为、心理学等多个研究领域，对原先的理论分析框架进行补充和发展（Carpenter et al.，2004）。主要体现在三个方面：第一，复杂组织的领导工作通常是一项共享活动，整个高管团队的集体认知、能力和互动，均会在战略行为中有所体现。鉴于此，研究者普遍认为，相比仅关注高管个体，聚焦于整个高管团队将对组织结果产生更强的解释力（Finkelstein，1990）。第二，高管团队的人口统计学特征虽然可以作为高管认知结构的有效代理，但对于理解高管特征如何影响信息处理的真正心理过程的解释并不完整且不精确。高阶梯队理论指出企业的战略选择过程在一定意义上也是高管团队的信息处理过程，通过对管理者实际信息处理行为的探究，可以提高理论和实践的洞察力。第三，通过引入管理自由裁量权、高管职位需求以及行为整合机制等情境因素，增强该理论的预测能力。总体而言，30 多年来高阶梯队理论已成为组织和战略研究中一个不可或缺的重要理论，并且正朝着揭开高管团队整体的心理和认知过程的"黑箱"迈进。同时，学者们更加重视情境因素的影响，既增强了高阶梯队理论的预测能力，也在一定程度上协调了研究结论不一致的问题。

二、注意力基础观

管理注意力的理论同样来源于卡内基学派，而第一次正式将"注意力"这一概念引入管理学的学者是 Simon。Simon（1947）认为，管理就是决策，而管理者将注意力集中在何种信息上是决定企业决策的关键。由于人类认知的有限性，决策者不可能做到完全理性，只能根据自身知识体系或认知结构有选择性地对无限纷繁的信息加以关注和解释。对企业而言，信息不再是稀缺资源，处理信息的能力才是真正的稀缺资源（吴建祖等，2009）。在 Simon 提出管理行为的注意力概念之后，Ocasio（1997）提出了企业的注意力基础观，是对 Simon 最初设想的一个重新审视。该理论将注意力定义为"管理者把有限的时间和精力用于关注、编码、解释和聚焦组织议题和答案两个方面的过程"。注意力配置是指管理者将注意力聚焦于何种议题和答案，其中，被管理者关注到的议题或答案就是注意力配置结果——注意力焦点会成为影响战略选择的重要决策依据。

Ocasio 的注意力基础观是对高阶梯队理论的一个补充，注意力基础观指出管理者背景特征影响管理者注意力，而管理者所做的选择和判断取决于他们在决策时的注意力焦点。在高阶梯队理论的相关研究中，多数学者直接把高层管理者的人口统计学特征作为其认知模式的代理，研究高管团队认知和偏好对企业战略决策的影响（陈传明、孙俊华，2008；杨林、芮明杰，2010）。企业的注意力基础观则把高层管理者的人口统计学特征看作是高层管理者注意力的前因变量，认为这些人口统计学特征反映的高层管理者的认知和偏好可以更直接地体现在高层管理者注意力的配置过程中（陈守明、唐滨琪，2012；董临萍、宋渊洋，2017；吴建祖、肖书锋，2016）。因此，利用高层管理者注意力解释高层管理者认知对企业战略选择的影响更加直接。

在企业注意力基础观提出的 20 年里，其在战略领域的应用取得了丰硕的成果。根据研究问题，以往研究从不同维度对注意力进行划分，从时间上分为过去注意力、当前注意力和未来注意力（Sucheta and Jianhong，2014）；从空间上分为外部注意力和内部注意力（Hoffman and Ocasio，2001；Yadav et al.，2007）；基于适用周期理论分为创业型注意力和工程型注意力（Cho and Hambrick，2006）；基于战略扫描理论分为一般环境注意力和任务环境注意力（Nadkarni and Barr，2008）。研究主题较为多样，主要包括研究高管团队注意力配置对企业国际化战略（吴建祖、毕玉胜，2013；吴建祖、关斌，2013，2015）、新产品导入（Li et al.，2013；Sucheta and Jianhong，2014）、技术变革（Eggers and Kaplan，2009）以及企业创新成果（Titus and Anderson，2018）的影响。

总体而言，已有关于管理者注意力的研究，已经较为翔实地论证了注意力焦点与企业战略决策行为和绩效结果的关系。未来，不仅要在此基础上继续丰富注意力配置后果的研究，更需要系统揭示影响管理者注意力焦点的因素。表 2-12 为注意力的分类。

表 2-12 注意力的分类

分类维度	注意力焦点	代表性研究
时间	过去注意力 当前注意力 未来注意力	Sucheta 和 Jianhong（2014）
空间	内部注意力 外部注意力	D'Aveni 和 MacMillan（1990）、 Levy（2005）、Yadav 等（2007）、Barnett（2008）
其他	工程型注意力 创业型注意力	Cho 和 Hambrick（2006）
	一般环境注意力 任务环境注意力	Nadkarni 和 Barr（2008）

资料来源：根据相关文献整理。

三、信号理论

信号理论（Signaling Theory）起源于 20 世纪 70 年代学者们对于不对称信息情境下"逆向选择"问题的研究。George（1970）发现在二手车市场交易中，买卖双方对汽车质量的认知存在信息不对称问题，这一问题会导致坏车在市场中交易而好车退出市场的结果，由此开创逆向选择研究的先河。Spence（1973）开创性地提出通过信号传递来降低信息不对称程度以有效解决逆向选择问题的方法，成为信号理论的奠基人。Spence（1973）发现求职者在劳动力市场可通过将"教育水平"作为积极信号传递给缺乏劳动力信息的潜在雇主，由此降低求职者与雇主之间的信息不对称性，实现有效率的市场均衡。随后信号理论被广泛应用于人力资源管理研究中。例如，Rosenbaum（1979）发现员工早期的职业道路可以作为社会信号，影响员工后期的职业流动性。Turban 和 Greening（1997）发现承担社会责任的企业具有良好的声誉，以此向外界传递积极信号，而被求职者视为有吸引力的雇主。

信号理论发展至今有了系统的理论框架，即信号由信号发送者在特定情境下发送至信号接收者并接受反馈的过程，这一研究框架如今广泛应用于各个领域。

首先，信号理论的最根本特征在于信号发送者是内部人，如企业高管或 CEO，他们往往拥有着外部人不可获得但对决策有关键作用的正面或负面信息（Connelly et al.，2010）。在战略研究中，大多数研究关注公司层面传递的信号，如 Zhang 和 Wiersema（2009）认为，CEO 的特征可以向外界，特别是投资界传递关于企业生产的质量和财务数据可信度等重要信号，从而影响股票市场的反应（Zhang and Wiersema，2009）。Gulati 和 Higgins（2003）发现组织间合作关系情况能向外界传递关于企业的信号，进而影响企业 IPO 绩效。

其次，信号是由内部人决定是否发布给外部人的关于组织或个人的积极或消极的信息。信号理论认为组织倾向于主动地向外界传递积极正面的信息。当前已有很多关于信号质量的研究，认为内部人倾向于采用各种方式向外部人传递积极信号，但信号是否真实有效取决于信号可观察性（Signal Observability）和信号成本（Signal Cost）两个显著特征（Elitzur，2003）。如 Connelly 等（2016）通过综合多学科的研究，探究不同类型所有者采用的策略对他们所投资公司的影响，发现高质量公司的管理者通过保留大量股权来证明其传递信号的质量和有效性（Connelly et al.，2016）。

再次，根据信号模型，信号接收者是指外部人，他们缺乏关于个人、组织质量相关信息而又希望获得这些信息。当信号发生作用时，外部人可以根据信号发送者发出的信号来进行决策，相应地，信号发送者可以从信号接收者的行为中获益（Bruton et al.，2009）。在管理学研究中，信号接收者一般指个人或个人团体，特别是在战略管理研究中，企业现有或潜在的投资者是信号接收者的重要组成群体。如 Gulati 和 Higgins（2003）的研究关注潜在投资者对不同类型不确定性信号的接收会影响其对新创企业在股权市场中不同类型支持和合作的相对价值评估。

随着信号理论越来越多地应用于管理实践，学者们发现"反馈"在信号传递中的重要作用。当信号接收者对所接收信息进行反馈时，有助于信号发送者了解其发送信号的影响程度、影响范围等信息，从而及时调整其之后的信号，提高信号传递的有效性（Gupta et al.，1999）。例如，Xia 等（2016）发现破产公司向外界传递自身重组信号的有效性受其联盟伙伴、机构投资者和相关评估机构反馈的影响（Xia et al.，2016）。Taj（2016）的研究证明反馈是降低信息不对称以构建有效信息网络的重要组成部分，能促进组织间信息的准确性和真实性。

最后，信号传递的情境条件对信号传递过程有重要影响。制度环境、利益相关者特征等因素不同，都会影响信号传递的可观察性和有效性（Branzei et al.，2004）。例如，Higgins 和 Gulati（2006）发现高管团队的声誉和地位会影响不同外部利益相关者对企业的评价，由此影响企业向外界传递信号的质量，最终影响企业决策。Moss 等（2015）发现在小额信贷市场上，公司不同程度的创业导向能向外界传递不一样的信号。

综上所述，信号理论源于对逆向选择问题的研究，重点关注通过信号作用降低信息不对称性和不确定性的核心问题（Spence，1973）。目前被广泛应用于公司治理、人力资源管理以及金融学等领域的研究。信号理论发展至今，虽然已有很多研究成果，但仍存在很多缺口可在未来进一步探讨。首先，现有研究主要处于信号理论的应用阶段，需要进行更多前沿性理论研究来深化发展理论。学者们可进一步促进信号理论与其他理论整合并探索新的理论。其次，信号理论往往在一定的情境下才成立，以往基于西方发达国家情境的假设和逻辑在中国独特制度和文化环境下可能存在差异。未来需要学者们进一步关注信号理论运用过程中情境因素的权变影响。再次，研究发现信号理论运用主要集中在金融学、人力资源管理以及会计学等方面，对战略管理方面的研究还不够充分。未来可进一步拓展企业所传递信号对企业创新产出和托宾 Q 值的影响研究，对企业之间二元关系在信号传递过程中所起的作用进行深入探讨。最后，当前外部环境正在发生重大变化，不确定性增加，信号的主要作用可能不再是解决信息不对称问题，而是如何在不确定性的情形下，传递清晰、有吸引力的信号。未来学者可更多探究不确定环境下信号传递的有效性问题。

四、知识基础观

知识基础观（Knowledge-Based View，KBV）认为知识是企业战略意义上最为重要的资源，强调企业内部有效管理和运用现有知识以及外部吸收和创造新知识对企业生存和获取核心竞争优势的重要作用（Cohen and Levinthal，1990；Grant，1996）。与以往将企业看作契约的集合体，仅关注企业财产所有权分配问题的企业理论不同，知识基础理论假设企业是异质的知识承载实体，企业以现有组织结构存在是为了更有效地管理知识（Foss，1996）。该理论认为企业获取和交换知识、消化和运用知识，以及重组和创造新知识的吸收能力关系到企业的生存、发展和成功（Kogut and Zander，1992；Nonaka，1994）。知识资源对企业生产产品和提供服务过程中获取竞争优势至关重要（Qian et al.，2017）。

知识基础理论将知识分为显性知识（Explicit Knowledge）和隐性知识（Tacit Knowledge）两类（Nelson and Winter，1982；Polanyi，1966）。其中显性知识是指能够以一定形式在公众中传播的知识，而隐性知识是指嵌入在个人经验中的知识，且后者往往被认为是企业竞争优势的来源（Kogut and Zander，2003）。隐性知识不能被简单编纂或复制，只能在对专业人士的观察和亲身实践中通过学习获得，且这一过程往往需要高昂的代价，因此隐性知识对于企业而言是极其宝贵的战略性资源（Grant，1996；Kogut and Zander，1992）。之后的学者对知识这一概念做了更细致的分类。例如，Gorman（2002）将知识分为声明型、程序型、判断型和智慧型四种。Hakanson（2007）将企业的知识资源分为显性知识、内化的知识、程序知识和隐性知识四种。总之，知识对于企业而言不再仅仅是客观性的静态组织资源，更是能够在组织内以及组织间学习、分享、交换、创造和运用的动态战略资源（Theeke and Lee，2017）。

事实上，企业的生产力依赖于知识，企业的技术也是知识的具体表现，企业管理知识的能力与企业多元化创新与绩效表现密切相关（Foss，1996）。例如，Martín-de-Castro 等（2011）发现，那些能更好从内外部搜寻、吸收和利用新知识的企业，其绩效相对更高。Wang 等（2016）证实企业特有的知识资源对其经济价值创造有积极影响，且富有更多专业知识的员工在知识运用和创新产出过程中发挥着重要作用。Mawdsley 和 Somaya（2018）则揭示了企业间多样化的知识资源需求是其采取多元化战略的主要驱动力。总之，对于力争创新和获取竞争优势的企业而言，知识搜寻、吸收、转移、利用和创造都是非常关键的，它们不仅能为企业带来更多的创新机会，还能提高企业的战略和价值创造能力。特别是在知识经济时代，企业有效运用知识资产和智力资本的能力，是企业战略竞争优势的重要来源（Neeley and Leonardi，2018）。

面对高度不确定性和快速技术变革的外部环境，公司创业投资成为企业获取更多有价值的知识资源，促进自身创新产出和创新能力提升的重要战略方式（Dushnitsky and Lenox，2005a）。一方面，公司投资者的研发知识、制造方法、管理经验、营销策略等基础知识从在位企业流向新创企业（Paik and Woo，2017）；另一方面，被投资企业的新信息和新技术知识从新创企业流向在位企业（Ceccagnoli et al.，2018）。如何有效提升在位企业和新创企业的知识吸收和管理能力，发挥知识协同效应来促进企业竞争优势的获取，成为创业领域学者不得不思考的问题。

第三章　高管团队职能背景与公司创业投资：注意力焦点的中介作用

第一节　理论分析与假设

一、高管团队职能背景与公司创业投资

高管团队职能背景指的是高管之前主要工作的职能部门，这一重要的工作经验成为高管认知以及他们的相关专长和技能的主要来源（Hambrick and Mason，1984）。根据以往的研究，职能背景会影响高管如何定义问题（Hambrick and Finkelstein，1987）、处理信息（Finkelstein，1990）并且作出战略选择（Walsh，1995）。本书遵循 Hambrick 和 Mason（1984）的做法，将组织中对战略决策有重大影响的职能背景分为输出型职能（Out-put Functions）和生产型职能（Through-put Functions）两类，并推测在这两类职能背景中，有两个原因可以解释当高管团队中输出型职能背景高管比例较高时，企业会采取公司创业投资战略决策。

第一，高管团队职业背景可以反映高管团队成员的认知偏好，影响其信息处理方式（Finkelstein，1990）。当个体进入某一领域时，随着时间的推移，会慢慢被该领域所主导的思维和行为模式影响和同化，并逐步将其演变成为自己的思维或决策模式，反映在他们信息处理方式上（Hambrick，2007）。由此可以推断，管理者在不同职能部门的工作经历会影响他们的认知偏好，进一步会影响他们信息处理的方式和战略选择。相较于注重企业内部导向的财务、生产运营等生产型职能背景的高管，具有输出型职能背景的高管，由于其营销和研发方面的工作经历，使其对于来自外部市场需求变化和技术发展趋势的信息更加敏感（Li et al.，2013；何霞、苏晓华，2012），更能够快速识别存在于企业边界之外的公司创业

投资机会。

第二，管理者的认知偏好影响着他们对于管理问题的定义方式，并最终反映在战略选择上（Hambrick and Finkelstein，1987）。当具有不同职能背景的管理者在面对企业发展战略决策时，虽然彼此都是从公司整体利益的角度出发的，但他们都会以自己的职能经历为出发点来分析问题、确定计划和实施行动（杨林、芮明杰，2010）。例如，孙俊华和贾良定（2009）发现具有生产型职能背景的管理者可能对企业自动化、生产设备的更新和技术改进等战略更感兴趣，而具有输出型职能背景的高层管理者则更关注新产品开发和多元化等战略。何霞和苏晓华（2012）的研究指出，高管团队中具有研发等输出型职能背景的成员比例与企业研发投入正相关。

总之，相较于关注成本控制和现有技术改进的生产型职能背景的高管，具有营销、研发等输出型职能背景的高管往往不安于现状，他们具有更加激进的市场扩张导向和更加强烈的创新意识（Li et al.，2013），因此更容易接受公司创业投资战略。同时，拥有输出型职能背景的管理者对企业的技术发展轨迹更加了解，更善于捕捉新技术机会，更能保证公司创业投资战略的顺利实施（Tuggle et al.，2010）。因此，当高管团队中具有输出型职能背景的管理者越多时，将更容易做出有利于企业长期发展的创新决策，因而促使企业从事更多的公司创业投资活动。由此，提出假设：

假设1：高管团队职能背景会影响企业的战略决策。具有输出型高管团队职能背景比例越高，企业就越有可能从事公司创业投资活动。

二、高管团队职能背景与注意力焦点

注意力焦点是指高层管理者对特定领域决策信息的关注程度（Nadkarni and Barr，2008）。高层管理者被大量的战略信息"轰炸"，这些信息往往超出了他们的认知能力（Simon，1947）。选择性注意过程是处理这种认知超载的可行方法（Ocasio，1997）。高层管理者将注意力分配在他们认为最相关的领域，而选择性地忽略其他领域（Daft and Weick，1984）。这种注意力焦点为高层管理者提供了处理决策信息的滤镜，并通过它来识别问题（Ocasio，1997）。

高阶梯队理论指出，职能背景塑造了高管的认知框架，引导其如何分配注意力以及解读环境（Hambrick and Mason，1984）。因此，本章根据以往学者的普遍做法（Yadav et al.，2007），按空间维度将管理者注意力焦点划分为外部注意力焦点和内部注意力焦点，其中，外部注意力焦点是指将注意力放在企业的外部事务上的程度；内部注意力焦点则是指将注意力放在企业的内部事务上的程度（Nadkarni and Barr，2008），并推测当高管团队中输出型职能背景高管比例较高时，管理者会将注意力更多地配置在外部焦点上。原因有三方面：首先，认知框架会限制"管理者的视野，或环境中注意力集中的领域"（Daft and Weick，1984）。如前所述，在对企业内外部环境的关注和解读方面，两类职能背景高管存在显著差异（Hambrick，1981）。输出型职能背景是一种外部导向的职能背景，主要强调捕捉市场的变化，发现新的市场、新的机会以及开发新的产品；生产型职能背景则是一种内部导向的职能背景，主要强调降低成本、控制质量和提高运营效率（Hambrick and Mason，1984；Miles and Snow，1978）。具有不同职能背景的管理者会将自己的注意力更多地限制在与以往工作经历相似的环境之中。具体来说，具有输出型职能背景的管理者更加倾向于挖掘和发现新的市场机会，在企业的战略决策中具有更为广阔的视野，因此会对于外部环境中的市场和技术信息给予较多的关注（Tuggle et al.，2010）。其次，管理者对环境的选择性关注是因为管理者只会注意到其认知框架内的一些刺激（Ocasio，1997）。基于有限理性的观点，管理者往往要面对超出其认知能力的信息（Simon，1947）。为应对这种信息超载的决策情境，管理者往往会根据其认知框架有选择性地分配注意力（Daft and Weick，1984）。以输出为导向的高层管理者，特别是具有营销、研发等输出型职能背景的高管会更多地关注外部市场需求和技术发展的刺激（Hambrick，1981），并加大对这类刺激的关注程度。最后，被关注的信息通过认知基础的滤镜进行加工处理（Wiersema and Bantel，1992）。拥有营销、产品研发工作经验的输出型职能背景的高管团队，其市场理解和技术趋势相关的专业知识和技能更加丰富（Cho and Hambrick，2006）。在进行环境解读和战略分析时，为提高决策质量，会主动搜寻与市场和需求相关的信息（Yadav et al.，2007）。另外，也有研究表明，具有输出型职能背景的高管团队更乐于关注和了解新知识和新技术方面的内容（Haas et al.，2015）。

综上所述，本章认为高管团队的职能背景塑造了管理者的认知框架，在对企业内外部环境的解读方面引导并决定着管理者的注意力焦点。相较于财务、运营等更关注企业内部事务生产型职能背景的高管，那些拥有技术、研发和营销等输出型的高管将更多的注意力焦点配置在竞争激烈、机会更加丰富的外部市场环境中。由此，提出假设：

假设2：高管团队职能背景塑造了管理者的注意力焦点。具有输出型高管团队职能背景比例越高，高管团队越可能将注意力配置在外部环境中。

三、高管团队注意力焦点与公司创业投资

注意力基础观的核心观点是"解释企业行为就是解释企业如何配置和管理其决策者或高层管理者的注意力"（Ocasio，1997；吴建祖、肖书锋，2016）。决策

者的战略选择取决于决策者的注意力配置结果，即注意力焦点（吴建祖、肖书锋，2016）。因此，在位企业的核心战略决策，是复杂环境下的注意力配置问题（吴建祖、关斌，2015）。

基于注意力基础观，战略决策制定可以看作是注意、解释和行动的三步信息处理过程（Abrahamson and Fombrun，1994；Daft and Weick，1984）。首先，决策制定的信息流程强调"尽可能地增加与战略决策相关的信息"（Finkelstein，1990），但是高层管理者的信息处理能力有限，他们不可能关注到所有的环境信息，因此只能对环境信息有选择性地进行关注（Sproull，1984）。在战略选择过程中，企业内外部环境等各种信息要想成为决策依据，并落实到企业的战略行动中，必须先从众多信息中脱颖而出，进入高管团队视野，成为高管团队的注意力焦点（D'Aveni and MacMillan，1990）。其次，高管团队会对这些环境信息进行解释并赋予其结构和含义（Ocasio，2011）。最后，对这些环境信息的解释会反映在其战略选择上（Daft and Weick，1984）。大量研究证实了管理者注意力焦点与企业战略决策之间的关系。例如，Yadav 等（2007）认为高管分配在时间上的注意力（如强调未来发生的事件）和空间上的注意力（如强调发生在公司外部的事件）能够影响企业创新。Zhang 等（2014）从空间维度将高管注意力焦点分为内部焦点和外部焦点，研究其与产品创新表现之间的关系。吴建祖和毕玉胜（2013）运用自动文本分析法，以华为公司高管团队的公开讲话以及公司年报为分析文本，发现当高管团队将更多的注意力配置给技术自主研发、品牌自主建设以及成熟市场导向时，企业更倾向于选择自然扩张国际化战略。陈守明和唐滨琪（2012）发现高管配置在科技创新上的注意力与企业的创新投入正相关。借鉴前人的研究，本章进一步将高管团队注意力焦点与公司创业投资联系在一起。作为企业寻求外部技术创新的重要战略之一，公司创业投资需要经历许多决策环节（Dushnitsky and Lenox，2005）。包括投资前期对目标公司技术的关注、识别和筛选，投资中期的尽职调查以及投资关系确立后双方的融合部署等投资后管理工作（Benson and Ziedonis，2009）。检测、识别和部署的前提是对机会的意识和有意义的建构（Shepherd et al.，2017）。管理者注意力的分配可以用来解释企业为何选择不同的机会，以实施公司创业投资活动。

本章认为，高管团队越关注外部，企业越有可能从事公司创业投资活动。原因有三个方面：首先，高管团队对外部事务的关注会增加高管对新技术、新产品机会的识别。将注意力集中于外部环境意味着高管团队会更留意客户需求和市场的变化，而创业机会多来自于对顾客未来需求的预知，对竞争对手技术研究脉络的关注，对行业未来发展方向的把握（Tuggle et al.，2010）。以往研究指出，在快速变化的环境中，关注外部环境与战略变革和创新相关联，而关注内部环境则导致了战略不适应和组织惰性（D'Aveni and MacMillan，1990）。新技术的出现往往颠覆了在位企业现有的技术范式，并在企业外部形成技术间断（Maula et al.，2013）。将注意力配置在企业外部事务可以帮助高管团队识别外部环境变化，增加发现企业外部潜在公司创业投资机会的可能性（Li et al.，2013），同时使得企业发展对现有能力空洞的认知并对这类机会做出及时有效的反应（Keil et al.，2008）。其次，高管团队会对经过筛选的外部环境中的机会信息进行有意义的建构，并形成机会信念（Shepherd et al.，2017）。高管团队将注意力更多配置在企业的外部环境中，增加了高管团队意识到潜在市场需求和技术机遇的可能性，增强其实施公司创业投资战略的信心（Levy，2005；Yadav et al.，2007）。最后，在经过前两类机会的识别和发展机会信念阶段，高管团队会在这些被赋予意义的机会信息的影响下做出决策（Daft and Weick，1984）。与外部环境中的利益相关者互动通常使企业产生一种危机感和紧迫感，强化其在动态环境中进行适应性变革的意愿（Bouquet et al.，2009）。若发现市场中出现新的技术范式或新的需求，为了保持自己的行业地位，企业会更积极地通过公司创业投资等活动来巩固竞争优势。例如，Levy（2005）研究发现当企业高层管理者更关注外部环境时，企业更有可能形成一种扩张的全球战略态势。Yadav 等（2007）发现当 CEO 关注的不是创新本身而是一般意义上的未来事件和外部事件时，通过分配稀缺的注意力资源方式对公司长期的创新成果有着重要的影响。Eggers 和 Kaplan（2009）发现，高管对外部新技术的关注与更快地进入新市场正相关，而对现有内部技术的过分依赖将延缓企业的进入时机。

总之，高管团队越多地将注意力配置在外部环境中，管理者就越有可能识别和发现新产品及新技术机会，越能感知需求变化和技术变革的紧迫感，因此就越有信心和意愿实施公司创业投资战略决策。由此，提出假设：

假设 3：高管团队注意力焦点影响管理者的决策制定。当高管团队将注意力更多地配置在外部环境中，企业就越有可能从事公司创业投资活动。

四、注意力焦点在高管团队职能背景与公司创业投资之间的中介作用

国内外大量学者实证研究了高管团队背景特征与企业战略之间的直接关系，然而并没有解释其内部作用机制。Hambrick 和 Mason（1984）在提出高阶梯队理论时，把企业的高管团队看成是企业决策者的集合体，指出这个集合体的心理特征和客观特征会影响企业的战略行为。但是在高阶梯队理论的大部分研究中，由于心理特征难以观测和描述，学者们普遍的做法是采用高管团队的客观特征作为其心理特征的代理变量（汪金爱、宗芳宇，2011）。Hambrick（2007）在后来回顾高阶梯队理论的发展时进一步指出，高管团队的人口统计学特征是高管团队的

客观属性，直接分析客观特征对于企业行为的影响，中间跨越了高管团队的心理及认知因素，不能有效解释决策者在决策过程中的作用。

本章提出，高管团队注意力焦点是解释高管团队职能背景对企业公司创业投资战略决策影响内部机理的中介变量。原因有两个方面：一方面，管理者会根据自己的职能经验来选择性关注环境中各种决策信息（Hambrick，2007）。在公司创业投资战略制定或选择的过程中，高管团队面对的内外部环境中的信息远比他们实际可以处理的信息更加繁多、复杂和充满歧义，因此不可能做到完全理性，只能依据其自身的经验、偏好或认知模式对无限纷繁的信息有选择性地加以关注和解释（Daft and Weick，1984）。如前所述，职能背景塑造了管理者的认知框架，而这一认知框架会将其视野限制在其注意力所关注的环境中（Tuggle et al.，2010）。具有输出型职能背景的高管团队将会对需求变化和技术知识相关信息更加敏感，从而将注意力更多地配置在外部市场环境当中。另一方面，决策者的战略选择取决于其注意力焦点（Ocasio，2011）。高层管理者的注意力焦点影响其对特定环境信息的注意力集中程度（Weick，1995），并确定任何给定的环境事件进入公司战略议程并得到响应的可能性（Dutton and Jackson，1987）。在战略选择过程中，市场需求和技术等各种信息要想成为决策信息，并落实到企业的战略行动中，必须首先从众多的信息中脱颖而出，进入高管团队视野，成为高管团队注意到的信息（Ocasio，2011）；其次，高管团队会对这些环境信息进行解释并赋予其含义（Shepherd et al.，2017）；最后，对这些环境信息的解释会反映在其战略选择上（Daft and Weick，1984）。因此，当管理者将注意力持续地配置在外部市场环境中时，会增加高管对新技术、新产品机会的识别并形成公司创业投资机会信念，更有可能从事公司创业投资活动。

综上所述，由于高管团队的注意力是高管团队认知的一个重要反映，因此，本章认为高管团队注意力焦点在高管团队职能背景与企业的公司创业投资决策之间起中介作用，即高管团队职能背景首先塑造其注意力焦点，高管团队的注意力焦点进一步导致企业的公司创业投资决策。由此，提出假设：

假设4： 高管团队注意力焦点在高管团队职能背景与公司创业投资之间起中介作用。

五、期权激励的调节效应

代理理论的一个观点是，代理人往往比委托者更厌恶风险（Eisenhardt，1989）。因为高层管理者的薪酬和职业声誉都与他们的公司息息相关，如果公司遭遇挫折或倒闭，他们将损失惨重（Jensen and Meckling，1976）。因此，出于对下行结果的极度厌恶，管理者往往会避免承担较大风险（Pfeffer and Nowak，

1976）。从这个角度来看，公司创业投资对高层管理者来说可谓喜忧参半。一方面，公司创业投资对于企业的持续增长具有重大作用，它可以弱化管理者未来的职业和薪酬担忧（Dushnitsky and Shapira，2010）。另一方面，从事公司创业投资活动也意味着承担了与探索新技术相关的风险（Maula et al.，2009）。鉴于公司创业投资回报的不确定性，高管团队在复杂环境中做出判断时往往面临着权衡未来更大回报的潜力与固守当前回报以避免潜在重大损失的认知困境（Makri et al.，2006）。然而，代理理论学家指出，股票期权影响管理层的认知和行为，解决代理问题的关键是使高管的激励与股东的利益保持一致（Sanders，2001；Sanders and Hambrick，2007）。高阶梯队理论也认为，高管团队的背景特征构成形成了高管层对外部环境信息的认知和识别能力，并在对外部信息的收集、分析和判断中逐渐演化为企业的战略决策，这一过程必然包含管理层对个人利益得失的权衡（Hambrick，2007）。因此，本章推测，期权激励将在以下三个方面使管理者和股东的利益保持一致，从而增强高管团队职能背景与注意力焦点之间的关系。

根据代理理论，股票期权可以解决因激励缺乏机制而导致管理者产生的三个主要问题：逃避责任、短视倾向和风险规避（Jensen and Murphy，1990）。首先，通过将管理者薪酬与股东利益挂钩，股票期权有助于改善逃避责任的问题（Wiseman and Gomez-Mejia，1998）。如果具有输出型职能背景的高管预期其努力能够给企业带来更高的绩效，那么他们更愿意在工作中发挥以往职能经历的作用，从而将注意力配置在其熟悉的市场和技术领域中（Eisenhardt，1989）。其次，股票期权也有助于克服管理者的短视倾向（Sanders，2001）。如果仅仅以代理人的身份获得基本报酬，高层管理者往往表现得对企业的长远发展关注有限。由于股票期权使得高层管理者有资格分享企业的未来收益，因此获得期权激励的高层管理者在做出企业发展规划时有一种着眼长远的动机，他们会将注意力集中配置在相对激进的新产品开发等创新议题上（Sanders and Hambrick，2007）。最后，股票期权也有助于克服高层管理者的风险厌恶情绪，增强管理者的风险偏好（Wowak and Hambrick，2010）。根据代理理论，管理者通常过于担心他们所考虑的替代方案的潜在负面影响，尤其是最大可能的损失（Jensen and Meckling，1976）。由于期权激励所具有的凸性特征，可以给管理者带来无上限的潜在收益，同时避免了失败后的下行风险（王姝勋等，2017）。因此，与其他形式的激励相比，股票期权更有助于增强管理者的风险偏好（屠立鹤等，2017）。

综合以上分析，本章认为期权激励作为一种有效的协调机制，通过使管理者与股东的利益保持一致进而解决管理者的认知困境问题，从而增强高管团队职能背景与注意力焦点之间的联系。由此，提出假设：

假设5：期权激励正向调节高管团队职能背景与注意力焦点之间的关系。

综合假设 4 和假设 5 的相关理论分析,本章进一步思考,高管团队职能背景对公司创业投资的影响效果也可能依赖于期权激励,而且这种交互作用的影响效果可能会通过管理者的注意力焦点来实现。期权激励有利于克服管理者逃避、短视和一味规避风险的心理(Jensen and Murphy,1990)。当高层管理者获得股票期权时,他们能够预见因实施公司创业投资决策而导致公司股价上涨而带来的收益,同时也能减弱因项目失败而给自己职业和薪酬造成损失的担忧(Sanders and Hambrick,2007)。由于期权激励可以减少管理者的代理成本,使其与股东利益保持一致,将进一步增强输出型职能背景高层管理者对外部注意力焦点的正向影响,这种对管理认知的联合塑造效应将进一步作用于企业的公司创业投资决策(Wowak and Hambrick,2010)。由此,提出假设:

假设 6:高管团队职能背景与期权激励对公司创业投资产生的交互作用以注意力焦点为中介。

六、理论模型

基于以上分析,本书围绕高管团队职能背景、注意力焦点、公司创业投资和期权激励之间的关系构建如图 3-1 所示的理论模型。

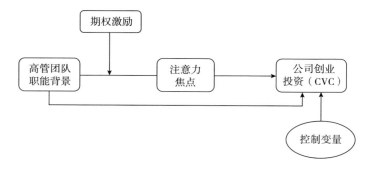

图 3-1 本书的理论模型

资料来源:笔者绘制。

第二节 研究设计

一、样本与数据

为控制行业差异对实证分析的影响,本章选取 2016~2018 年中国沪深两市

A 股 657 家制造业企业为研究对象。之所以选取制造业作为研究对象，一方面是因为高阶梯队理论要求高管的人口统计学特征必须在同行业的样本中进行比较（吴建祖、关斌，2015）。另一方面是因为该行业技术波动性较强、环境动态性和复杂性较高，这些特点是体现高管团队的信息处理能力的重要前提（乔明哲等，2017）。同时，中国作为一个新兴经济体和制造业大国，研究如何增强制造业企业的创新能力，对实现"中国制造"到"中国创造"的转变具有重要的实践意义（吴建祖、关斌，2013）。在上市公司所有行业分类中，制造业样本数量不仅相对较多，而且制造业上市时间最久，公司年报数据更成熟、更可信（汪金爱、宗芳宇，2011），因此本章选择上市企业的制造业为研究样本。

为了尽可能避免信息披露不真实对研究结果造成的影响，本章对样本进行了进一步筛选：首先，剔除业绩较差的*ST、ST 以及 PT 企业（董临萍、宋渊洋，2017）；其次，考虑到本章研究的关键性变量的测量资料来源于上市公司年报，因而剔除 2015 年 12 月 31 日之前上市的企业（吴建祖、龚敏，2018）；再次，剔除在研究期间内，更换了 CEO 或者总经理，或者是高层管理团队的成员更换在1/3 以上的公司（王雪莉等，2013）；最后，由于一些公司的高层管理团队成员的个人资料不全，也加以剔除（黄福广等，2016）。最终得到本章研究所用的657 家企业。此外，由于管理认知对企业决策行为的影响具有滞后作用，在以往的关于注意力的实证研究中（Haas et al.，2015；Li et al.，2013），被解释变量的数据收集时间通常滞后 2~3 年。所以，本章遵循以往成熟的做法，将被解释变量的数据收集时间调整为 2018 年。

本章的数据来源主要包括以下几个方面：自变量来源于在巨潮资讯网上收集所有样本企业在观察期间的上市公司年报中的高管简历信息；中介变量选取上市公司年报中的"董事会报告"，使用计算机辅助方法进行内容分析；公司创业投资信息来源于 CVSource 投中数据库以及企业披露信息；控制变量所涉及的企业财务数据来自公司年报和 Wind 资讯金融终端。

二、变量测量

1. 因变量

公司创业投资（CVC）。参照 Wadhwa 和 Kotha（2006）、Dushnitsky 和 Shaver（2009）以及 Sahaym 等（2016）的做法，本章采用在位企业研究期间所投资的新创企业数量而不是投资金额来测量公司创业投资。主要基于以下两点考虑：第一，公司创业投资提供了企业投资者接触新创企业的机会，只要投资关系确立，无论投资规模大小，投资者都获得了接触的机会（Basu et al.，2011）；第二，投资额仅仅是投资回合中的功能，越后面的投资通常需要更加显著的投资金额，而投资次数则代表了企业从事投资活动的持续意愿（Ceccagnoli et al.，2018；Titus and Anderson，2018）。

具体包括两个步骤：首先根据样本企业所披露的年报，关于投资或设立子公司以及长期股权投资的信息，来确定该上市公司是否从事公司创业投资实践（王苏生等，2017）。其次根据 CVSource 投中数据库逐个进行查询，手工摘抄查询到的投资记录数据（包括被投资的新创企业名称、投资金额/股权比例、投资时间、融资轮次和新创企业发展阶段）。该数据库包含全面精准的创投数据，并在国内许多主流期刊上得到验证和使用（董静等，2017；罗吉、党兴华，2017）。

2. 自变量

高管团队职能背景（TMTfun）。结合国内有关高管团队的研究（戴维奇等，2012），本章在高管团队人员的确定上，主要以我国上市公司年报信息中披露的高层管理者的名单为依据，具体包括公司的董事长、总经理、副总经理、总经理助理、总工程师、财务总监、董事会秘书等人员，不包括独立董事和监事人员。根据 Hambrick 和 Mason（1984）的分类，本章参考 Tuggle 等（2010）以及王雪莉等（2013）的测量方法，以两类职能背景高管人数的相对比例来进行测量。其中，输出型职能包括市场营销、产品研发等；生产型职能包括生产运营、财务等。

3. 中介变量

注意力焦点（Atten）。本章关注高管团队内外部注意力焦点。外部注意力焦点是指将注意力放在企业外部事务上的程度。内部注意力焦点则是指将注意力放在企业内部事务上的程度（Nadkarni and Barr，2008；Zhang et al.，2014）。

已有的研究中对于管理者注意力的测量主要有文本分析法、问卷测量法和案例研究法。通过访谈或者其他来源对管理者注意力进行测量可能存在可靠性和可复制性不确定的问题，且仅能用于一小部分的案例研究（Keil et al.，2008）。关于管理者的研究也总是受限于大多数企业高管的难以接近（Surroca et al.，2016）。注意力测量的另一种常用方法是通过对高层管理者口头表达文字的转述和文字性记录使用文本分析的方法测量其对于某一议题或方案的注意力程度。Sofus（2008）指出，通过统计字数即词频数的方法分析文本信息简单、客观、可复制以及透明。因此，本章采用文本分析法来对高管团队注意力焦点进行测量。

文本分析法基于 Whorf-Sapir 的假设，其认为语言是人类心智处理过程的一个映射，个体的认知倾向反映在了其经常使用的文字中，不同的语言习惯反映了不同的认知类型，经常使用的文字处于人们认知的中心地带，反映了其思维中最为活跃的部分，而不经常使用的文字常常处于人们认知的外围地带，文字使用频率的变化则反映了人们对于事物重视程度与认知的变化（Whorf and Carroll，1956）。

文本分析已经被应用于大量的组织研究中，主要是研究上市公司年度报告。该方法在测量注意力方面也曾受到质疑，主要是因为有些学者认为上市公司年报并不一定包括管理者注意力方面真实的信息。大量研究表明，企业年报中的信息反映了管理者的注意力焦点，且这些注意力焦点都是可评估的（Abrahamson and Hambrick，1997）。例如，Huff 和 Schwenk（1990）发现致股东信中的管理特征准确地反映了高管注意力的方向，尤其是在不确定、动荡的时期。D'Aveni 和 MacMillan（1990）发现从致股东信中测量高管认知所得结果与从其他类型的数据中取得的结果高度相符。另外，Fiol（1995）在其研究中将公司内部的战略制定文件与企业对外公开报告进行了比对，发现两种资料的基本主题是完全一致的。尽管有专业的写手参与公司年报的撰写，但研究学者们仍认为企业管理者对写者进行了指导，并仔细地审查和修改了他们的草稿，对最终呈现的公司年报负责。大量关于管理者注意力的研究使用文本分析法对管理者注意力进行测量（Bouquet et al.，2009；Cho and Hambrick，2006）。

相比国外研究获取致股东信的易得，国内通常通过对董事会报告的文本分析来测量管理者注意力（吴建祖、毕玉胜，2013；吴建祖、关斌，2013）。具体步骤为：首先，构建内外部注意力焦点关键词字典，本章主要借鉴 Yadav 等（2007）开发的内外部焦点字典（见表3-1）。其次，使用质性分析软件 QSR Nvivo 12.0 对上市公司年报中的董事会报告进行文本分析，得出关键词在文本中出现的频率，剔除歧义词频后，计算包含关键词的句子数占文本总句子数的百分比，进而测得高管团队注意力。

表3-1 注意力焦点编码字典

外部注意力		内部注意力	
顾客	竞争者	组织化	
顾客	竞争	组织	CEO
客户	好胜	机构	首席执行官
消费者	对手	体制	总裁
主顾	同行	团体	总经理
用户	同业	管理	董事长
买家	业界	退休	总监
买主	业内	雇员	主任
市场	公司	职员	主管
社区	企业	员工	理事
	银行	人员	多元

外部注意力		内部注意力	
	厂商	利益相关者	多种经营
	位置	股东	子公司
	姿态	债权人	
	地位	董事会	
	定位		

资料来源：Yadav 等（2007）。

4. 调节变量

期权激励（Option）。参照田轩和孟清扬（2018）的做法，采用二分变量，根据国泰安所披露的公司"股权激励授予明细表"的激励标的物来判断：若企业的激励标的物为股票期权则赋值为 1，其他为 0。

5. 控制变量

为了控制潜在影响在位企业从事公司创业投资活动的未观察因素，提高模型的解释力度，本章在参考其他学者类似的研究基础上，从企业特质和高管团队特征方面构建了一系列的控制变量。高管团队层面主要对高管团队规模（TMT-num）进行控制，即符合高管团队成员特征定义的人员数量，并进行对数处理。Hambrick（2007）认为高管团队做出战略决策需要不同成员反复进行互动交流，如分享信息、资源和观点。高管团队成员数量越多，成员间的互动会更加复杂，行为更不容易整合，进而影响团队决策质量。

企业层面的控制变量包括企业规模（Size）、企业年龄（Age）、组织冗余（Slack）、研发投入（R&D）以及企业以往公司创业投资经验（Exp）。企业规模（Size）对企业战略决策有重要影响，以往研究表明，规模较大的公司可能会进行更多的公司创业投资，因为它们往往有更多可自由支配的资源进行不确定的投资机会（Dushnitsky and Lenox，2005）。为了使数据近似正态分布，引入模型后具有较好的区分度和拟合度，本章以企业年末总资产取自然对数来测量企业规模。企业年龄（Age）也与战略行为有关，年龄较老的公司更有可能利用现有的能力，而不是进入创新活动的新领域（Maula et al.，2013）。企业成立越久，越有可能存在组织惰性和惯性，形成对既有经营路径的依赖性，在投资决策中遵循惯例（Basu et al.，2011）。因此，本章用目标年份减去公司成立年份来测量以控制企业年龄的影响。组织冗余（Slack）是利用公司创业投资进行外部冒险的一个重要决定因素，对企业战略决策以及成长产生重要影响（戴维奇，2012）。高资源冗余创造了一个有利于实验和创新的环境，而低冗余使公司的战略决策变得保守。因为当有额外的资源时，公司往往会更充分地从事公司创业投资活动（Gaba and Bhattacharya，2012）。因此，借鉴 Sahaym 等（2016）对企业冗余资源的测量方法，本章采用流动比率（流动资产/流动负债）对组织冗余进行控制。研发投入（R&D）也会对公司创业投资产生重要影响，正如 Sahaym 等（2010）研究指出，企业内部较高水平的研发投入通常会促使企业更多地从事公司创业投资活动。本章遵循以往的做法（Park and Steensma，2012），以研发投入比例（研发费用/营业收入）来测量企业内部的研发强度。企业以往公司创业投资经验（Exp）也是决定企业未来是否从事公司创业投资的一个预测因素，企业的公司创业投资经验可以提高后续公司创业投资的成效和效率（Siegel et al.，1988），因此加入企业以往公司创业投资经验以控制其参与公司创业投资的能力和倾向。本章将样本企业在过去五年有过公司创业投资活动赋值为 1，没有则为 0（Dush-nitsky and Shaver，2009）。表 3-2 列出了所涉及的主要变量。

表 3-2　变量定义

变量类型	变量名称	符号	测量
因变量	公司创业投资	CVC	滞后期 2 年的公司创业投资组合创业企业数量
自变量	高管团队职能背景	TMTfun	输出型高管人数/生产型高管人数
中介变量	注意力焦点	Atten	外部注意力的句子数百分比/内部注意力的句子数百分比
调节变量	期权激励	Option	股票期权赋值为 1，其他赋值为 0
控制变量	高管团队规模	lnTMTnum	高管团队人数的自然对数
	企业规模	Size	企业总资产的自然对数
	企业年龄	Age	样本数据年份与企业成立时间的差值
	组织冗余	Slack	流动资产/流动负债
	研发投入	R&D	研发费用/营业收入
	以往公司创业投资经验	Exp	企业前 5 年公司创业投资经历，有为 1，无则为 0

资料来源：笔者绘制。

三、计量模型

1. 中介效应模型

本章使用逐步层次回归的方法来检验假设（Aiken and West，1991）。根据前文提出的研究假设，为了检验高管团队职能背景对公司创业投资的影响，注意力焦点在高管团队职能背景与公司创业投资关系之间的中介作用，构建如下模型：

第一步,构建回归方程(3-1)对高管团队职能背景与公司创业投资的关系进行估计。

$$CVC = \beta_0 + \beta_1 TMTfun + \sum_{i=1}^{5} \beta_i Controls_i + \varepsilon \qquad (3-1)$$

其中因变量为 CVC,自变量为高管团队职能背景,控制变量包括组织冗余、研发投入、企业年龄、企业规模以及高管团队规模,以下模型中的控制变量与此相同,ε 是随机误差项。

第二步,使用回归方程(3-2)估计注意力焦点与公司创业投资之间的相关关系,其中控制变量含义同上。

$$CVC = \beta_0 + \beta_1 Atten + \sum_{i=1}^{5} \beta_i Controls_i + \varepsilon \qquad (3-2)$$

第三步,使用回归方程(3-3)直接估计高管团队职能背景对注意力焦点的直接影响,其中控制变量含义同上。

$$Atten = \beta_0 + \beta_1 TMTfun + \sum_{i=1}^{5} \beta_i Controls_i + \varepsilon \qquad (3-3)$$

第四步,根据 Baron 和 Kenny(1986)中介效应检验步骤,基于第一步和第三步检验外部注意力焦点在高管团队职能背景与公司创业投资之间的中介效应,控制注意力焦点之后使用回归方程(3-4)估计高管团队职能背景对公司创业投资的影响,其中控制变量含义同上。

$$CVC = \beta_0 + \beta_1 TMTfun + \beta_2 Atten + \sum_{i=1}^{5} \beta_i Controls_i + \varepsilon \qquad (3-4)$$

2. 调节效应模型

本章检验期权激励对高管团队职能背景与注意力焦点的调节效应时,首先在模型中引入控制变量,其次引入自变量和调节变量,检验自变量与中介变量间的关系,最后加入自变量与调节变量的交互乘积项,检验调节变量对自变量与中介变量间关系的调节作用。本章构建调节效应模型如下:

使用最小二乘法(OLS)回归方程(3-5)估计期权激励对高管团队职能背景与注意力焦点的调节效应,其中控制变量含义同上。

$$Atten = \beta_0 + \beta_1 TMTfun + \beta_2 Option + \beta_3 TMTfun \times Option + \sum_{i=1}^{5} \beta_i Controls_i + \varepsilon \qquad (3-5)$$

其中,Option 为调节变量期权激励。

四、数据分析方法

1. 多元回归模型

本章根据不同研究问题采用适当的计量经济模型进行实证检验。一方面,针对高管团队职能背景对公司创业投资的影响机制研究，由于因变量是计数的非负变量，不满足普通最小二乘法估计所假定的"同方差性和标准残差"条件（Hausman et al.，1984），如果继续沿用普通最小二乘法进行估计显然是不合适的。对于此类情况主流的规范做法是采用非线性回归方法，例如泊松回归（Poisson Regression）（Ahuja，2000）、负二项回归（Negative Binomial Regression）（Cameron and Trivedi，2013）。但由于本章因变量的方差大于均值，存在过度离散问题，不满足泊松回归的基本假设（Hausman et al.，1984），因此负二项回归是更合适的回归模型（Sahaym et al.，2016）。另一方面，针对期权激励在高管团队职能背景与注意力焦点关系中的调节作用，采用普通最小二乘法回归方法。计量经济模型分析主要借助 STATA 14.0 来实现。

2. 数据预处理

在进行回归分析之前，为了保证模型估计的有效性，对数据做以下预处理：

第一，利用 STATA 14.0 中的"Winsorize 2"命令对所有的连续型变量进行 1%、99%分位数的缩尾处理以消除数据中异常值的影响（Dai et al.，2018）。

第二，在收集数据时，自变量、中介变量、调节变量和控制变量的收集年份为 2016 年，因变量公司创业投资的收集年份为 2018 年。借鉴 Li 等（2013）的方法，将自变量、中介变量、调节变量和控制变量相对于因变量滞后两年，以消除解释变量和被解释变量间可能存在的逆向因果的影响，最终得到 2016～2018 年 657 家企业的样本数据。

第三，在构造自变量和调节变量的交互项之前，分别对自变量和调节变量进行中心化处理（Aiken and West，1991），以避免多重共线性影响。共线性指各解释变量间存在完全或近似的线性关系，当两个或多个解释变量之间高度相关时，会导致难以区分它们各自对被解释变量的单独影响力。首先，在使用 STATA 14.0 软件进行回归分析时，软件会自动识别多重共线性严重的变量并将其删除。其次，本章对自变量和调节变量分别进行中心化处理后构造乘积交互项，以避免多重共线性问题。最后，本章还将采用方差膨胀因子（VIF）检验解释变量间的共线性问题，若最大的 VIF 值不超过 10，则认为不存在多重共线性问题。

第三节　实证检验

本章综合使用 STATA 14.0、SPSS 22.0 以及 MPLUS 7.0 统计软件对沪深上市的 657 家制造业企业数据进行分析，对第三章所提出的各个假设进行验证。具体呈现的结果包括主要变量的描述性统计、相关性分析、高管团队职能背景与公司创业投资直接效应分析、注意力焦点中介效应分析、期权激励调节效应分析以及有中介的调节效应分析。

一、描述性统计分析

描述性统计是通过均值、标准差、最小值和最大值等统计量对所获得数据进行初步分析，反映了数据的集中程度和离散趋势，同时反映关键变量的主要特点。经过样本筛选和变量设计，观测值为 657 个，年度区间为 2016~2018 年。

通过对变量进行处理，分析其均值及标准差，能够了解变量取值的综合特征。表 3-3 对本章所涉及的关键变量进行了描述性统计。关于公司创业投资（CVC），其均值为 0.848，接近于 1，也就是说，样本所选行业中的企业平均进行过一次公司创业投资活动。但样本标准差为 1.446，最小值为 0，最大值为 18，说明样本企业从事公司创业投资活动的强度存在较大差异。自变量高管团队职能背景（TMTfun）所对应的平均值为 1.939，标准差为 1.209，最大值为 7，最小值为 0.33。中介变量注意力焦点（Atten）的标准差较大，说明样本企业中高管团队的注意力配置存在较大差异。最后，控制变量企业冗余（Slack）的均值为 3.545，标准差为 3.88，最小值 0.22，最大值 40.39；研发投入（R&D）的均值为 10.7，标准差为 8.808，最小值为 0，最大值 51.55；企业年龄（Age）的均值为 16.511，最小值为 7，最大值为 32。以往公司创业投资经验（Exp）与调节变量属于同一类型数据，其均值为 0.651，说明大部分样本企业有过公司创业投资经历。

表 3-3　变量的描述性统计

变量	样本数量	均值	标准差	最小值	最大值
CVC	657	0.848	1.446	0	18
TMTfun	657	1.939	1.209	0.33	7
Atten	657	5.26	3.059	1	26
Option	657	0.323	0.468	0	1
Slack	657	3.545	3.88	0.22	40.39
R&D	657	10.7	8.808	0	51.55
Age	657	16.511	4.202	7	32
lnAsset	657	21.636	0.959	18.881	24.551
lnTMTnum	657	1.725	0.352	0.693	2.708
Exp	657	0.651	0.477	0	1

二、相关性分析

相关性分析能够直观反映各变量之间相互影响和相互依存的程度，能够加深我们对数据间相关程度的认识和理解。本章采用皮尔逊相关分析法对各变量间的相关性进行简单分析，其结果如表3-4所示。从相关系数表中可以看出，自变量高管团队职能背景（TMTfun）与因变量公司创业投资之间的相关系数为0.351，且在1%的水平上显著，说明高管团队职能背景与公司创业投资存在相关性。这与本章的假设1初步一致，为进一步利用回归分析检验主效应创造有利条件。同时，高管团队职能背景（TMTfun）与中介变量注意力焦点（Atten）之间的相关系数为0.325，且在1%的水平上显著，也为假设2提供了部分支持。此外，本章选取的调节变量期权激励（Option）与因变量之间的相关系数为0.154，且也在1%的水平上显著。中介变量（Atten）与因变量（公司创业投资）之间的相关系数为0.298，且在1%的水平上显著，为假设3提供了部分支持。

为了回归模型的有效性，本章还对企业冗余（Slack）、研发投入（R&D）、企业年龄（Age）、企业规模（lnAsset）、高管团队规模（lnTMTnum）以及企业以往公司创业投资经验（Exp）六个变量进行了控制。从表3-4的结果中可以看出，研发投入（R&D）、企业年龄（Age）以及以往公司创业投资经验（Exp）与公司创业投资的相关系数分别为0.0399、0.0281、0.003，但均未达到显著水平。企业冗余（Slack）、企业规模（lnAsset）以及高管团队规模（lnTMTnum）与公司创业投资之间的相关系数分别为-0.0665、0.137、0.144，且都达到了一定的显著水平。相关性分析结果说明，本章所选取的控制变量大部分是有效的，对因变量有着较为显著的影响。

最后，通过计算各个自变量的VIF值，发现结果均小于2，说明自变量之间不存在严重的多重共线性问题，各个变量对于因变量的解释是可靠的。

三、回归分析

1. 直接效应回归分析

本章主要借助统计分析软件STATA 14.0对上文所列出的计量经济模型进行回归分析，并综合运用SPSS 22.0和MPLUS 7.0进行补充性分析，以验证本章所提出的假设。在本部分，考虑到因变量公司创业投资为计数型变量，已经不符合普通最小二乘法的前提假设（Hausman et al.，1984）。借鉴以往研究中的成熟做法，本部分主要采用负二项回归模型方法进行分析（Maula et al.，2013；Sahaym et al.，2016）。

表3-5给出了高管团队职能背景与公司创业投资的回归结果。模型1以公司

表 3-4 相关系数表

	CVC	TMTfun	Atten	Option	Slack	R&D	Age	lnAsset	lnTMTnum	Exp
CVC	1	—	—	—	—	—	—	—	—	—
TMTfun	0.351***	1	—	—	—	—	—	—	—	—
Atten	0.298***	0.325***	1	—	—	—	—	—	—	—
Option	0.154***	0.174***	0.507***	1	—	—	—	—	—	—
Slack	-0.0665*	-0.054	-0.044	0.022	1	—	—	—	—	—
R&D	0.0399	0.013	-0.025	0.007	0.269***	1	—	—	—	—
Age	0.0281	0.133***	0.085**	0.074*	-0.094**	-0.112***	1	—	—	—
lnAsset	0.137***	0.184***	0.15*	0.166***	-0.353***	-0.102***	0.317***	1	—	—
lnTMTnum	0.144***	0.176***	-0.042	-0.02	-0.087**	0.241***	0.035	0.162***	1	—
Exp	0.003	-0.009	-0.03	-0.049	-0.019	0.013	0.03	0.012	-0.087**	1

注：N=657，* 表示 $p<0.1$，** 表示 $p<0.05$，*** 表示 $p<0.01$。

创业投资为因变量，但只放入了企业规模、企业年龄、高管团队规模、研发投入、组织冗余和企业以往公司创业投资经验等控制变量。由数据结果可知，组织冗余（Slack）和企业年龄（Age）两个控制变量与因变量公司创业投资的回归系数前者为负后者为正且并不显著。这与 Basu 等（2011）的研究结论类似，在动态环境中资源丰富的企业往往把重点放在提高现有技术、产品和市场领域的有效利用上，而不是通过公司创业投资探索新的领域，以提高效率或尽量减少内部冲突。同时，企业成立时间越长，越有可能依赖原有的经营战略，从而降低实施公司创业投资决策的可能性。企业的研发投入（R&D）、企业规模（lnAsset）以及以往公司创业投资经验（Exp）与公司创业投资正相关，但只有企业规模的系数显著。对控制变量的回归分析表明，经营年限越久的企业似乎变得僵化，应对外界环境变革常处于被动地位，更少地从事公司创业投资活动（Dushnitsky and Shaver，2009）。相反，更注重研发的企业对于新技术的嗅觉更加敏锐，而规模更大的企业也能够承担更多的试错成本，因此会更热衷于从事公司创业投资活动（Basu et al.，2011）。这些结果验证了以往研究中的既有结论。

进一步地，假设 1 提出企业的上层建筑即高管团队中输出型职能背景的高管比例与公司创业投资正相关。从表 3-5 模型 2 的回归分析结果可知，自变量高管团队职能背景（TMTfun）与因变量公司创业投资显著正相关（b = 0.413，p< 0.01），说明高管团队中输出型职能背景比例越大，企业就越会从事公司创业投资活动，从而假设 1 得到支持。

表 3-5　直接效应分析结果

变量	CVC			Atten
	模型 1	模型 2	模型 3	模型 4
常数项	-5.261^{***}	-3.984^{***}	-4.63^{***}	0.367
控制变量				
Slack	-0.013	-0.017	-0.014	-0.001
R&D	0.003	0.001	-0.001	0.002
Age	0.002	-0.021	-0.002	0.003
lnAsset	0.189^{***}	0.116^{*}	0.112	0.061^{***}
lnTMTnum	0.515^{***}	0.392^{**}	0.665^{***}	-0.191^{***}
Exp	0.059	0.111	0.062	-0.052
自变量				
TMTfun	—	0.413^{***}	—	0.143^{***}
Atten	—	—	0.145^{***}	—

续表

变量	CVC			Atten
	模型 1	模型 2	模型 3	模型 4
Log likelihood	−822. 12	−784. 21	−792. 18	−1507. 6
Wald chi^2	24. 8 ***	100. 62 ***	84. 67 ***	96. 84 ***
Wald test	179. 63 ***	123. 46 ***	140. 29 ***	48. 12 ***
N	657	657	657	657

注：* 表示 p<0. 1，** 表示 p<0. 05，*** 表示 p<0. 01。

假设 2 提出输出型职能背景高管会将注意力更多地配置在外部市场中。从表 3-5 模型 4 的回归分析结果可知，高管团队职能背景（TMTfun）与注意力焦点（Atten）之间存在显著的正相关关系（b=0. 143，p<0. 01），由此证明高管团队的职能背景会影响他们的注意力配置，具有市场、研发等输出型职能背景的高管会将注意力集中在外部市场环境中，从而假设 2 得到支持。

假设 3 提出高管团队将注意力更多地配置在外部就越有可能从事公司创业投资活动。从表 3-5 模型 3 的回归分析结果可知，注意力焦点（Atten）与公司创业投资存在显著的正相关关系（b=0. 145，p<0. 01），说明在复杂的信息环境中，高管团队将注意力更多地集中在企业外部市场环境中会激发公司创业投资，从而假设 3 得到支持。

2. 中介效应分析

本章采用 Baron 和 Kenny（1986）因果逐步回归方法（Causal Step Regression）检验注意力焦点是否在高管团队职能背景和公司创业投资之间起中介作用。第一步，对高管团队职能背景与公司创业投资之间的关系进行回归分析。第二步，对高管团队职能背景与注意力焦点之间的关系进行回归分析。如果第一步和第二步的回归系数显著，则继续进行第三步，否则中介效应检验失败。第三步，将高管团队职能背景、注意力焦点与公司创业投资一起进行回归分析。若第三步的结果显示注意力焦点的回归系数显著，但高管团队职能背景的回归系数不显著，则说明注意力焦点在高管团队职能背景与公司创业投资的关系中起完全中介作用；如果高管团队职能背景和注意力焦点的回归系数都显著，并且高管团队职能背景的回归系数相较于直接效应显著减弱，则说明注意力焦点在高管团队职能背景与公司创业投资之间起部分中介作用。

检验结果如表 3-6 所示，模型 5 表明高管团队职能背景（TMTfun）的回归系数显著（b=0. 328，p<0. 01）且小于模型 2 中的回归系数（b=0. 413）；注意力焦点（Atten）的回归系数也显著（b=0. 105，p<0. 01）。综合模型 2、模型 4、

模型 5 的结果，说明注意力焦点在高管团队职能背景与公司创业投资的关系中起到部分中介作用，从而假设 4 得到支持。

表 3-6　中介效应分析结果

变量	CVC	Atten	CVC
	模型 2	模型 4	模型 5
常数项	−3.984 ***	0.367	−3.799 ***
控制变量			
Slack	−0.017	−0.0005	−0.016
R&D	0.0002	0.0009	−0.002
Age	−0.021	0.003	−0.019
lnAsset	0.116 *	0.061 ***	0.076
lnTMTnum	0.392 **	−0.191 ***	0.523 ***
Exp	0.111	−0.052	0.106
自变量			
TMTfun	0.413 ***	0.143 ***	0.328 ***
Atten	—	—	0.105 ***
Log likelihood	−784.21	−1507.6	−768.11
Wald Chi^2	100.62 ***	96.84 ***	132.81 ***
Wald test	123.46 ***	48.12 ***	106.9 ***
N	657	657	657

注：* 表示 $p<0.1$，** 表示 $p<0.05$，*** 表示 $p<0.01$。

　　因为 Baron 和 Kenny（1986）的依次检验方法没有提供一个明确的中介作用测试，本章继续采用传统的 Sobel 检验（Sobel，1982）来明确评估高管团队职能背景对公司创业投资的中介效应。高管团队职能背景通过注意力焦点对公司创业投资产生了强烈的间接影响（$Z = 4.694$，$p<0.01$），中介效应占总效应的 21.11%，进一步证实注意力焦点起着显著的部分中介作用。

　　虽然 Sobel 检验明确评估了中介效应，但由于其严格的抽样分布假设，会掩盖某些原本显著的效应，因此受到了一些学者的质疑（Hayes and Preacher，2010）。正如 Preacher 和 Hayes（2004）所言，"Sobel 检验的一个必要假设是，ab（间接效应）的抽样分布是正态的。带着这种前提假设来计算 Sobel 检验的 p 值是令人生疑的，因为 ab 的抽样分布可能并不服从正态分布"。实际上，由于间接影响是两个参数 ab 的乘积，所以样本的抽样分布是偏态的，其峰度非零，因而正态分布的假设很难证明（Preacher and Hayes，2004）。因此，"在中介分析中，当目标是对间接效应的大小做出推断时，研究者们不赞成使用 Sobel 检验和其他依靠标准误差估计和正态分布的方法"（Hayes and Preacher，2010）。

为了克服 Sobel 检验的局限性，Preacher 和 Hayes（2004）引入了间接效应的自举（bootstrapping）检验，该方法没有假设抽样分布的正态性。其原理是从原始样本中随机抽取 5000 个样本进行迭代，并计算每个自举样本的间接影响，得到一个可用于构建置信区间的抽样分布。如果偏差修正 95% 的置信区间不包含 0，则说明存在显著的间接影响。"与假设感兴趣的统计量的抽样分布符合正态性的方法（如 Sobel 检验）得到的区间不同，自举置信区间往往是不对称的，更接近于正态随机变量乘积的真实抽样分布（Hayes and Preacher，2010）。"由于此原因，bootstrapping 过程被认为"几乎总是比 Sobel 的测试更强大"（Zhao et al.，2010），并成为管理研究领域检验中介效应的标准做法（Gong et al.，2009；Mell et al.，2014）。本章采用 Hayes（2013）开发的 SPSS 宏指令"PROCESS"来检验高管团队职能背景通过注意力焦点对公司创业投资的间接影响。结果表明，注意力焦点的间接影响是积极且显著的（b = 0.081，95% 置信区间 =［0.045，0.132］不含 0）。综上所述，Sobel 检验和 bootstrapping 过程都支持本章提出的中介效应假设。

3. 调节效应分析

本部分通过多元线性回归分析方法检验期权激励的调节效应。第一步，由于本章的调节变量期权激励是类别变量，对其进行虚拟化处理。第二步，由于本章检验调节效应的自变量高管团队职能背景属于连续变量，需要对其进行中心化处理。第三步，将经过处理后的自变量和调节变量相乘构造乘积项，来检验期权激励在高管团队职能背景与注意力焦点之间的调节效应。如果乘积项的回归系数显著，则说明调节效应存在，否则不存在。

假设 5 提出期权激励在高管团队职能背景与注意力焦点的关系中起到调节作用。为检验该假设，在模型 7 的基础上加上了高管团队职能背景和期权激励的交叉项作为前置变量，并利用模型 8 对注意力焦点进行回归分析。从表 3-7 的模型 8 的回归分析结果可知，该模型的 F 值显著（F = 36.80，p<0.01），说明该模型的拟合度较高。同时，高管团队职能背景与期权激励的乘积项（TMTfun×Option）与注意力焦点（Atten）之间存在显著的正相关关系（b = 0.662，p<0.01），说明期权激励在高管团队职能背景与注意力焦点之间起到了正向调节作用，从而假设 5 得到支持。

表 3-7　简单调节效应分析结果

变量	Atten		
	模型 6	模型 7	模型 8
常数项	-1.891	2.647	3.402
控制变量			
Slack	-0.002	-0.031	-0.028
R&D	0.005	0.002	-0.001
Age	0.011	0.007	0.012
lnAsset	0.341 *	0.082	0.029
lnTMTnum	-1.085 ***	-0.767 **	-0.576 *
Exp	-0.255	-0.092	-0.065
自变量			
TMTfun	0.821 ***	0.639 ***	0.598 ***
调节变量			
Option	—	2.983 ***	2.914 ***
交叉项			
TMTfun×Option	—	—	0.662 ***
R^2	0.129	0.324	0.338
Adj R^2	0.119	0.315	0.329
F 值	13.72	38.76	36.80 ***
Prob. >F	0.000	0.000	0.000

注：* 表示 $p<0.1$，** 表示 $p<0.05$，*** 表示 $p<0.01$。

　　为了清晰地展示上述调节关系，本章遵循 Aiken 和 West（1991）的简单斜率分析方法，按照高于均值一个标准差和低于均值一个标准差将调节变量分组，依次在高低水平上做回归，并将结果进行绘制（见图 3-2）。从图 3-2 可以看出，期权激励对高管团队职能背景与注意力焦点之间关系的调节作用是比较明显的，即当企业实施期权激励制度时，高管团队职能背景与注意力焦点之间的正向关系更加强烈，即表现为图 3-2 的直线变得更加陡峭；而当企业并未建立期权激励制度时，高管团队职能背景与注意力焦点之间的正向关系表现得相对平坦。这说明，当企业建立较为完善的高管激励制度，能够减少由于两权分离而产生的代理成本问题，具有输出型职能背景的高管更能将注意力配置在外部市场与创业相关的议题上。因此，本章认为期权激励对高管团队职能背景与注意力焦点之间的关系起着重要的正向调节作用。

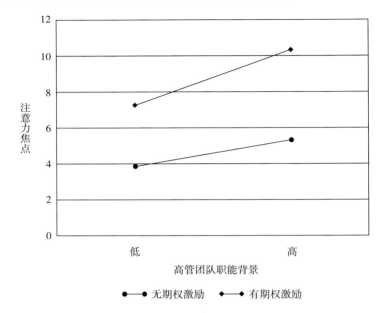

图 3-2　期权激励对高管团队职能背景与注意力焦点关系的调节作用

四、有中介的调节效应分析

在单层次和多层次研究中，中介和调节变量得到了广泛的关注，研究者借此来扩展现有研究，探索变量之间关系的潜在中介机制与情境限制。如果一个模型包含的变量多于三个，可能同时包含中介变量和调节变量，这些变量在模型中的位置和作用不同会产生不同的模型，有中介的调节模型（Mediated Moderator Model）就是同时包含中介变量和调节变量的一种常见模型（Muller et al.，2005；温忠麟等，2006）。Edwards 和 Lambert（2007）把有中介的调节界定为"自变量和调节变量通过交互作用影响中介变量，中介变量进而对因变量产生影响"。同样，Baron 和 Kenny（1986）认为，当调节作用可以表示为自变量和调节变量的交互作用，并且此交互作用通过中介变量来对结果变量产生影响时，有中介的调节就产生了。

假设要研究高管团队职能背景（X）对公司创业投资（Y）的影响机制。本章中，以期权激励（U）作为调节变量，注意力焦点为中介变量（W）。UX 是调节效应项，如果它影响 W，而 W 影响 Y，说明调节效应（至少部分地）通过中介变量 W 而起作用，此时有中介的调节效应即成立。在对以往有中介的调节模型检验方法进行甄别和整合后，叶宝娟和温忠麟（2013）提出了以下检验步骤：

（1）做 Y 对 X、U 和 UX 的回归：

$$Y = c_0 + c_1 X + c_2 U + c_3 UX + \mu_1 \tag{3-6}$$

如果 UX 的系数 c_3 显著，说明 U 对 X 与 Y 关系的调节效应显著。接下来要检验 UX 会通过中介变量 W 对因变量 Y 产生影响。

（2）做 W 对 X、U 和 UX 的回归：

$$W = a_0 + a_1 X + a_2 U + a_3 UX + \mu_2 \tag{3-7}$$

UX 的系数 a_3 显著，继续进行下一步。

（3）做 Y 对 X、U、UX 和 W 的回归：

$$Y = c'_1 + c'_1 X + c'_2 U + c'_3 UX + b_1 W + \mu_3 \tag{3-8}$$

W 的系数 b_1 显著。至此说明 UX 通过中介变量 W 对因变量 Y 产生影响。此时，间接的调节效应（即通过中介变量的调节效应）等于 $a_3 b_1$，直接的调节效应等于 c'_3。如果在第（3）步中，UX 的系数 c'_3 不显著，则 U 的调节效应完全通过中介变量 W 而起作用。目前，国内学者多数采用这一方法检验有中介的调节模型（卢俊婷等，2017；唐汉瑛等，2015）。所有检验步骤均通过 MPLUS 7.0 实现。

1. 检验期权激励对高管团队职能背景与公司创业投资的调节效应

建立高管团队职能背景、期权激励以及中心化处理后二者交互项与公司创业投资的关系模型。检验结果如图 3-3 所示，高管团队职能背景显著正向预测公司创业投资（$c_1 = 0.301$，$p<0.01$），假设 1 进一步得到验证。期权激励与高管团队职能背景的交互项对公司创业投资的调节效应显著（$c_3 = 0.101$，$p<0.01$），说明期权激励在高管团队职能背景对公司创业投资的影响中发挥调节作用。

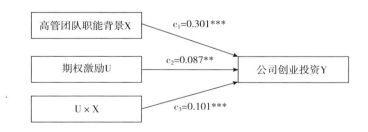

图 3-3　期权激励对高管团队职能背景与公司创业投资的调节效应检验

注：＊表示 $p<0.1$，＊＊表示 $p<0.05$，＊＊＊表示 $p<0.01$。

2. 检验期权激励在高管团队职能背景与注意力焦点关系中的调节效应

建立高管团队职能背景、期权激励以及中心化处理后二者交互项与注意力焦点的关系模型。结果如图 3-4 所示，高管团队职能背景显著正向预测注意力焦点（$a_1 = 0.236$，$p<0.01$），假设 2 进一步得到支持。期权激励与高管团队职能背景的

交互项对注意力焦点的调节效应显著（$a_3 = 0.127$，$p < 0.01$），说明期权激励在高管团队职能背景与注意力焦点的关系中发挥着调节作用，假设5再次得到验证。

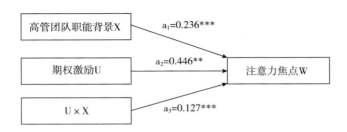

图 3-4　期权激励对高管团队职能背景与注意力焦点的调节效应检验

注：＊表示 $p < 0.1$，＊＊表示 $p < 0.05$，＊＊＊表示 $p < 0.01$。

3. 有中介的调节效应检验

建立高管团队职能背景、期权激励和中心化处理后二者交互项以及注意力焦点与公司创业投资的关系模型，通过 MPLUS 7.0 进行全模型检验，检验结果如图 3-5 所示。首先检验注意力焦点与公司创业投资的关系，验证结果表明注意力焦点对公司创业投资具有显著的正向影响（$b_1 = 0.202$，$p < 0.01$），假设3也进一步得到验证。

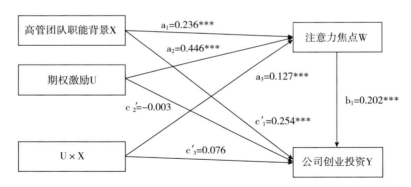

图 3-5　期权激励有中介的调节效应检验

注：＊表示 $p < 0.1$，＊＊表示 $p < 0.05$，＊＊＊表示 $p < 0.01$。

其次检验注意力焦点的中介作用，验证结果表明，在加入注意力焦点中介变量之后，高管团队职能背景对公司创业投资的影响虽然依然显著，但影响效果变小（$c'_1 = 0.254$，$p < 0.01$），因此注意力焦点在高管团队职能背景与公司创业投资之间起到部分中介作用，假设4进一步得到验证。

最后检验期权激励在高管团队职能背景通过注意力焦点间接影响公司创业投

资过程中发挥有中介的调节效应。结合图 3-5 和表 3-8 的结果，在放入注意力焦点中介变量之后，期权激励与高管团队职能背景的交互项对公司创业投资的调节效应变得不显著（$c'_3 = 0.076$，$p > 0.1$），说明期权激励的调节效应完全通过中介变量注意力焦点而起作用，有中介的调节效应成立，假设 6 得到验证。这一有中介的调节模型，阐明了期权激励和注意力焦点在高管团队职能背景发挥积极作用过程中的重要角色，比较深入地揭示了高管团队职能背景积极影响公司创业投资的作用机制。对于存在期权激励的高管，当团队中输出型职能背景高管比例较高时，其注意力焦点也会更多地配置在企业外部市场环境中，相应地能够及时发现和识别投资机会，进而采取公司创业投资活动；对于缺乏期权激励的高管而言，其职业担忧会更加明显，将会更多地关注企业内部运作以寻求更加稳健的战略决策，进而更少地从事公司创业投资活动。

表 3-8　有中介的调节效应模型检验结果

变量	CVC		Atten		CVC	
	b	t	b	t	b	t
TMTfun	$c_1 = 0.301^{***}$	8.306	$a_1 = 0.236^{***}$	7.183	$c'_1 = 0.254^{***}$	5.677
Oprion	$c_2 = 0.087^{**}$	2.337	$a_2 = 0.446^{***}$	14.837	$c'_2 = -0.003$	-0.078
TMTfun×Option	$c_3 = 0.101^{***}$	2.745	$a_3 = 0.127^{***}$	3.866	$c'_3 = 0.076$	1.498
Atten	—	—	—	—	$b_1 = 0.202^{***}$	3.689

注：* 表示 $p<0.1$，** 表示 $p<0.05$，*** 表示 $p<0.01$。

本章的实证结果汇总如表 3-9 所示：

表 3-9　研究假设检验结果汇总

序号	研究假设	检验结果
假设 1	高管团队职能背景会影响企业的战略决策。具有输出型高管团队职能背景比例越高，企业就越有可能从事公司创业投资活动	支持
假设 2	高管团队职能背景塑造了管理者的注意力焦点。具有输出型高管团队职能背景比例越高，高管团队越可能将注意力配置在外部环境中	支持
假设 3	高管团队注意力焦点影响管理者的决策制定。当高管团队将注意力更多地配置在外部环境中，企业就越有可能从事公司创业投资活动	支持
假设 4	高管团队注意力焦点在高管团队职能背景与公司创业投资之间起中介作用	支持
假设 5	期权激励正向调节高管团队职能背景与注意力焦点之间的关系	支持
假设 6	高管团队职能背景与期权激励对公司创业投资产生的交互作用以注意力焦点为中介	支持

资料来源：笔者绘制。

<h1 style="text-align:center">第四节　研究结论、局限与展望</h1>

一、研究结论

公司创业投资是企业在动态环境中进行适应性变革和创新创业的重要手段。如图 3-6、图 3-7 所示，根据 CB Insights 数据，全球公司创业投资案例数和投资金额在 2018 年达到历史新高，2018 年全球公司创业投资总额达 530 亿美元，同比增长 46.81%；公司创业投资机构投资了 2740 家企业，较上年增加了 672 家[①]。对于在位企业而言，公司创业投资既是探索模式边界、拓展前沿技术的有效范式，同时也是自生长型组织结构扩张以及行业生态圈演进的重要创新手段（Dushnitsky and Lenox，2006）。2018 年大企业直接从事公司创业投资独占鳌头，全年共投资了 3820 家企业，同比增长 33%[②]。由此可见，公司创业投资已经成为不少大企业的"标配"。

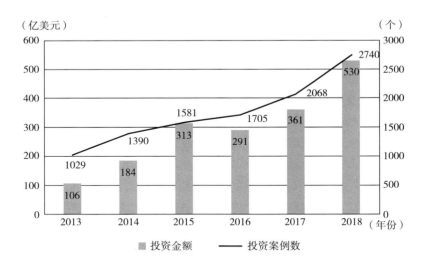

图 3-6　2013~2018 年全球公司创业投资概况

资料来源：CB Insights。

---

①② CB Insights. The 2018 global CVC report［EB/OL］. https：//www.cbinsights.com.

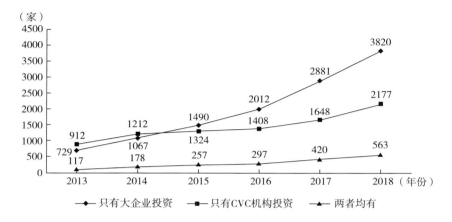

图 3-7　2013~2018 年公司创业投资机构和大企业投资概况

资料来源：CB Insights。

那么，是哪些因素促使大企业如此热衷于公司创业投资活动呢？在以往的研究中，学者们从企业行业环境、内部资源以及投资关系双方互动三个层面对公司创业投资的动因给出了丰富的见解。但是，关于战略决策的制定者，即企业高层管理团队的背景特征方面的探讨尚未得到重视。特别是，关于管理者特质与战略决策之间的作用机理以及情境因素的考量仍有很大的研究空间。基于此，本章整合高阶梯队理论和注意力基础观，以 2016~2018 年中国沪深两市 A 股 657 家制造业企业为研究样本，利用实证分析方法，探讨高管团队职能背景、注意力焦点和公司创业投资之间的关系，同时也考虑了期权激励的权变作用。具体而言，本章得出以下五个方面的研究结论：

第一，本章的实证结果验证了高管团队背景特征影响公司创业投资战略决策的观点。高管团队职能背景会影响管理者的认知、价值观或偏好，进而影响其对信息的筛选和解释，并最终反映在战略决策上（Hambrick and Mason，1984）。当具有不同职能背景的管理者在面对企业发展战略决策时，他们往往会以自己的职能经历为出发点来分析问题、确定计划和实施行动（杨林、芮明杰，2010）。与上述观点一致，本章发现，具有研发、营销和技术等输出型职能背景的高管更重视企业的创新发展，对新出现的技术机会更具有警觉性，更能积极探知市场中未得到满足的顾客需求，更愿意运用公司创业投资手段作为探索企业边界、获取持续竞争优势的工具。因此，当高管团队中输出型职能背景的管理者占据多数时，将更有利于企业实施公司创业投资决策。

第二，本章的实证结果也显示高管团队职能背景对其注意力焦点的塑造作用。高阶梯队理论指出，高管团队的职能背景塑造了管理者的认知框架，在对企业内外部环境的解读方面引导并决定着管理者的注意力焦点（Hambrick and Mason，1984）。对于管理者而言，他们每天往往要处理超出其认知能力之外的信息。具有不同职能背景的高管团队，由于其工作经历上的差异，他们会对环境信息进行选择性过滤和关注（Daft and Weick，1984）。拥有营销、研发和技术等输出型工作经历的高管团队，与竞争者和顾客的接触更为紧密，在这些领域的专业知识也更加丰富。因而，在进行战略分析时，为提高决策质量，输出型职能背景高管团队会主动搜寻与技术、市场和需求相关的外部环境信息。本章发现，由于高管团队有限的信息处理能力，在解释内外部环境信息时，会有选择性地关注环境中的各种信息，表现在输出型职能背景的高管团队会将注意力更多地配置在市场需求、竞争和技术等外部环境上，进而形成外部注意力焦点。

第三，本章发现管理者在内外部注意力焦点上的配置程度决定了企业的公司创业投资战略决策。一方面，技术变革经常发生于企业外部，对企业外部事物的高度关注增加了高管团队识别到新技术机会的可能性（Maula et al.，2013）。进一步地，这种意识促使企业及时制定和实施行之有效的战略决策及行为。本章的实证结果验证了这一逻辑，表明高管团队更加注重外部环境有利于更好地识别和预测新机会，更快地发现新出现的技术，有利于公司创业投资决策的制定和实施。另一方面，潜在市场需求不仅是企业创新的起点，同时也是创新战略的终点（Yadav et al.，2007）。高管团队若具有较高的外部注意力焦点，将使其对市场需求有更清楚的认知，对市场趋势和竞争行为有更准确的预测，而且能及时发现和采用新的技术。这些都会增加管理者实施公司创业投资战略决策的信心和意愿。

第四，本章发现管理者注意力焦点在高管团队职能背景与公司创业投资战略之间起到部分中介作用。公司创业事关企业的生存和发展，而高管团队在企业战略决策的制定和实施中具有不可忽视的影响作用（张三保、李晔，2018）。本章的结果表明，当考虑管理者注意力焦点配置时，高管团队职能背景对公司创业投资的影响显著减少。这是因为，在企业实践中，高层管理者身处复杂多变的经营环境之中，面对"爆炸式"增长的信息和庞杂烦琐的事务，他们必须集中精力，处理最为重要且紧迫的信息和事务。尤其在制定和实施有关公司创业决策及行为方面，高管团队必须清晰洞察企业的发展轨迹，敏锐而谨慎地在企业内外部环境中获取信息，从而为制定和实施企业公司创业投资决策提供思想指引和智力支持。也就是说，高管团队的职能背景影响其注意力配置，而注意力焦点又进一步影响企业战略选择。因此，本章解释了为什么处于同一行业或宏观背景下的企业从事公司创业投资活动存在较大差异，其中一部分原因在于管理者的不同职能背景塑造了其认知框架，在注意和解释环境刺激方面的侧重点不同（Ocasio，1997）。这些注意力差异在随后的战略行动中表现出来（Cyert and March，1963；

Hambrick and Mason，1984）。

第五，本章还发现期权激励在高管团队职能背景与注意力焦点以及公司创业投资决策的关系中起到重要的调节作用。期权激励能够缩小由于两权分离治理而导致的管理层和股东之间的利益鸿沟（Sanders and Hambrick，2007），通过构建利益共同体机制，将外部环境中有关创业机会信息的解读置于管理者的注意力配置优先级上，从而增强输出型职能背景高管团队与外部注意力焦点之间的关系。此外，本章还发现，期权激励与管理层职能背景的交互作用，通过注意力焦点间接影响公司创业投资决策，即期权激励发挥着有中介的调节效应。这一结果说明，期权激励进一步增强了职能背景与管理注意力的关系，这种对管理认知的联合塑造效应将最终作用于管理者的决策行为。这一结论再次印证了本章的核心观点，即管理注意力在高管团队背景特征与公司创业投资决策制定之间起到重要的中介作用。

二、理论贡献

结合高阶梯队理论和注意力基础观，本章在高管团队职能背景和公司创业投资决策之间引入高管团队注意力焦点，不仅为高管团队特征对企业战略决策影响的"黑盒子"的解释机制提供了实证支持，而且为企业的战略决策理论提供新的视角。本章的理论贡献主要有三个方面：

第一，对高阶梯队理论包括两方面的贡献。一方面，从管理者注意力角度，探索高管团队职能背景与公司创业投资的内部机理，打开了高管团队背景特征对企业战略决策作用机制的"黑盒子"。Hambrick 和 Mason（1984）在批判主流企业战略理论中将管理者视为"经济理性且完全同质"缺陷的基础上首次提出高阶梯队理论，该理论将企业管理者的个人特质、企业的经营决策和企业绩效这三个变量整合在一起，认为高管团队的价值观和认知模式将会影响企业战略的选择，进而影响企业的绩效。现有研究已经证实了高管团队的心理及认知特质对企业战略决策的重要影响（杨林、芮明杰，2010），但由于个体心理及认知特质观测比较困难，学者们大多选择高管团队的客观属性（如人口统计学特征等）作为代理变量，并不能真正揭示高管团队的心理及认知对企业行为的作用机制（Carpenter et al.，2004）。因此，将高管背景特征转化为战略选择的心理和认知过程在很大程度上形成了一个"黑盒子"问题（Lawrence，1997）。为了推进该理论的进一步发展，Hambrick（2007）重申高管特征影响管理者过滤和处理信息的三个步骤：高管的经历、价值观和个性首先会影响他们的注意力方向，他们实际注意到的信息进而影响管理者的选择性感知，以及他们如何赋予他们注意到的东西的意义。基于此，本章综合运用高阶梯队理论和注意力基础观，从高管团队的两种职能背景出发，将管理者注意力焦点按照空间维度划分为两类，研究高管团队注意力对企业公司创业投资决策的影响，为真正揭示高管团队认知和企业行为之间的关系提供了理论和实证分析，同时也呼应了高阶梯队理论提出者Hambrick（2007）在未来研究中打开其理论"黑盒子"的建议。

另一方面，将期权激励作为影响高管团队职能背景与管理注意力以及公司创业投资决策的情境变量，拓展了高阶梯队理论情境化研究。大量研究工作表明，高管特征和激励机制对管理认知均有影响，但这两个领域的文献遵循了截然不同的路径：高阶梯队理论倾向于强调基于人口特征的偏好与性格，主张人口特征塑造决策者的价值观和认知（Carpenter et al.，2004）；而代理理论则强调基于代理人职位的偏好与性格，注重分析公司治理结构（Jensen and Murphy，1990）。从高阶梯队理论现有的文献资料看，许多学者考察了高管团队背景特征与管理认知和企业行为的关系（王雪莉等，2013；杨林、芮明杰，2010）。但由于他们的研究忽略了高管团队所处的公司治理环境因素的影响，因而在实证研究中不能显示出一致的结论，更无法支撑判断两者之间因果关系的假设检验（汪金爱、宗芳宇，2011）。学者们基于委托代理理论的研究虽然重视高管团队所处的公司治理环境，但却未能结合高管团队本身的构成特征进行分析，从而导致了其对组织决策的解释有限（Sanders，2001；Sanders and Hambrick，2007）。最近，一些高阶梯队理论研究工作者已经提出，高管特征的影响一般不是直接的，而是受情境条件的影响（Busenbark et al.，2016）。同时，Hambrick（2007）在对高阶梯队理论的随后更新中指出，要综合考虑高管团队特征与激励机制的综合效应。Wowak和Hambrick（2010）则开发了一个"高管—薪酬"综合模型，对高管特征与薪酬政策之间的互动进行实证研究。在这些观点的启发下，本章整合了两个领域内最新的研究进展，将高管团队职能背景与期权激励纳入到一个分析框架下进行研究，探讨两者的互动效应对管理者注意力焦点和公司创业投资的影响，拓展了高阶梯队理论的适用边界，为高阶梯队理论和公司治理文献做出了贡献。

第二，将注意力基础观引入公司创业投资的研究议题，丰富了公司创业投资的前因研究。公司创业投资的相关研究目前已经形成一个庞大的体系，学者们已经识别公司创业投资对在位企业创新绩效（Chemmanur et al.，2014）、知识创造（Wadhwa and Kotha，2006）以及企业价值（Titus and Anderson，2018）方面的增益，但关于公司创业投资前因的研究较为缺乏（董静、徐婉渔，2018），且研究视角主要聚焦于行业和企业层面因素（Basu et al.，2011；Dushnitsky and Lenox，2005），其理论基础也需要进一步丰富。这些早期的研究成果主要指出了在什么样的环境因素驱动下以及具有何种资源特征的在位企业会积极从事公司创业投资活动。例如，Dushnitsky和Lenox（2005）发现在知识产权保护薄弱、技术变革迅速且存在很强互补性的行业，企业的公司创业投资活动越频繁。Sahaym 等（2010）研究了企业的内部研发投入水平与公司创业投资之间的关系。Basu 等（2011）识别了企业所拥有的某些特殊资源（例如技术资源、营销资源）对公司创业投资活动的影响。可以看出，先前的研究主要遵循了传统的企业战略理论"管理者是经济理性且完全同质的个体"假设，企业的一切战略决策都是在企业垂直整合行为、产业结构、定价策略及竞争动态性等一系列纯粹的经济因素之间的相互影响基础之上所做出的最优决策（孙俊华、贾良定，2009）。在这个纯经济学的分析框架中根本找不到企业战略决策者的身影，而现实的经济活动中，企业战略决策却是一个复杂的过程，企业高管的有限理性及经济人的假设很难做出符合所谓的经济理性和最优化标准的具体决策（March and Simon，1958）。Simon（1947）最先指出，由于人类认知的有限性，决策者不可能做到完全理性，只能根据自身知识体系或认知结构有选择性地对无限纷繁的信息加以关注和解释，而管理者将注意力集中在何种信息上是决定企业决策的关键。对企业而言，信息不再是稀缺资源，处理信息的能力才是真正的稀缺资源（吴建祖等，2009）。决策环境中最大的限制，也就是影响决策从选择"最优"解向选择"满意"解转变的一个重要因素，就是管理者在注意力上的有限性（Simon，1947）。在此基础上，Ocasio（1997）提出注意力基础观，进一步将企业视为注意力配置系统，并指出解释企业行为就是解释企业如何配置和管理其决策者或高层管理者的注意力。Maula 等（2013）的研究是将管理注意力观点引入公司创业投资研究领域中一次有意义的尝试。通过调用注意力基础观和社会网络文献相关的研究，Maula 从企业与行业的同质关系以及与风险投资集团的异质关系角度，探讨了在位企业对技术间断的响应速度，较为深入地揭示了企业从事公司创业投资活动的作用机理。在他们的研究基础之上，本章将注意力基础观引入公司创业投资的研究议题，探讨管理者的内外部注意力焦点如何影响企业的公司创业投资决策，继续推进以往的研究工作，是对既有文献的完善补充。同时也回应了 Dushnitsky（2006）提出的"发展更多公司创业投资前因研究"的呼吁。

第三，从高管团队背景特征即其职能经历的角度解释其注意力焦点，是对注意力基础观的一种丰富。注意力焦点影响了管理者对特定环境事件的注意力集中程度（Weick，1995），并确定任何给定的环境事件进入公司战略议程并得到响应的可能性（Dutton and Jackson，1987）。尽管注意力焦点很重要，但它仍然没有得到充分的研究。这一领域的大多数文献都强调了企业环境（Ocasio，1997）和过往业绩（March and Shapira，1992）对管理者注意力焦点的影响。例如，Ocasio（1997）认为，企业的沟通和程序渠道会影响决策者的注意力。March 和 Shapira（1992）在他们的模拟研究中发现，企业资源和以往绩效会影响企业的注意力焦点。D'Aveni 和 MacMillan（1990）探讨了危机情境下，成功和失败的企业在关注内外部环境中的差异。吴建祖和肖书锋（2015）研究发现，企业的研发投入跳跃与决策者双元性创新注意力显著正相关。这些早期的研究工作，比较全面地揭示了刺激物对管理者注意力焦点的塑造程度，然而较少关注信息接收者即高管团队背景特征是如何影响其注意力焦点和所感知到的环境刺激的（Dai et al.，2018）。最近，Dai 等（2018）的研究工作创造性地以中国民营企业家"体制内"经历为切入点，分析了其工作经历如何引导企业家在政府政策方面的注意力。在该研究启发下，本章基于高阶梯队理论中职能经验塑造高层管理者认知框架的观点（Daft and Weick，1984），通过分析两类职能背景特征的高管对环境信息的敏感程度，尝试性解答了其注意力配置上的差异，进一步丰富了注意力焦点的前因研究。

三、实践启示

本章尝试着将高阶梯队理论和注意力基础观进行整合，以解释高层管理团队做出公司创业投资决策的内在机制。除了上述理论贡献以外，本章还有以下几点实践启示：

首先，注意力焦点的中介机制意味着企业管理者应有意识地对其注意力资源进行合理配置，此发现为有效引导企业的公司创业投资决策提供了可能。对于企业而言，单纯从高管团队特征的角度引导企业的公司创业投资决策具有较大的实施难度。高管团队成员的引入或退出，不仅成本较大，而且灵活性不高。在本章的研究中，关于注意力焦点部分中介作用的发现就为解决该问题提供了思路。当高管团队的特征无法变动时，只要能够有效地引导高管团队的注意力，仍然可以引导企业的公司创业投资决策。例如，当高管团队在某一种职能背景具有高度的一致性时，可以预见整个管理团队的注意力配置会出现一种特定的倾向。如果这种注意力倾向与企业当前的发展战略不一致，就需要引导或提醒高管团队关于一些他们可能忽略的或轻视的部分。在本章的研究中，当企业的决策团体普遍是关于生产、运营或财务等生产型职能背景时，即使外部环境中已经出现新的突破性技术，管理团队也可能因为过于陶醉于现有的技术轨迹和商业模式，而对外界信息视而不见。所以为了有效地避免这种情况，就可以在决策的过程中对于高层管理团队予以适当的引导。当高管团队的特征无法变动时，只要能够有效地分配高管团队的注意力，仍然可以引导企业的公司创业投资决策。

其次，输出型职能背景高管正向影响公司创业投资决策，表明管理者背景特征在解释战略决策上的异质性。对于企业而言，构建一支科学合理的高管团队对企业发展至关重要。具有不同职能背景的管理者有着完全不同的认知模式和价值理念，在做出战略决策时，也有着完全不同的偏好与倾向。因此，企业所有者可以根据企业发展阶段适当调整企业高管团队的构成。例如，当企业技术创新遇到瓶颈时，可以适当引入具有研发、营销等输出型职能背景的高管。他们往往对技术的发展脉络和顾客需求的变化有着更深刻的认知，能够及时发现公司创业投资机会，做出积极的应对。

最后，期权激励正向调节高管团队职能背景与注意力焦点以及公司创业投资的关系，表明企业应完善内部激励机制，注重对企业核心决策者认知的塑造。现实中很多风险投资经理通过投资一两个项目就能实现财务自由，而公司创业投资却没有类似的激励机制。如果公司创业投资项目失败，管理者会因此遭受巨大的下行损失；可就算项目成功，企业也往往将成果归因于整体战略。这种风险与收益的不对等性加剧了管理者的职业担忧及风险规避倾向，向管理者授予股票期权为解决此类代理问题提供了一个可行的方案。

四、研究局限与展望

基于管理认知视角，考虑不同职能背景管理者注意力焦点上的差异，采用"高管团队背景特征—认知结构—战略选择"逻辑分析框架，本章对高管团队职能背景、注意力焦点与公司创业投资之间的关系进行了细致研究。总体而言，达到了预期的研究目标，同时也得出了一些有意义的发现和结论，对相关理论文献做出了一定的贡献，也为企业决策者提供了有价值的管理启示。但是，鉴于笔者学术能力和水平的局限性以及研究条件的约束，本章不可避免地存在一些不足，有待未来研究中进一步加以改进、完善和深化。

第一，在研究高管团队特征对管理者认知和决策的影响机制时，本章只分析了高管团队的职能背景。虽然职能背景能够比较直接地刻画管理者背景特征对认知结构的塑造作用，但是在高阶梯队理论提出 30 多年的学术研究中，除了考虑高管团队年龄、任期、教育背景、职能背景等静态的人口统计学变量外，还有大量关于高管团队异质性（崔小雨等，2018）和团队内部行为整合（戴维奇等，2018）的动态过程研究。因此，为了更好地解释高管团队在企业决策过程中的重要性，未来研究需要考虑决策者的其他特质，进行更加全面的实证检验。

第二，本章仅考虑了期权激励的调节作用，并未考虑其他变量可能产生的调节效应，如中国情境下公司治理层面管理者的政治连带或宏观层面制度空洞的影响等（戴维奇等，2012）。未来研究可进一步揭示中国情境下特有的其他变量的调节作用，以更全面、详尽地探讨高管团队背景特征与注意力焦点以及战略决策的关系，推进转型经济背景下中国情境化研究。

第三，由于现实条件和时间精力的限制，本章仅选取了上市的制造业企业。一方面，由于公司创业投资往往是一种非公开投资，国内也缺乏像美国等西方国家那样充足、完备的数据库。尽管本章尽可能地利用多种信息搜集渠道来进行数据挖掘，最终也只能获得上市企业的样本数据。另一方面，考虑到制造业企业样本数量不仅相对较多，而且上市时间最久，数据可信度更高（乔明哲等，2017），本章将研究对象的范围限定在制造业内，未能覆盖其他行业的公司创业投资行为。因此，本章的结论不可避免地存在代表性问题。未来研究可整合现有的数据库和一手调研资料，扩大研究的样本以检验本章结论的一般性，并分行业进行相关研究，提升研究的代表性和对特定行业的启示性。

综上所述，基于高阶梯队理论和注意力基础观，本章立足于以往关于高管团队背景特征与企业战略决策的研究成果上，尝试性地对高阶梯队理论"黑盒子"问题进行了解答。本章的研究结果证实了高管团队在企业战略决策制定过程中的主体地位，并阐述了其内部发生机理和边界条件。通过引入管理者注意力焦点，本章深化了高阶梯队理论，进一步拓展了高阶梯队理论分析战略决策的理论框架，完善了高阶梯队理论解释企业决策行为的逻辑，且对于中国企业的公司创业投资实践具有一定的指导意义。

第四章　CEO 自恋与公司创业投资：
　　　监管与反监管

第一节　理论分析与假设

一、CEO 自恋与公司创业投资

自学者们关注公司创业投资活动以来，已有大量的研究识别出在位企业实施公司创业投资活动的动因，包括宏观制度层次因素（Basu et al.，2011；Tong and Li，2011）、中观的行业和企业因素（Noyes et al.，2014；Sahaym et al.，2010；Tong and Li，2011）、微观的个体（Anokhin et al.，2016）和团队层次（Sahaym et al.，2016）因素。但相较于前两者，后者的研究相对较少。同时，有学者认为相较于其他因素，企业决策者对于企业战略行为的影响更为深远，高阶梯队理论学者就是这一观点的代表（Hambrick，2007）。因此，从高管/高管团队（企业决策者）角度解释在位企业公司创业投资活动成为未来研究的重要方向。

高阶梯队理论的基本逻辑是企业是高管及其团队特征映射（Hambrick，2007），基于这一观点有研究者提出从高管的特征解释企业战略、行为更具解释力。如 Engelen 等（2016）认为应从高管（如 CEO）心理特征角度解释包括公司创业投资在内的公司创业行为的动因。在高管诸多心理特征中，研究人员最为关注的是 CEO 的自恋心理（Buyl et al.，2019；Charles et al.，2018；Gerstner et al.，2013；Liu et al.，2019；Zhu and Chen，2015a），他们认为 CEO 普遍存在自恋心理（Chatterjee and Hambrick，2007）且其对 CEO 整体心理的刻画更为全面（Engelen et al.，2016）。近些年研究者开始逐渐认识到 CEO 自恋这一典型的高管心理特征，并检验了其对企业战略、行为及其结果的一系列影响（Buyl et al.，

2019；Gerstner et al.，2013；Wales et al.，2013；Zhu and Chen，2015a）。但在公司创业领域，相关的 CEO 自恋研究才刚刚起步，且不同研究结论之间存在冲突。如 Wales 等（2013）的研究指出，CEO 自恋与企业绩效之间存在正向关系，创业导向在其中起到了中介作用。Engelen 等（2016）的研究却证明了 CEO 自恋会对公司创业导向的积极作用产生负向影响。Navis 和 Ozbek（2016）的研究也得出类似观点。

尽管如此，学者们一致认为自恋的 CEO 倾向于高风险的公司战略、行为，且得到一系列研究的反复验证。如 Chatterjee 和 Hambrick（2007）证明了自恋 CEO 的高风险偏好与企业特定的风险战略决策（收购）之间具有正向关系。Gerstner 等（2013）的研究同样证明了喜爱高风险的自恋 CEO 往往更倾向于选择高风险的、能吸引外界目光的新技术战略。又如 Buyl 等（2019）的研究验证了美国商业银行 CEO 的自恋心理使得银行政策的风险承担扩大。因此，本章认为 CEO 自恋同样会促使在位企业实施高风险的公司创业投资活动。由于自恋心理分为认知和动机两个层面（Gerstner et al.，2013；Zhu and Chen，2015a），因此本章从这两个层面解释企业追求公司创业投资的原因。

在认知层面，相较于不自恋的 CEO，自恋的 CEO 认为自己在智商、技能、创新等方面要优于他人。这种优越感致使自恋的 CEO 对自己的判断和能力保持着高度的自信，进而导致企业决策向高风险、高收益的战略倾斜。这一结果的出现，主要有以下三点原因：第一，自恋 CEO 的高度自信会使其在决策时高估战略的潜在收益（Charles et al.，2018）而低估成本（Wales et al.，2013），因而其在决策时往往倾向于选择高收益的企业战略。第二，自恋 CEO 的高度自信会使其在决策时忽视或低估战略潜在的风险和不确定性，如战略失败的风险（Charles et al.，2018）、企业资源限制（Wales et al.，2013）、战略自身的模糊性和不确定性（Gerstner et al.，2013）等。第三，这种对自身优越感的高度自信也体现在 CEO 对自身决策的认知上。相较于其他 CEO，自恋 CEO 往往只依赖自身经验，固守自己的观点和决策，更不愿意听取公司内外其他人的观点与建议（Charles et al.，2018）。Zhu 和 Chen（2015a）的研究就指出自恋 CEO 会阻碍 CEO 从他人那里学习经验和获得信息，进而降低董事会对企业决策的影响。因而，在自恋 CEO 领导下的企业决策往往倾向于选择高风险、高收益的企业战略（如公司创业行为）。

在动机层面，相较于不自恋的 CEO，自恋的 CEO 对自身的优越感需要不断地获得肯定和认可，进而维持自身夸大的形象，即"自恋供给"（Gerstner et al.，2013；Liu et al.，2019）。这种自恋供给是源于 CEO 本人之外的其他人，同时关注的人越多、范围越广，CEO 所获得的自恋供给也就越大（Petrenko et al.，

2016）。Gerstner 等 （2013）的研究认为尽管 CEO 自恋的供给来源于其他人，但相较于公司内成员，自恋 CEO 更倾向于实施能吸引公司之外更为广泛的社会公众的关注。因而为了持续获得更为广泛的社会公众的关注、掌声和倾慕，自恋 CEO 往往会在企业边界之外创造并实施可以吸引他人注意的情境，而这些情境往往与大胆的、特殊的、具有挑战性的行为有关 （Chatterjee and Pollock，2017）。Antoinette 和 Harry（2013）就指出自恋 CEO 的战略决策是为了"维持积极的自我意识、进行自我保护以及维持自尊"。相较于其他战略，由于创业过程所固有的不确定性和挑战性，自恋者会将创业行为视为获得"自恋供给"的机会 （Liu et al.，2019；Wallace and Baumeister，2002）。Wales 等 （2013）就指出自恋者的特征会引导 CEO 向具有高风险、高收益并存的创业战略倾斜。因此，我们提出：

假设 1：CEO 自恋与公司创业投资存在正向关系。

二、监管的调节作用

尽管高阶梯队理论的基本逻辑是企业是高管（特别是 CEO）特征的映射，但实际上由于决策者的管理自主权不同，不同企业在战略和行为上存在差异（Finkelstein and Hambrick，1990）。以往的研究从高管个人特征、组织内部因素以及任务环境三个层次探索了影响 CEO 管理自主权的因素 （Wangrow et al.，2015），但与制度有关的因素却一直未受到学界足够的重视以至于该方向的研究落后于上述三个方向 （Antoinette and Harry，2013；Wangrow et al.，2015）。由于制度的执行（如监管）对企业的影响要远大于制度的设立等环节 （White et al.，2015），因此监管如何在影响 CEO 管理自主权的情况下导致企业行为和绩效变化成为未来的研究方向。进一步地，在 CEO 自恋研究中，有研究者认为企业监管是影响 CEO 管理自主权的重要因素，进而会影响 CEO 自恋倾向的释放 （Antoinette and Harry，2013）。如 Buyl 等 （2019）的研究就证明了企业内部监管会降低 CEO 的管理自主权进而负向调节其自恋心理与企业政策风险之间的正向关系。又如 Ingersoll 等 （2017）的研究证明了由于女性 CEO 所面临的企业监管更为严格，降低了其管理自主权，因而性别负向调节了 CEO 自恋与公司战略风险以及战略失误之间的正向关系。在已有的 CEO 自恋研究中，研究者仅聚焦在企业内部的监管（如独立董事）（Buyl et al.，2019），但 CEO 所面临的监管不仅来自企业内部还来自企业外部（如政府）（Blind，2012；Zhang et al.，2016），而后者对企业的影响甚至比前者更为深刻。因此，在前人研究的基础上，本章进一步将外部监管纳入企业监管范围，检验企业内部监管与外部的政府监管对 CEO 的管理自主权所产生的影响，进而讨论其对 CEO 自恋与公司创业投资间关系的影响。

1. 内部监管的调节作用

在公司治理的相关研究中，研究者认为有两条重要的机制可以有效引导 CEO 行为，一是激励（如期权激励），二是监管（Buyl et al.，2019）。尽管两者对 CEO 行为都会产生影响，但在某些情境下后者的作用要大于前者。这是因为根据期望理论，只有当激励要素与 CEO 所追求的目标相契合时，激励机制才有可能发挥最大作用（Hackman and Porter，1968）。在已有研究中，不同的研究者多次验证了企业内部监管会降低 CEO 的管理自主权，进而削弱 CEO 对企业战略决策的影响。如 Tang 等（2011）的研究证实了董事会的有效监管会降低 CEO 管理自主权进而削弱 CEO 追求异常战略的能力。又如 Zhu 和 Chen（2015a）的研究证明了缺乏有效监管的 CEO 权力会放大 CEO 自恋对 CEO 此前工作经验与当前企业战略之间积极关系的正向调节作用。在公司治理的多种企业内部监管实践中，股权集中度与独立董事是典型且最受学者关注的企业内部监管实践（Buyl et al.，2019；Haan and Vlahu，2016；Hambrick et al.，2015）。

股权集中度。大量研究验证了股东对企业战略与行为的影响，如企业战略的风险性（Essen et al.，2013）、企业社会责任（Simon，2019）、企业控制行为（Slovin and Sushka，1993）和企业创新（朱冰等，2018）等。股权集中度代表了股东对企业战略决策的监控水平。这是因为以投票权为代表的股权可以直接影响到企业的战略决策，其以赞成或反对的形式来通过或否决 CEO 的决策或建议。因此，企业的股权集中度越高，CEO 的管理自主权越小（Cerasi and Oliviero，2015），这会使得 CEO 的活动受到有效的控制，从而降低了 CEO 自恋对企业战略的影响。如 Buyl 等（2019）基于美国商业银行 92 位 CEO 2006～2014 年的数据，证明了企业控股股东的持股水平越高，CEO 的管理自主权越小，从而负向调节了 CEO 自恋与公司政策风险性之间的正向关系。

具体而言，第一，大股东的存在可以有效监督 CEO 的行为（Bennedsen and Wolfenzon，2000）并限制了 CEO 的决策空间（即管理自主权）（Edmans，2014）。如 Zhu 和 Chen（2015a）就指出当董事会无法有效监督 CEO 时，CEO 的权力会放大，从而其自恋心理得以充分释放，进而在企业产出中有更多 CEO 个人的"烙印"，并得到数据的支持。第二，大股东会出于对自身权力和利益的考量干预企业高管的行为，特别是高风险行为，这进一步降低了 CEO 的管理自主权（Boeker，1997；Wangrow et al.，2015）。大股东干预 CEO 行为的一个重要方向是降低企业的战略、行为的风险性，他们会通过限制 CEO 的管理自主权来规避企业战略的高风险，从而保护他们的投资。有研究者指出大股东可以降低 CEO 对企业所有者权益的侵害（朱冰等，2018）。第三，股东对 CEO 的有效监管还会降低公司战略决策的失误风险，提高决策质量（孙早、肖利平，2015）。这是因为股东也参与企业战略决策的制定和实施（朱冰等，2018）。处于股东有效监管下的 CEO，其管理自主权降低，在决策时不得不认真考虑股东的建立与提案。股东的监管越严格，其对企业决策的影响也就越大（朱德胜、周晓珮，2016）。所以，我们认为企业的股权集中度会通过影响 CEO 的管理自主权来影响 CEO 风险倾向的释放，进而影响到 CEO 自恋与公司创业投资之间的关系。

综上所述，我们认为，当企业股权集中度较高时，CEO 自恋与公司创业投资之间的正向关系会减弱，因此，我们提出：

假设 2：企业的股权集中度负向调节 CEO 自恋与公司创业投资之间的正向关系。

独立董事。在公司治理结构中，独立董事对 CEO 行为、决策的影响最为深远且最受研究人员关注（陆正飞、胡诗阳，2015）。已有研究证明了独立董事在参与企业决策、监管管理层行为等方面的重要作用（Brickley and Zimmerman，2010；Ingolf et al.，2010）。如 Zhu 和 Chen（2015a）的研究指出当独立董事支持 CEO 时，自恋 CEO 对高风险战略追求的欲望更为突出。又如赵子夜等（2018）的研究指出独立董事的存在可能会对 CEO 与企业创新之间的积极关系造成负面影响。尽管相关研究的结论不尽统一，但都揭示了董事特别是独立董事及其特征会对 CEO 的认知倾向与行为选择产生影响，进而对企业战略决策的选择和实施造成影响。

本章认为当企业独立董事有效发挥监管作用时，CEO 的管理自主权会被挤压，这导致了自恋 CEO 缺乏足够的权力来推动制定与实施其所倾向的高风险创业战略。独立董事的核心职能是监管（陆正飞、胡诗阳，2015）。为了有效实现对经营层（如 CEO）的监管，独立董事会通过直接和间接两种方式对企业决策的制定和实施产生影响。一方面，他们可以对 CEO 提案直接进行投票并发表独立看法（朱冰等，2018），更重要的是其自身所拥有的丰富知识和经验可以帮助企业决策者识别出潜在的风险和误区（Tang et al.，2011），进而缩小了在复杂、不确定情境下可供 CEO 选择的"选项"（即管理自主权）。Adams 和 Ferreira（2007）研究指出独立董事在企业中扮演着咨询专家的角色。例如，Buyl 等（2019）的研究证明了商业银行的独立董事对在金融危机前后自恋 CEO 所倾向战略的风险容忍程度是不同的，进而导致危机前后企业政策风险性的差异。另一方面，除了直接干预的方式外，独立董事还可能通过其他组织结构，如控股股东等，对企业的战略决策进行间接干预以更好地履行自身的职责。此时，企业战略决策者（CEO）不得不考虑独立董事的意见，进而缩小了 CEO 自由行动的范围（即管理自主权）。例如，朱冰等（2018）指出上市公司独立董事和大股东之间的交互关系会提高企业战略的创新性。此外，类似于大股东，作为中小股东权益的代表（陆正飞、胡诗阳，2015），独立董事同样倾向于选择风险较小的公司战略。如 Buyl 等（2019）指出作为企业内部监管的重要形式，独立董事会抑制 CEO 自恋所导致的企业战略的风险程度。

综上所述，我们认为，当企业独立董事的比例较高时，CEO 自恋与公司创业投资之间的正向关系会减弱，因此，我们提出：

假设 3：企业的独立董事负向调节 CEO 自恋与公司创业投资之间的正向关系。

2. 外部监管的调节作用

除了企业内部监管之外，企业外部制度执行（即监管），如政府监管，同样会影响到 CEO 的管理自主权，进而影响 CEO 自恋与公司创业投资间的关系。政治学与社会学认为制度会赋予或禁止企业实施某些行为的权力（Wangrow et al.，2015）。Crossland 和 Hambrick（2007，2011）的研究证明了制度环境是影响 CEO 管理自主权的第四类因素（Crossland and Hambrick，2011，2007）。现有研究聚焦于不同的制度环境要素，讨论其对 CEO 管理自主权的影响，进而对企业的影响。第一，制度的形成（或存在）会对 CEO 的管理自主权产生影响。Crossland 和 Hambrick（2011）的研究在将制度分为正式制度和非正式制度的基础上，指出非正式制度（如个人主义、文化松散度、权力距离、不确定性规避）会通过影响人们的思考和行为的方式直接或间接地对 CEO 管理自主权产生影响；而正式制度（如松散的所有权结构、法律、雇佣灵活性）会通过赋予不同群体（如 CEO 和董事）以不同的权力来改变他们之间的相对权力，进而影响 CEO 的管理自主权（Crossland and Hambrick，2011）。第二，制度的实施与执行（如政府监管）会影响 CEO 的管理自主权。Campbell（2007）指出政府监管的存在会改变企业的行为，如企业社会责任行为，而 Schneiberg 和 Bartley（2001）的研究也说明非政府组织或第三方机构会给企业施压，进而改变企业行为。

尽管已有大量研究注意到政府监管，但绝大多数研究并未详细界定政府监管的概念，同时不同研究者所关注的侧重点也并非一致，如监管不确定性（Hiatt et al.，2015）、监管政策（Zhang et al.，2016）等。本章基于 Blind（2012）的研究，认为政府监管是指政府及其机构影响市场或经济主体的规则。这种对市场的干预是合理的，其目的是实现最大化集体福利，包括实现一些社会分配目标。政府监管包括经济监管、社会监管和制度监管三种类型，其中经济监管（如价格监管、市场准入监管等）的目的是避免市场内部单一参与者的行为造成的市场失灵（如垄断）；社会监管（如环境保护监管、消费者权益监管等）的目标是减少或预防负的外部性；制度监管（如知识产权监管、生产责任监管等）则是提供一种更普适的框架，这一框架提供了市场活动的最低条件，如知识产权保护

（Blind，2012）。

学者们认为当企业面临来自政府的监管时，CEO 潜在可选行动方案的数量（即管理自主权）会减少（Pfeffer and Salancik，1978；Wang et al.，2019；Wangrow et al.，2015）。一方面，制度作为经济活动的"游戏规则"（North，1990），它规范了企业的行为，减少了可供企业选择战略的数量（即管理自主权）（Wang et al.，2019）。Estrin 等（2013）认为政府的监管框架会对公司决策产生影响，限制了公司的创业活动。另一方面，企业外部的政府监管与企业内部监管之间存在互补关系（Shleifer and Vishny，1997；郑志刚，2005），政府监管不仅能够降低 CEO 的管理自主权还有助于企业内部监管作用的充分实现。Kim 和 Prescott（2005）认为政府监管会对企业内部治理产生影响，在某些情境下促进企业内部结构功能的充分发挥。基于此，本章认为，正如企业内部监管实践一样，当企业外部的政府监管挤压了 CEO 的管理自主权时，CEO 由自恋心理而产生的风险倾向无法充分释放，因而其自恋对公司创业投资的影响会减少。

综上所述，我们认为，当企业面临政府监管时，CEO 自恋与公司创业投资之间的正相关关系会减弱。因此，我们提出：

假设 4：政府监管负向调节 CEO 自恋与公司创业投资之间的正向关系。

三、CEO "反监管" 策略的权变影响

正如前文所言，CEO 管理自主权是处于不断变化中的，尽管有学者已经注意到这一点并呼吁研究者进一步进行研究（Finkelstein and Peteraf，2007；Wangrow et al.，2015），但相关研究仍十分欠缺。有研究者指出，在面对自身权力（即管理自主权）受限时，CEO 为了最终实现自己的决策意愿，其会利用企业及自身相关要素来扩张自身管理自主权（Bromiley and Rau，2016），并呼吁未来研究的重点应该放在高管如何影响自身的管理自主权上（Wangrow et al.，2015）。由于高管（CEO）的两职合一（Bromiley and Rau，2016；Wang et al.，2019；Xie，2014）和政治联系（Hadani et al.，2016；White et al.，2018）分别能对企业内部权力结构与外部制度压力产生深刻影响，因而本章将其视为高管（CEO）可资利用的"反监管"策略并讨论两者对内外部监管调节效应的影响。

1. 两职合一的影响

两职合一指的是 CEO 同时兼任董事长（Boyd，1995），学者们认为其是影响 CEO 管理自主权的重要因素（Crossland and Hambrick，2007；Li and Tang，2010；Xie，2014）。在已有研究中，两职合一对企业产出影响的研究结论存在冲突。有研究指出两职合一会扩大 CEO 的管理自主权从而更方便 CEO 发挥出自己的领导才能（Finkelstein et al.，2009），而这是企业优异绩效所必要的，特别是在稳定

的任务环境下（Boyd，1995；Finkelstein and D'Aveni，1994）。但也有研究认为两职合一所带来的 CEO 管理自主权放大虽然可以保证 CEO 充分履行自身职责但也为 CEO 自利行为提供了便利进而侵害了公司利益（Mizruchi，1983）。

尽管如此，研究者们均认为 CEO 两职合一会扩大 CEO 的管理自主权（Dalton and Dalton，2011；Dalton et al.，2007；Wang et al.，2019），故本章认为 CEO 两职合一削弱了企业内部监管实践的作用，具体而言有以下四点：第一，董事长的职能是负责企业重大战略方向的制定与重大问题的决策（张建君、张闫龙，2016），因此作为大股东代表的董事长是能够左右 CEO 战略决策的重要力量。Kato 和 Long（2006）研究指出董事长的权力要大于 CEO，能够对 CEO 行为产生影响。因而，当 CEO 兼任董事长时，大股东和 CEO 之间的权力对比会产生变化，大股东的监管作用难以有效发挥（Adams et al.，2005；Wang et al.，2019），进而放大 CEO 的管理自主权。如 Kim 等（2009）基于 290 家美国财富 1000 强上市企业的数据证明了 CEO 两职合一会扩大其管理自主权进而提高企业多样化水平。又如 Peng 等（2010）基于 300 家中国上市公司 2004～2005 年的数据验证了 CEO 两职合一所带来的管理自主权扩大给 CEO 的自利行为提供了空间，从而负向调节了组织宽松度和公司绩效之间的关系。第二，从某种程度上，董事长是董事会的代言人，董事长的个人观点甚至可以代表董事会。因此，当企业决策受到董事长的支持时，董事会其他董事公开反对和质疑的声音将会减弱，这进一步降低了企业内部成员（独立董事和其他股东）监管作用的有效性。所以，当 CEO 兼任董事长时，其决策意愿往往会得以实现。如张建君和张闫龙（2016）指出企业高管团队一把手的权力越大，高管团队内部反对的声音就越小。又如 Hart（1995）研究指出当公司大股东和小股东的利益一致时，小股东往往不会对大股东的观点提出质疑或反对。第三，一般而言，企业经营层与董事会之间存在信息不对称，而当 CEO 兼任董事长时，这种信息不对称会进一步增大（Xie，2014）。为了能够最终实现自己的决策意愿，两职合一的 CEO 往往会有选择性地向董事会提供信息，这进一步阻碍了董事会监管作用的有效发挥，增加了 CEO 的管理自主权（Finkelstein and D'Aveni，1994；Kim et al.，2009；Li and Tang，2010）。第四，能兼任董事长的 CEO 往往在企业内部具有高度的权威、地位稳固、在企业任职多年等特点，这些特点也会帮助 CEO 在推行自己的决策意愿时减少质疑的声音，从而有效削弱企业股东和独立董事的监管作用，扩大 CEO 的管理自主权（Haleblian and Finkelstein，1993）。Hambrick 和 Finkelstein（1987）研究指出 CEO 的权力基础越坚实，其管理自主权就越大。

基于这些观点，本章认为 CEO 兼任董事长会阻碍企业内部监管实践（企业股权集中度与独立董事）作用的有效发挥，扩大 CEO 的管理自主权。换言之，当CEO兼任董事长时，内部监管对CEO自恋与公司创业投资关系的负向调节作用减弱，CEO自恋所导致的战略风险倾向得以充分发挥，增加了企业实施公司创业投资的概率。综上所述，我们提出：

假设5a：当两职合一存在时，股权集中度对CEO自恋与公司创业投资之间正向关系的负向调节作用会减弱。

假设5b：当两职合一存在时，独立董事对CEO自恋与公司创业投资之间正向关系的负向调节作用会减弱。

2. 政治联系的影响

如前文所言，政府监管会削弱CEO的管理自主权进而抑制CEO自恋倾向的释放。类似于CEO会利用两职合一来弱化企业内部监管实践对自身管理自主权的负向影响，CEO为了减弱政府监管对自身行动的影响同样会采取行动，这就是企业非市场战略（这里指的是政治联系）。企业非市场战略指的是企业为了积极影响公共政策环境并从中获利而采取的一系列措施（Baysinger，1984）。常见的企业非市场战略有建立政治联系（Hadani et al.，2016；White et al.，2018；White et al.，2015）、履行企业社会责任（Campbell，2007；Morsing and Roepstorff，2015）、参与行业协会（Zhang et al.，2016）等。

已有研究反复验证了企业非市场战略的成功实施会有效降低政府对企业监管的强度和可能性。White等（2014）认为由于企业的政治联系能够帮助企业获得来自政府的支持（包括增加东道主国对自身的信任，降低监管的可能性），外国独资企业的动态能力与其在东道主国实施政治联系战略之间存在正向关系，而其所感知的东道主国制度不确定正向调节这一关系。Kingsley等（2012）的研究指出企业所面临的监管不确定性是企业实施非市场战略的原因，在划分不同监管不确定性类型的基础上，他们认为企业应适时实施不同的非市场战略以最大可能降低政府对企业的监管。Malesky和Taussig（2017）的实证研究则证明了企业为了降低未来政府监管对企业可能造成的影响，会积极参与政府及其监管机构监管政策和程序的制定（Malesky and Taussig，2017）。类似的研究还有Hiatt等（2015），他们基于1982～2010年748家美国石油天然气企业的数据验证了在面对社会和政府对自身的监管时，企业往往会选择不同的非市场战略，而这些战略有效地降低了外界对企业的监管。

基于这些研究，本章认为作为非市场战略重要组成部分的企业政治联系（Hadani et al.，2016；White et al.，2018；White et al.，2015）同样会降低政府对企业监管的可能性和强度。正如前文所提，CEO的管理自主权会随着企业面临的监管压力的增强而减小。因此，企业的政治联系会增大CEO的管理自主权，进而有助于其因自恋而引发的风险倾向得以充分释放，最终使得企业的战略决策倾向于更具高风险、高收益的公司创业投资。综上所述，我们提出：

假设 6： 当企业具有政治联系时，政府监管对 CEO 自恋与公司创业投资之间正向关系的负向调节作用会减弱。

四、理论模型

基于以上分析，本章的理论模型如图 4-1 所示。

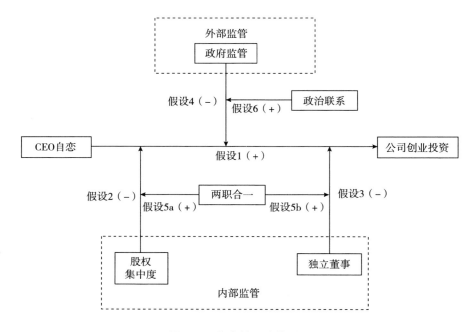

图 4-1 本章的理论模型图

资料来源：笔者绘制。

第 二 节　研 究 设 计

一、样本与数据

为控制行业差异对实证分析可能造成的影响，本章依据《证监会行业分类标准（2011 版）》选取 2011~2016 年沪深两市 A 股上市高科技民营企业，具体而言包括信息技术业、电子制造业和生物医药制造业三个行业。选择这三个行业的原因有四个方面：第一，以往研究表明以信息、电子和生物医药制造业为代表的高科技行业作为技术密集型行业在公司创业投资、联盟以及收购等公司创业行为方面尤为突出，因而更适用于开展创新创业的实证研究（Denise et al.，2010；Lin et al.，2009）。第二，在沪深上市的公司中，制造业企业数量众多且上市时间较长，因而相关数据更全面，更有利于开展研究（李健、陈传明，2013）。第三，以高新技术行业作为研究对象，研究结论有利于进一步推动这类企业发展，进而有助于推动中国经济转型、创新发展。第四，作为国家所有的企业相较民营企业在公司创业行为方面受到更多限制（Pahnke et al.，2015），因而本章将样本选择范围圈定在民营企业。

为保证实证分析的准确性，借鉴吴建祖和龚敏（2018）的研究方法，本章按如下步骤对所得样本数据进行了删选：首先，剔除 ST 和 *ST 企业；其次，剔除 2011~2016 年上市或退市的企业。最终本章的样本包括来自 29 个省份的 426 家上市民营企业。本章所涉及的数据包括制度层面、企业层面和 CEO 个体及高管团队层面数据。这其中制度层面的数据来源于《中国分省份市场化指数报告》，该报告根据市场、监管、法律制度等发达程度对中国各省制度发展水平进行排名（Zhou，2013）；企业层面和高管团队层面的数据主要来源于同花顺 iFinD 金融数据库、上交所和深交所网站及巨潮资讯网、CSMAR 数据库以及 CVSource 投中数据库；而 CEO 个体层面的数据则来源于各上市公司官网、同花顺 iFinD 金融数据库和 CSMAR 数据库。此外，根据以往的研究，为使实证分析更为稳健，本章对所有的连续变量在 1% 的水平下进行了缩尾处理（Barnett and Lewis，1994）。

二、变量测量

1. 因变量

公司创业投资（CVC）：借鉴 Boone 等（2019）和 Sahaym 等（2016）的研究，本章采用在位企业研究期间所投资的新创企业数量来衡量公司创业投资（Boone et al.，2019；Sahaym et al.，2016）。这样做的原因有两方面：一方面，本章探索的是 CEO 自恋心理对公司创业行为的影响，自恋 CEO 为了获得外界的关注而实施高风险、高收益的公司创业投资，其在外界曝光的次数越多所获得的关注（即自恋供给）也就越多（Wales et al.，2013）。因此，自恋 CEO 更关心的是其可以曝光的次数而非每次曝光的内容（Gerstner et al.，2013）。据此，本章认为相对于公司创业投资的金额，在位企业所进行公司创业投资的次数可以更为准确地刻画 CEO 自恋心理对企业战略、行为的影响。另一方面，就公司创业投资行为本身来看，其目的更多的是为了在位企业的战略目标（如获得新技术），因此在位企业关注的是投资关系的形成，投资金额更多的则是代表着这一投资关系形成的在位企业成本（Basu et al.，2011）。具体而言，本章首先根据企业年报中"重要事项"部分所披露的信息判断该企业在当年是否存在股权投资行为，进而在 CVSource 投中数据库中检索存在股权投资行为的公司在当年所进行公司创业投资行为的数量（罗吉、党兴华，2016）。其中公司年报来源于上交所、深交所以及巨潮资讯网，公司创业投资的数据来自 CVSource 投中数据库。

2. 自变量

CEO 自恋（CEO narc.）：尽管测量自恋人格的量表十分成熟（Emmons，1984；Raskin and Hall，1979），但很多学者认为直接测量误差过大不利于研究的开展而呼吁使用非介入式的测量方法（Antoinette and Harry，2013；Chatterjee and Hambrick，2007）。这已经成为学界的共识，在近 20 年的研究中，尚无研究使用量表测量 CEO 的自恋心理。使用二手数据测量 CEO 自恋心理的开创性工作是由 Chatterjee 和 Hambrick（2007）完成的，他们提出使用年报中 CEO 照片的显著性、公司新闻中 CEO 被提及次数的比例、采访中 CEO 所使用的第一人称单复数之比、CEO 与排名第二高管之间的薪酬之比四个指标来测量 CEO 自恋心理。此后，尽管不同的研究者又进一步地增减指标，如致股东信中第一人称的使用比例（Buyl et al.，2019；Engelen et al.，2016）、在致股东信中签名的数量（Buyl et al.，2019）、在传记中 CEO 名字的数量（Buyl et al.，2019）等，但均大致延续了这种测量方法（Gerstner et al.，2013；Zhu and Chen，2015a）。

因此，本章决定采用非介入式的间接测量。由于中西方差异，西方情境下多种 CEO 自恋的测量方法并不适用于中国（如年报中 CEO 照片的显著性、致股东信中 CEO 签名的数量等）。因此本章结合 Chatterjee 和 Hambrick（2007）、Antoinette 和 Harry（2013）以及 Engelen 等（2016）的研究，使用 CEO 薪酬占高管前三名薪酬总额的百分比、CEO 正式头衔的数量以及 CEO 名字在当年企业新闻中提到的次数占当年企业新闻总数的百分比来测量 CEO 自恋。通过将三个指标标准化，并求其加权平均数，来衡量 CEO 的自恋指数。有关 CEO 与其他高管的薪酬以及 CEO 正式头衔数量的数据则来自 CSMAR 数据库和同花顺 iFinD 金融数据库，企业新闻相关数据则是在各上市公司官网手工摘录所得。

3. 调节变量

股权集中度（Own-Concentration）：有关股权集中度的比例，本章借鉴孙兆斌（2006）的研究，用前十大股东的总持股比例来衡量股权集中度。有关企业股东持股比例的数据来自同花顺 iFinD 金融数据库。

独立董事（Indep-director）：关于独立董事的测量，类似的研究有两种测量方法：一是将其作为一个虚拟变量来测量（Buyl et al.，2019）；二是用独立董事占董事总人数的比值来测量（Grove et al.，2011）。由于我国公司法规定上市企业独立董事人数不能少于董事总人数的 1/3，所以本章用企业独立董事占董事总人数的比值来衡量独立董事。有关企业董事的数据来自 CSMAR 数据库。

政府监管（Gover-regulation）：有关政府监管，不同研究所采用的方法并不一致。如 Werner（2017）的研究将政府监管设置为虚拟变量，认为飞机制造业、电信业、银行业和保险业等存在政府监管，其余行业则不存在政府监管。在中国情境下，绝大多数研究均用樊纲等人历年编著的中国各地区（包括 31 个省、自治区、直辖市）市场化指数体系中的一个或数个指标来测量政府监管强度（Zhang，2018；张霖琳等，2015）。本章借鉴郑国坚等（2013）与张霖琳等（2015）的研究，具体而言，"中介组织发育程度和法律制度环境"是由市场中介组织的发育、对生产者合法权益的保护、知识产权保护以及消费者权益保护四个三级指标构成。有关市场化指数的数据来自历年樊纲等人编著的《中国市场化指数各地区市场化相对进程》。

两职合一（CEO duality）：借鉴 Coles 等（2001）与 Wang 等（2019）的研究，本章用 0-1 变量来表示 CEO 两职合一情况（1 为 CEO 同时兼任董事长，0 为否）。有关 CEO 两职合一的数据来自 CSMAR 数据库。

政治联系（Political ties）：政治联系反映了企业家与各级政府和政府官员建立联系的能力（Ge et al.，2017；Zhou，2013）。借鉴 Ge 等（2017）的研究，本章用 0-1 变量来表示 CEO 政治联系（1 为 CEO 具有政治联系，0 为否）。具体而言，当公司高管为在职的两会代表或党政部门官员时，则认为 CEO 具有政治联系；反之则反是。有关政治联系的数据来自 CSMAR 数据库。

4. 控制变量

为了剔除其他潜在变量对于实证分析的影响，本章进一步选择控制了一系列个人、团队和企业层次的变量。

在个体层次，Chen 等（2013）的研究证明了个体的教育水平会通过影响创业意识而影响到创业行为。借鉴 Xie（2014）的研究，用 1、2、3、4、5 分别编码中专及中专以下、大专、本科、硕士、博士来衡量 CEO 的学历（Edu）（Xie，2014）。Chen 和 Nadkarni（2017）的研究验证了 CEO 的年龄（His）对公司创业行为的影响，因而将其作为控制变量。Bradley 等（2019）的研究验证了高管团队的规模（Tmt-size）对企业创业行为的影响。所以控制团队层次的变量。借鉴该研究的做法，本章用高管团队总人数来衡量高管团队规模。在企业层次，相关研究证实了影响公司冒险的多个因素，如企业年龄（Buyl et al.，2019；Zhu and Chen，2015b）、投资收益率（Núñez-Pomar et al.，2016）、资产负债率（Zhu and Chen，2015b）、财务宽松度（Bradley et al.，2011）和研发强度（Titus et al.，2017），因而本章将其选为控制变量并借鉴了这些研究的测量方法。其中，企业年龄（Age）用当前年份减去企业成立年份；研发强度（R&D）用研发投入与企业净资产的比值测量；财务宽松度（Slack）用当期流动资产和流动负债之间的差额测量；而资产负债率（DAR）和投资收益率（ROI）则直接引用企业披露的数据。以上有关个人、团队和企业层次的控制变量数据均来自 CSMAR 数据库。

表 4-1 对本章所涉及的所有变量名称及测量方法进行了汇总。

表 4-1　本章的变量名称与测量方法

变量类型	变量名称	变量符号	测量方法
因变量	公司创业投资	CVC	投资新创企业的数量
自变量	CEO 自恋	CEO narc.	CEO 薪酬占高管前三名薪酬总额百分比、出现 CEO 名字新闻数量与当年企业新闻总数百分比、CEO 正式头衔数量标准化的加权平均数
调节变量	股权集中度	Own-Concentration	前十大股东的总持股比例
调节变量	独立董事	Indep-director	独立董事占董事总人数的比例
调节变量	政府监管	Gover-regulation	市场化指数体系中的二级指标"中介组织发育程度和法律制度环境"
调节变量	两职合一	CEO duality	若 CEO 同时兼任董事长，则赋值为 1；反之则为 0
调节变量	政治联系	Political ties	若 CEO 为在职的两会代表或党政部门官员，则赋值为 1；反之则为 0
控制变量	CEO 学历	Edu	用 1、2、3、4、5 分别编码中专及以下、大专、本科、硕士、博士
控制变量	CEO 年龄	His	当前年份减去 CEO 出生年份
控制变量	高管团队规模	Tmt-size	高管团队的成员数量
控制变量	企业年龄	Age	当前年份减去企业成立年份
控制变量	财务宽松度	Slack	当期流动资产和流动负债之间的差额
控制变量	投资收益率	ROI	当年税后净利润与资产总额的比值
控制变量	资产负债率	DAR	当年负债总额与资产总额的比值
控制变量	研发强度	R&D	研发投入与企业净资产的比值

资料来源：笔者绘制。

三、计量模型设定

1. 主效应模型

（1）模型 1。模型 1 检验的是因变量公司创业投资（CVC）与控制变量之间的关系。其中，CVC 为因变量，Controls$_i$ 代表包括企业层次、高管团队层次和 CEO 个体层次的各控制变量，β_0 为截距项，β_1 为回归系数，ε 为随机干扰项。具体模型方程如式（4-1）所示：

$$CVC=\beta_0+\beta_1 Controls_i+\varepsilon \qquad (4-1)$$

（2）模型 2。模型 2 检验的是假设 1 因变量公司创业投资（CVC）和自变量 CEO 自恋（CEO narc.）之间是否存在正向关系。其中，CVC 为因变量，CEO narc. 为自变量，Controls$_i$ 代表包括企业层次、高管团队层次和 CEO 个体层次的各控制变量，β_0 为截距项，β_1、β_2 为回归系数，ε 为随机干扰项。若回归系数 β_2 大于 0 且通过显著性检验则表明假设 1 成立。具体模型方程如式（4-2）所示：

$$CVC=\beta_0+\beta_1 Controls_i+\beta_2 CEO\ narc.+\varepsilon \qquad (4-2)$$

2. 调节效应模型

（1）模型 3。模型 3 检验的是假设 2 调节变量股权集中度（Own-Concentration）对因变量公司创业投资（CVC）与自变量 CEO 自恋（CEO narc.）之间正向关系是否存在负向调节效应。其中，CVC 为因变量，CEO narc. ×OC 是自变量 CEO 自恋与调节变量股权集中度的乘积项，CEO narc. 为自变量，Controls$_i$ 代表包括企业层次、高管团队层次和 CEO 个体层次的各控制变量，β_0 为截距项，β_1、β_2、β_3 为回归系数，ε 为随机干扰项。若回归系数 β_2 大于 0 且通过显著性检验则表明假设 2 成立。具体模型方程如式（4-3）所示：

$$CVC=\beta_0+\beta_1 Controls_i+\beta_2 CEO\ narc.×OC+\beta_3 CEO\ narc.+\varepsilon \qquad (4-3)$$

（2）模型 4。模型 4 检验的是假设 3 调节变量独立董事（Indep-director）对因变量公司创业投资（CVC）与自变量 CEO 自恋（CEO narc.）之间正向关系是否存在负向调节效应。其中，CVC 为因变量，CEO narc. ×ID 是自变量 CEO 自恋与调节变量独立董事的乘积项，CEO narc. 为自变量，Controls$_i$ 代表包括企业层次、高管团队层次和 CEO 个体层次的各控制变量，β_0 为截距项，β_1、β_2、β_3 为回归系数，ε 为随机干扰项。若回归系数 β_2 大于 0 且通过显著性检验则表明假设 3 成立。具体模型方程如式（4-4）所示：

$$CVC=\beta_0+\beta_1 Controls_i+\beta_2 CEO\ narc.×ID+\beta_3 CEO\ narc.+\varepsilon \qquad (4-4)$$

（3）模型 5。模型 5 检验的是假设 4 调节变量政府监管（Gover-regulation）对因变量公司创业投资（CVC）与自变量 CEO 自恋（CEO narc.）之间正向关系是否存在负向调节效应。其中，CVC 为因变量，CEO narc. ×GR 为自变量 CEO 自恋与调节变量政府监管的乘积项，CEO narc. 为自变量，Controls$_i$ 代表包括企业层次、高管团队层次和 CEO 个体层次的各控制变量，β_0 为截距项，β_1、β_2、β_3 为回归系数，ε 为随机干扰项。若回归系数 β_2 大于 0 且通过显著性检验则表明假设 4 成立。具体模型方程如式（4-5）所示：

$$CVC=\beta_0+\beta_1 Controls_i+\beta_2 CEO\ narc.\times GR+\beta_3 CEO\ narc.+\varepsilon \qquad (4-5)$$

（4）模型 6。模型 6 检验的是假设 5a 调节变量两职合一（CEO duality）是否会负向调节股权集中度（Own-Concentration）对因变量公司创业投资（CVC）与自变量 CEO 自恋（CEO narc.）之间正向关系的负向调节效应。其中，CVC 为因变量，CEO narc.×OC×CEO duality 为自变量 CEO 自恋与一阶调节变量股权集中度以及二阶调节变量两职合一的乘积项，CEO narc.×OC 是自变量 CEO 自恋与一阶调节变量股权集中度的乘积项，CEOnarc.×CEO duality 是自变量 CEO 自恋与二阶调节变量两职合一的乘积项，OC×CEO duality 是一阶调节变量股权集中度与二阶调节变量两职合一的乘积项，CEO narc. 为自变量，CEO duality 为二阶调节变量，$Controls_i$ 代表包括企业层次、高管团队层次和 CEO 个体层次的各控制变量，β_0 为截距项，β_1、β_2、β_3、β_4、β_5、β_6、β_7 为回归系数，ε 为随机干扰项。若回归系数 β_2 大于 0 且通过显著性检验则表明假设 5a 成立。具体模型方程如式（4-6）所示：

$$CVC=\beta_0+\beta_1 Controls_i+\beta_2 CEO\ narc.\times OC\times CEO\ duality+\beta_3 CEO\ narc.\times OC+$$
$$\beta_4 CEO\ narc.\times CEO\ duality+\beta_5 OC\times CEO\ duality+\beta_6 CEO\ narc.+\beta_7 CEO\ duality+\varepsilon$$

$$(4-6)$$

（5）模型 7。模型 7 检验的是假设 5b 调节变量两职合一（CEO duality）是否会负向调节独立董事（Indep-director）对因变量公司创业投资（CVC）与自变量 CEO 自恋（CEO narc.）之间正向关系的负向调节效应。其中，CVC 为因变量，CEO narc.×ID×CEO duality 为自变量 CEO 自恋与一阶调节变量独立董事以及二阶调节变量两职合一的乘积项，CEO narc.×ID 是自变量 CEO 自恋与一阶调节变量独立董事的乘积项，CEO narc.×CEO duality 是自变量 CEO 自恋与二阶调节变量两职合一的乘积项，ID×CEO duality 是一阶调节变量独立董事与二阶调节变量两职合一的乘积项，CEO narc. 为自变量，CEO duality 为二阶调节变量，$Controls_i$ 代表包括企业层次、高管团队层次和 CEO 个体层次的各控制变量，β_0 为截距项，β_1、β_2、β_3、β_4、β_5、β_6、β_7 为回归系数，ε 为随机干扰项。若回归系数 β_2 大于 0 且通过显著性检验则表明假设 5b 成立。具体模型方程如式（4-7）所示：

$$CVC=\beta_0+\beta_1 Controls_i+\beta_2 CEO\ narc.\times ID\times CEO\ duality+\beta_3 CEO\ narc.\times ID+\beta_4 CEO$$
$$narc.\times CEO\ duality+\beta_5 ID\times CEO\ duality+\beta_6 CEO\ narc.+\beta_7 CEO\ duality+\varepsilon \qquad (4-7)$$

（6）模型 8。模型 8 检验的是假设 6 调节变量政治联系（Political ties）是否会负向调节政府监管（Gover-regulation）对因变量公司创业投资（CVC）与自变量 CEO 自恋（CEO narc.）之间正向关系的负向调节效应。其中，CVC 为因变量，CEO narc.×GR×Political ties 为自变量 CEO 自恋与一阶调节变量政府监管以及二阶调节变量政治联系的乘积项，CEO narc.×GR 是自变量 CEO 自恋与一阶调节变量政府监管的乘积项，CEO narc.×Political ties 是自变量 CEO 自恋与二阶调节变量政治联系的乘积项，GR×Political ties 是一阶调节变量政府监管与二阶调节变量政治联系的乘积项，CEO narc. 为自变量，Political ties 为二阶调节变量，Controls$_i$ 代表包括企业层次、高管团队层次和 CEO 个体层次的各控制变量，β_0 为截距项，β_1、β_2、β_3、β_4、β_5、β_6、β_7 为回归系数，ε 为随机干扰项。若回归系数 β_2 大于 0 且通过显著性检验则表明假设 6 成立。具体模型方程如式（4-8）所示：

$$CVC = \beta_0 + \beta_1 Controls_i + \beta_2\ CEO\ narc. \times GR \times Political\ ties + \beta_3 CEO\ narc. \times GR +$$
$$\beta_4 CEO\ narc. \times Political\ ties + \beta_5 GR \times Political\ ties + \beta_6 CEO\ narc. + \beta_7 Political\ ties + \varepsilon$$

$$(4-8)$$

表 4-2 列出了本章所有设定的计量模型。

表 4-2　本章的计量模型汇总

模型	方程
模型 1	$CVC = \beta_0 + \beta_1\ Controls_i + \varepsilon$
模型 2	$CVC = \beta_0 + \beta_1\ Controls_i + \beta_2\ CEO\ narc. + \varepsilon$
模型 3	$CVC = \beta_0 + \beta_1 Controls_i + \beta_2\ CEO\ narc. \times OC + \beta_3 CEO\ narc. + \varepsilon$
模型 4	$CVC = \beta_0 + \beta_1 Controls_i + \beta_2\ CEO\ narc. \times ID + \beta_3 CEO\ narc. + \varepsilon$
模型 5	$CVC = \beta_0 + \beta_1 Controls_i + \beta_2\ CEO\ narc. \times GR + \beta_3 CEO\ narc. + \varepsilon$
模型 6	$CVC = \beta_0 + \beta_1 Controls_i + \beta_2\ CEO\ narc. \times OC \times CEO\ duality + \beta_3 CEO\ narc. \times OC + \beta_4 CEO\ narc. \times CEO\ duality + \beta_5 OC \times CEO\ duality + \beta_6 CEO\ narc. + \beta_7 CEO\ duality + \varepsilon$
模型 7	$CVC = \beta_0 + \beta_1 Controls_i + \beta_2\ CEO\ narc. \times ID \times CEO\ duality + \beta_3 CEO\ narc. \times ID + \beta_4 CEO\ narc. \times CEO\ duality + \beta_5 ID \times CEO\ duality + \beta_6 CEO\ narc. + \beta_7 CEO\ duality + \varepsilon$
模型 8	$CVC = \beta_0 + \beta_1 Controls_i + \beta_2\ CEO\ narc. \times GR \times Political\ ties + \beta_3 CEO\ narc. \times GR + \beta_4 CEO\ narc. \times Political\ ties + \beta_5 GR \times Political\ ties + \beta_6 CEO\ narc. + \beta_7 Political\ ties + \varepsilon$

资料来源：笔者绘制。

四、数据分析方法

由于本章的因变量公司创业投资的测量采用的是计数方法，因此普通的最小二乘法回归并不适用于本章研究（Sahaym et al., 2016）。这是因为使用最小二乘法的前提是数据满足"同方差性和标准残差"条件，但当因变量为非负整数时这一条件不存在（Hausman et al., 1984）。为解决这一问题，目前研究者常用的方法是使用负二项回归（Negative Binomial Regression）或泊松回归（Poisson Regression）这类非线性回归方法（Ahuja, 2000; Sahaym et al., 2016）。进一步地，由于本章的因变量公司创业投资的方差大于均值表明数据存在过度离散的特征，因此并不满足泊松回归"方差等于期望"这一前提条件（Cameron and Trivedi, 2009; Sahaym et al., 2016）。因此，本章采用的回归方法是负二项回归。

第三节 实证检验

为了检验上文所提出的理论假设，本节进行了实证分析。具体而言，包括对本章所涉及变量的描述性统计分析、相关性分析、CEO 自恋与公司创业投资关系的回归分析以及在不同监管环境下（包括一阶企业内部监管实践、外部政府监管实践和二阶两职合一和政治联系）CEO 自恋与公司创业投资关系的回归分析。进一步地，本章还对上述的实证回归结果进行了稳健性检验。本章所有分析均基于 STATA 14.0。

一、描述性统计分析

本章的数据包括来自 29 个省份的 426 家企业 2011～2016 年共 2556 条观测值。表 4-3 列出了本章所涉及的因变量、自变量、调节变量以及所有控制变量（包括 CEO 层次、高管团队层次和企业层次）的均值、标准差和最值。

表 4-3 描述性统计

变量	样本量	均值	标准差	最小值	最大值
CVC	2556	1.243	1.836	0	16
CEO narc.	2556	0.235	0.624	-1.236	1.955
Own-Concentration	2556	0.563	0.151	0.049	1
Indep-director	2556	0.377	0.054	0.333	0.515
Gover-regulation	2556	9.975	4.777	1.920	18.918

续表

变量	样本量	均值	标准差	最小值	最大值
CEO duality	2556	0.154	0.361	0	1
Political ties	2556	0.081	0.273	0	1
Edu	2556	3.551	0.856	1	5
His	2556	48.981	6.061	32	66
Tmt-size	2556	6.499	2.375	2	17
Age	2556	23.432	5.351	14	40
ROI	2556	0.071	0.083	-0.316	0.432
R&D	2556	0.071	0.071	0	0.467
DAR	2556	0.340	0.281	0.008	0.998
Slack	2556	2.901	1.941	0.118	9.956

资料来源：笔者绘制。

其中，公司创业投资（CVC）的均值为 1.234，标准差为 1.836，最小值为 0，最大值为 16。这说明本章所涉及的公司在公司创业投资方面较为活跃，但不同公司之间的创业投资活动差异较大。

CEO 自恋（CEO narc.）的均值为 0.235，标准差为 0.624，最小值为 -1.236，最大值为 1.955。这说明本章所涉及的公司 CEO 在自恋心理方面差异较大，但总体上自恋程度相对较低。

此外，股权集中度（Own-Concentration）的均值为 0.563，标准差为 0.151，最小值为 0.049，最大值为 1。独立董事（Indep-director）的均值为 0.377，标准差为 0.054，最小值为 0.333，最大值为 0.515。政府监管（Gover-regulation）的均值为 9.975，标准差为 4.777，最小值为 1.920，最大值为 18.918。两职合一（CEO duality）和政治联系（Political ties）均为 0-1 变量，其中两职合一的均值为 0.154，标准差为 0.361，最小值为 0，最大值为 1；而政治联系的均值为 0.081，标准差为 0.273，最小值为 0，最大值为 1。CEO 学历（Edu）的均值为 3.551，标准差为 0.856，最小值为 1，最大值为 5。CEO 年龄（His）的均值为 48.981，标准差为 6.061，最小值为 32，最大值为 66。高管团队规模（Tmt-size）的均值为 6.499，标准差为 2.375，最小值为 2，最大值为 17。企业年龄（Age）的均值为 23.432，标准差为 5.351，最小值为 14，最大值为 40。投资收益率（ROI）的均值为 0.071，标准差为 0.083，最小值为 -0.316，最大值为 0.432。研发强度（R&D）的均值为 0.071，标准差为 0.071，最小值为 0，最大值为 0.467。资产负债率（DAR）的均值为 0.340，标准差为 0.281，最小值为 0.008，最大值为 0.998。财务宽松度（Slack）的均值为 2.901，标准差为 1.941，最小值为 0.118，最大值为 9.956。

二、相关性分析

表 4-4 列出了本章所涉及变量之间的相关性。

首先，因变量公司创业投资（CVC）和自变量 CEO 自恋（CEO narc.）之间的相关系数为 0.047，且在 5% 的水平上显著，这初步证明了假设 1 所提出的 CEO 自恋与公司创业投资间存在正向关系。在调节变量方面，股权集中度（Own-Concentration）和政治联系（Political ties）与公司创业投资（CVC）之间的相关系数分别为 -0.045 和 0.047，且均在 5% 的水平上显著，这与假设 2 和假设 6 所预测的方向是一致的，进而初步验证了这两条假设。政府监管（Gover-regulation）与公司创业投资（CVC）之间的相关系数 0.125 尽管在 1% 的水平上显著，但其与假设 4 所预测的方向并不一致。而两职合一（CEO duality）和公司创业投资（CVC）的相关系数为 0.012，这尽管与假设 5a、假设 5b 的方向一致，但并不显著。此外，独立董事（Indep-director）和公司创业投资（CVC）之间的相关系数 0.031 与假设 3 所预测的方向不一致且不显著。上述分析说明，假设 3、假设 4 和假设 5a、假设 5b 有待进一步的验证。

其次，本章还选择控制了 CEO 个人、高管团队和企业三个层次的变量。其中，CEO 学历（Edu）、投资收益率（ROI）、研发强度（R&D）和资产负债率（DAR）与公司创业投资（CVC）的相关系数分别为 0.018、0.030、0.023 以及 -0.010，且均未达到显著性水平。此外，在 CEO 个体层次，CEO 年龄（His）与公司创业投资（CVC）之间的相关系数为 0.040，且在 5% 的水平上显著；在高管团队层次，高管团队规模（Tmt-size）与公司创业投资（CVC）的相关系数为 0.033，且在 10% 的水平上显著；在企业层次，财务宽松度（Slack）、企业年龄（Age）和公司创业投资（CVC）的相关系数分别为 -0.148 和 0.064，且两者均在 1% 的水平上显著。上述分析说明，总体上本章所选择的控制变量较为合理。

最后，本章涉及的所有变量之间，股权集中度（Own-Concentration）和企业年龄（Age）之间的相关系数最大，为 -0.267，且在 1% 的水平上显著；CEO 自恋（CEO narc.）与高管团队规模（Tmt-size）之间的相关系数最小，为 -0.000，但并不显著。这说明本章出现多重共线性的可能性较小。

表 4-4　相关系数表

	1	2	3	4	5	6	7	8	9	10	11	12	13	14	15
Edu	1.000	—	—	—	—	—	—	—	—	—	—	—	—	—	—
His	0.017	1.000	—	—	—	—	—	—	—	—	—	—	—	—	—
Tmt-size	0.043**	-0.029	1.000	—	—	—	—	—	—	—	—	—	—	—	—
Age	0.059***	0.041**	-0.036*	1.000	—	—	—	—	—	—	—	—	—	—	—
ROI	-0.011	0.052***	-0.007	-0.072***	1.000	—	—	—	—	—	—	—	—	—	—
R&D	-0.047**	0.003	0.011	0.050**	0.030	1.000	—	—	—	—	—	—	—	—	—
DAR	0.020	0.038*	-0.032	0.018	0.012	-0.210***	1.000	—	—	—	—	—	—	—	—
Slack	-0.022	-0.031	-0.025	-0.158***	0.200***	-0.021	0.017	1.000	—	—	—	—	—	—	—
CEO narc.	-0.011	0.015	-0.000	0.001	-0.031	0.017	0.025	-0.054***	1.000	—	—	—	—	—	—
CVC	0.018	0.040**	0.033*	0.064***	0.030	0.023	-0.010	-0.148***	0.047**	1.000	—	—	—	—	—
Own-Concentration	-0.016	-0.059***	0.064***	-0.267***	0.227***	-0.013	-0.023	0.244***	-0.005	-0.045**	1.000	—	—	—	—
Indep-director	0.016	0.029	0.018	0.040**	0.009	-0.040**	0.001	-0.026	0.009	0.031	-0.007	1.000	—	—	—
Gover-regulation	-0.011	0.024	0.001	0.078***	-0.041**	0.027	0.038*	-0.008	-0.028	0.125***	-0.054***	0.039**	1.000	—	—
CEO duality	0.057***	0.070***	0.021	-0.003	0.023	-0.044**	0.046**	0.005	-0.022	0.012	0.050**	0.174***	-0.038*	1.000	—
Political ties	0.049**	0.053**	0.043**	0.063***	-0.008	0.073***	-0.031	0.016	0.032	0.047**	-0.030	-0.040**	-0.032	0.128***	1.000

注：* 表示 p<0.1，** 表示 p<0.05，*** 表示 p<0.01。

三、回归分析

本部分对上文提出的每条假设进行模型选择和模型回归。由于本章的数据属于"大 N 小 T 型"短面板数据，因此在做具体回归检验前，需要先对每个假设的计量模型进行选择。具体而言，首先依据 Wald 检验在固定效应模型和混合 OLS 模型中进行选择；其次依据 B-P 检验在随机效应模型和混合 OLS 模型中进行选择；最后依据 Hausman 检验在固定效应模型和随机效应模型中选择。

1. CEO 自恋与公司创业投资的回归分析

在检验主效应前，先对所有控制变量和因变量公司创业投资之间的关系进行分析（即模型 1）。表 4-5 列出的是 Wald 检验、B-P 检验和 Hausman 检验的结果。由于 Wald 检验结果为 329.00，p 值为 0.000，拒绝了原假设，因此在固定效应模型和混合 OLS 模型中选择固定效应模型。由于 B-P 检验结果为 330.76，p 值为 0.000，拒绝了原假设，因此在随机效应模型和混合 OLS 模型中选择随机效应模型。由于 Hausman 检验结果为 20.33，p 值为 0.009，拒绝了原假设，因此在固定效应模型和随机效应模型中选择固定效应模型。综上可知，模型 1 选择固定效应模型。

表 4-5　模型 1 的模型估计检验结果

检验方法	统计量	p 值
Wald 检验	329.00	0.000
B-P 检验	330.76	0.000
Hausman 检验	20.33	0.009

资料来源：笔者绘制。

表 4-6 列出的是模型 1 固定效应模型的回归结果。据此可知，在所有的控制变量中，企业年龄与公司创业投资显著正相关（b = 0.206，p<0.01），而财务宽松度与公司创业投资显著负相关（b = -0.107，p<0.01）。

表 4-6　控制变量与公司创业投资的负二项回归结果

变量	模型 1
控制变量	
Edu	-0.003 (0.916)

续表

变量	模型 1
His	0.004
	（0.361）
Tmt-size	0.012
	（0.307）
Age	0.206***
	（0.000）
ROI	0.346
	（0.376）
R&D	−0.140
	（0.838）
DAR	0.344
	（0.187）
Slack	−0.107***
	（0.000）
常数项	
Cons	−3.354***
	（0.000）
Log likelihood	−2338.678
N	2556

注：＊表示 p<0.1，＊＊表示 p<0.05，＊＊＊表示 p<0.01。

表 4-7 列出的是主效应模型 2 的 Wald 检验、B-P 检验和 Hausman 检验结果。由于 Wald 检验结果为 336.56，p 值为 0.000，拒绝了原假设，因此在固定效应模型和混合 OLS 模型中选择固定效应模型。由于 B-P 检验结果为 334.18，p 值为 0.000，拒绝了原假设，因此在随机效应模型和混合 OLS 模型中选择随机效应模型。由于 Hausman 检验结果为 509.10，p 值为 0.000，拒绝了原假设，因此在固定效应模型和随机效应模型中选择固定效应模型。综上可知，模型 2 选择固定效应模型。

表 4-7　模型 2 的模型估计检验结果

检验方法	统计量	p 值
Wald 检验	336.56	0.000
B-P 检验	334.18	0.000
Hausman 检验	509.10	0.000

资料来源：笔者绘制。

作为检验主效应 CEO 自恋与公司创业投资关系的模型 2，其在模型 1 的基础上增加了自变量 CEO 自恋，表 4-8 列出了回归结果。据此可知，CEO 自恋与公司创业投资具有显著正相关关系（b=0.069，p<0.1），因此假设 1 得到支持。

表 4-8　CEO 自恋与公司创业投资主效应的负二项回归结果

变量	模型 2
控制变量	
Edu	-0.003
	(0.910)
His	0.004
	(0.402)
Tmt-size	0.014
	(0.236)
Age	0.206***
	(0.000)
ROI	0.363
	(0.353)
R&D	-0.178
	(0.795)
DAR	0.365
	(0.162)
Slack	-0.106***
	(0.000)
自变量	
CEO narc.	0.069*
	(0.051)
常数项	
Cons	-3.358***
	(0.000)
Log likelihood	-2336.782
N	2556

注：*表示 p<0.1，**表示 p<0.05，***表示 p<0.01。

2. 股权集中度一阶调节效应的回归分析

表 4-9 列出的是股权集中度调节效应模型 3 的 Wald 检验、B-P 检验和 Hausman 检验结果。由于 Wald 检验结果为 347.69，p 值为 0.000，拒绝了原假

设，因此在固定效应模型和混合 OLS 模型中选择固定效应模型。由于 B-P 检验结果为 323.52，p 值为 0.000，拒绝了原假设，因此在随机效应模型和混合 OLS 模型中选择随机效应模型。由于 Hausman 检验结果为 200.69，p 值为 0.000，拒绝了原假设，因此在固定效应模型和随机效应模型中选择固定效应模型。综上可知，模型 3 选择固定效应模型。

表 4-9　模型 3 的模型估计检验结果

检验方法	统计量	p 值
Wald 检验	347.69	0.000
B-P 检验	323.52	0.000
Hausman 检验	200.69	0.000

资料来源：笔者绘制。

作为检验股权集中度对主效应调节作用的模型 3，其在模型 1 的基础上增加了自变量 CEO 自恋和调节变量股权集中度，表 4-10 列出了回归结果。据此可知，股权集中度显著负向调节了 CEO 自恋与公司创业投资间的正向关系（b = -0.118，p<0.01），因此假设 2 得到支持。

表 4-10　股权集中度调节效应的负二项回归结果

变量	模型 3
控制变量	
Edu	0.004 (0.899)
His	0.005 (0.333)
Tmt-size	0.012 (0.310)
Age	1.261*** (0.000)
ROI	0.066 (0.868)
R&D	-0.107 (0.876)
DAR	0.451* (0.093)

续表

变量	模型 3
Slack	−0.000
	(0.638)
自变量	
CEO narc.	0.035
	(0.343)
调节变量	
Own−Concentration （OC）	1.033 ***
	(0.002)
交互项	
CEO narc. ×OC	−0.118 ***
	(0.000)
常数项	
Cons	0.979 **
	(0.014)
Log likelihood	−2326.495
N	2556

注：* 表示 p<0.1，** 表示 p<0.05，*** 表示 p<0.01。

3. 独立董事一阶调节效应的回归分析

表 4-11 列出的是独立董事调节效应模型 4 的 Wald 检验、B-P 检验和 Hausman 检验结果。由于 Wald 检验结果为 327.21，p 值为 0.000，拒绝了原假设，因此在固定效应模型和混合 OLS 模型中选择固定效应模型。由于 B-P 检验结果为 330.50，p 值为 0.000，拒绝了原假设，因此在随机效应模型和混合 OLS 模型中选择随机效应模型。由于 Hausman 检验结果为 508.90，p 值为 0.000，拒绝了原假设，因此在固定效应模型和随机效应模型中选择固定效应。综上可知，模型 4 选择固定效应模型。

表 4-11　模型 4 的模型估计检验结果

检验方法	统计量	p 值
Wald 检验	327.21	0.000
B-P 检验	330.50	0.000
Hausman 检验	508.90	0.000

资料来源：笔者绘制。

作为检验独立董事对主效应调节作用的模型 4，其在模型 1 的基础上增加了自变量 CEO 自恋和调节变量独立董事，表 4-12 列出了回归结果。据此可知，独立董事显著负向调节了 CEO 自恋与公司创业投资间的正向关系（b=-0.110，p< 0.01），因此假设 3 得到支持。

表 4-12　独立董事调节效应的负二项回归结果

变量	模型 4
控制变量	
Edu	-0.004
	(0.889)
His	0.004
	(0.381)
Tmt-size	0.014
	(0.244)
Age	1.175***
	(0.000)
ROI	0.333
	(0.396)
R&D	-0.099
	(0.884)
DAR	0.388
	(0.136)
Slack	-0.030
	(0.363)
自变量	
CEO narc.	0.064**
	(0.043)
调节变量	
Indep-director（ID）	0.012
	(0.666)
交互项	
CEO narc.×ID	-0.110***
	(0.000)
常数项	
Cons	1.459***
	(0.000)

续表

变量	模型 4
Log likelihood	-2340.279
N	2556

注：＊表示 p<0.1，＊＊表示 p<0.05，＊＊＊表示 p<0.01。

4. 政府监管一阶调节效应的回归分析

表 4-13 列出的是政府监管调节效应模型 5 的 Wald 检验、B-P 检验和 Hausman 检验结果。由于 Wald 检验结果为 328.80，p 值为 0.000，拒绝了原假设，因此在固定效应模型和混合 OLS 模型中选择固定效应模型。由于 B-P 检验结果为 349.38，p 值为 0.000，拒绝了原假设，因此在随机效应模型和混合 OLS 模型中选择随机效应模型。由于 Hausman 检验结果为 205.83，p 值为 0.000，拒绝了原假设，因此在固定效应模型和随机效应模型中选择固定效应模型。综上可知，模型 5 选择固定效应模型。

表 4-13 模型 5 的模型估计检验结果

检验方法	统计量	p 值
Wald 检验	328.80	0.000
B-P 检验	349.38	0.000
Hausman 检验	205.83	0.000

资料来源：笔者绘制。

作为检验政府监管对主效应调节作用的模型 5，其在模型 1 的基础上增加了自变量 CEO 自恋和调节变量政府监管，表 4-14 列出了回归结果。据此可知，政府监管显著负向调节了 CEO 自恋与公司创业投资间的正向关系（b=-0.109，p<0.01），因此假设 4 得到支持。

表 4-14 政府监管调节效应的负二项回归结果

变量	模型 5
控制变量	
Edu	-0.006 (0.859)
His	0.005 (0.334)

续表

变量	模型 5
Tmt-size	0.014
	(0.249)
Age	0.982***
	(0.000)
ROI	0.291
	(0.458)
R&D	-0.111
	(0.871)
DAR	0.352
	(0.179)
Slack	0.000
	(0.884)
自变量	
CEO narc.	0.016
	(0.576)
调节变量	
Gover-regulation（GR）	0.195**
	(0.028)
交互项	
CEO narc.×GR	-0.109***
	(0.000)
常数项	
Cons	1.310***
	(0.000)
Log likelihood	-2338.521
N	2556

注：＊表示 p<0.1，＊＊表示 p<0.05，＊＊＊表示 p<0.01。

5. 两职合一二阶调节效应的回归分析

表 4-15 列出的是两职合一调节效应模型 6 的 Wald 检验、B-P 检验和 Hausman 检验结果。由于 Wald 检验结果为 348.19，p 值为 0.000，拒绝了原假设，因此在固定效应模型和混合 OLS 模型中选择固定效应模型。由于 B-P 检验结果为

329.12，p值为0.000，拒绝了原假设，因此在随机效应模型和混合OLS模型中选择随机效应模型。由于Hausman检验结果为313.68，p值为0.000，拒绝了原假设，因此在固定效应模型和随机效应模型中选择固定效应模型。综上可知，模型6选择固定效应模型。

表4-15　模型6的模型估计检验结果

检验方法	统计量	p 值
Wald 检验	348.19	0.000
B-P 检验	329.12	0.000
Hausman 检验	313.68	0.000

资料来源：笔者绘制。

作为检验当两职合一存在时，一阶股权集中度调节效应变化情况的模型6，其在模型1的基础上增加了自变量CEO自恋和调节变量股权集中度和两职合一，表4-16列出了回归结果。据此可知，当两职合一存在时，股权集中度对CEO自恋与公司创业投资间正向关系的负向调节作用会显著减弱（b=1.259，p<0.01），因此假设5a得到支持。

表4-16　两职合一二阶调节效应的负二项回归结果（1）

变量	模型6
控制变量	
Edu	−0.002 （0.944）
His	0.005 （0.321）
Tmt-size	0.013 （0.258）
Age	0.448 （0.222）
ROI	0.066 （0.870）
R&D	−0.231 （0.738）

续表

变量	模型6
DAR	0.414
	(0.122)
Slack	-0.118***
	(0.000)
自变量	
CEO narc.	0.011
	(0.468)
调节变量	
Own-Concentration（OC）	1.158***
	(0.001)
CEO duality	0.426
	(0.193)
交互项	
CEO narc.×OC	-0.017
	(0.652)
CEO narc.×CEO duality	-0.270
	(0.255)
OC×CEO duality	-0.006
	(0.287)
CEO narc.×OC×CEO duality	1.259***
	(0.000)
常数项	
Cons	0.866**
	(0.030)
Log likelihood	-2331.590
N	2556

注：*表示 p<0.1，**表示 p<0.05，***表示 p<0.01。

表 4-17 列出的是两职合一调节效应模型 7 的 Wald 检验、B-P 检验和 Hausman 检验结果。由于 Wald 检验结果为 342.10，p 值为 0.000，拒绝了原假设，因此在固定效应模型和混合 OLS 模型中选择固定效应模型。由于 B-P 检验结果为 311.14，p 值为 0.000，拒绝了原假设，因此在随机效应模型和混合 OLS 模型中

选择随机效应模型。由于 Hausman 检验结果为 304.11，p 值为 0.000，拒绝了原假设，因此在固定效应模型和随机效应模型中选择固定效应模型。综上可知，模型 7 选择固定效应模型。

表 4-17　模型 7 的模型估计检验结果

检验方法	统计量	p 值
Wald 检验	342.10	0.000
B-P 检验	311.14	0.000
Hausman 检验	304.11	0.000

资料来源：笔者绘制。

作为检验当两职合一存在时，一阶独立董事调节效应变化情况的模型 7，其在模型 1 的基础上增加了自变量 CEO 自恋和调节变量独立董事和两职合一，表 4-18 列出了回归结果。据此可知，当两职合一存在时，独立董事对 CEO 自恋与公司创业投资间正向关系的负向调节作用会显著减弱（b＝0.721，p<0.1），因此假设 5b 得到支持。

表 4-18　两职合一二阶调节效应的负二项回归结果（2）

变量	模型 7
控制变量	
Edu	-0.006 (0.854)
His	0.0037 (0.433)
Tmt-size	0.011 (0.336)
Age	1.177*** (0.000)
ROI	0.366 (0.346)
R&D	-0.042 (0.951)

续表

变量	模型 7
DAR	0.424
	(0.116)
Slack	-0.109***
	(0.000)
自变量	
CEO narc.	0.020
	(0.214)
调节变量	
Indep-director（ID）	0.0145
	(0.618)
CEO duality	0.081
	(0.386)
交互项	
CEO narc.×ID	-0.032
	(0.335)
CEO narc.×CEO duality	-0.199*
	(0.057)
ID×CEO duality	-0.015
	(0.830)
CEO narc.×ID×CEO duality	0.721*
	(0.069)
常数项	
Cons	1.632***
	(0.000)
Log likelihood	-2318.045
N	2556

注：*表示 $p<0.1$，**表示 $p<0.05$，***表示 $p<0.01$。

6. 政治联系二阶调节效应的回归分析

表 4-19 列出的是政治联系调节效应模型 8 的 Wald 检验、B-P 检验和 Hausman 检验结果。由于 Wald 检验结果为 328.80，p 值为 0.000，拒绝了原假设，因此在固定效应模型和混合 OLS 模型中选择固定效应模型。由于 B-P 检验结果为

343.74，p 值为 0.000，拒绝了原假设，因此在随机效应模型和混合 OLS 模型中选择随机效应模型。由于 Hausman 检验结果为 188.43，p 值为 0.000，拒绝了原假设，因此在固定效应模型和随机效应模型中选择固定效应模型。综上可知，模型 8 选择固定效应模型。

表 4-19　模型 8 的模型估计检验结果

检验方法	统计量	p 值
Wald 检验	328.80	0.000
B-P 检验	343.74	0.000
Hausman 检验	188.43	0.000

资料来源：笔者绘制。

作为检验当政治联系存在时，一阶政府监管调节效应变化情况的模型 8，其在模型 1 的基础上增加了自变量 CEO 自恋和调节变量政府监管和政治联系，表 4-20 列出了回归结果。据此可知，当政治联系存在时，政府监管对 CEO 自恋与公司创业投资间正向关系的负向调节作用会显著减弱（b＝0.040，p<0.05），因此假设 6 得到支持。

表 4-20　政治联系二阶调节效应的负二项回归结果

变量	模型 8
控制变量	
Edu	−0.005 （0.874）
His	0.004 （0.351）
Tmt-size	0.013 （0.262）
Age	0.979*** （0.000）
ROI	0.288 （0.464）
R&D	−0.108 （0.875）

续表

变量	模型 8
DAR	0.366
	(0.171)
Slack	−0.106***
	(0.000)
自变量	
CEO narc.	0.011
	(0.177)
调节变量	
Gover−regulation（GR）	0.008
	(0.489)
Political ties	0.209
	(0.565)
交互项	
CEO narc.×GR	0.002
	(0.893)
CEO narc.×Political ties	−0.025
	(0.629)
GR×Political ties	−0.009
	(0.747)
CEO narc.×GR×Political ties	0.040**
	(0.030)
常数项	
Cons	0.891**
	(0.034)
Log likelihood	−2338.488
N	2556

注：＊表示 $p<0.1$，＊＊表示 $p<0.05$，＊＊＊表示 $p<0.01$。

表 4-21 总结了本章的回归结果。

表4-21 CEO自恋与公司创业投资（CVC）负二项回归结果

变量	模型1	模型2	模型3	模型4	模型5	模型6	模型7	模型8
Edu	-0.003 (0.916)	-0.003 (0.910)	0.004 (0.899)	-0.004 (0.889)	-0.006 (0.859)	-0.002 (0.944)	-0.006 (0.854)	-0.005 (0.874)
His	0.004 (0.361)	0.004 (0.402)	0.005 (0.333)	0.004 (0.381)	0.005 (0.334)	0.005 (0.321)	0.0037 (0.433)	0.004 (0.351)
Tmt-size	0.012 (0.307)	0.014 (0.236)	0.012 (0.310)	0.014 (0.244)	0.014 (0.249)	0.013 (0.258)	0.011 (0.336)	0.013 (0.262)
Age	0.206*** (0.000)	0.206*** (0.000)	1.261*** (0.000)	1.175*** (0.000)	0.982*** (0.000)	0.448 (0.222)	1.177*** (0.000)	0.979*** (0.000)
ROI	0.346 (0.376)	0.363 (0.353)	0.066 (0.868)	0.333 (0.396)	0.291 (0.458)	0.066 (0.870)	0.366 (0.346)	0.288 (0.464)
R&D	-0.140 (0.838)	-0.178 (0.795)	-0.107 (0.876)	-0.099 (0.884)	-0.111 (0.871)	-0.231 (0.738)	-0.042 (0.951)	-0.108 (0.875)
DAR	0.344 (0.187)	0.365 (0.162)	0.451* (0.093)	0.388 (0.136)	0.352 (0.179)	0.414 (0.122)	0.424 (0.116)	0.366 (0.171)
Slack	-0.107*** (0.000)	-0.106*** (0.000)	-0.000 (0.638)	-0.030 (0.363)	0.000 (0.884)	-0.118*** (0.000)	-0.109*** (0.000)	-0.106*** (0.000)
CEO narc.	—	0.069* (0.051)	0.035 (0.343)	0.064** (0.043)	0.016 (0.576)	0.011 (0.468)	0.020 (0.214)	0.011 (0.177)
Own-Concentration (OC)	—	—	1.033*** (0.002)	—	—	1.158*** (0.001)	—	—

续表

变量	模型 1	模型 2	模型 3	模型 4	模型 5	模型 6	模型 7	模型 8
Indep-director (ID)	—	—	—	0.012 (0.666)	—	—	0.0145 (0.618)	—
Gover-regulation (GR)	—	—	—	—	0.195** (0.028)	—	—	0.008 (0.489)
CEO duality	—	—	—	—	—	0.426 (0.193)	0.081 (0.386)	—
Political ties	—	—	—	—	—	—	—	0.209 (0.565)
CEO narc. ×OC	—	—	-0.118*** (0.000)	—	—	-0.017 (0.652)	—	—
CEO narc. ×ID	—	—	—	-0.110*** (0.000)	—	—	-0.032 (0.335)	—
CEO narc. ×GR	—	—	—	—	-0.109*** (0.000)	—	—	0.002 (0.893)
CEO narc. ×CEO duality	—	—	—	—	—	-0.270 (0.255)	-0.199* (0.057)	—
CEO narc. ×Political ties	—	—	—	—	—	—	—	-0.025 (0.629)
OC×CEO duality	—	—	—	—	—	-0.006 (0.287)	—	—

续表

变量	模型 1	模型 2	模型 3	模型 4	模型 5	模型 6	模型 7	模型 8
ID×CEO duality	—	—	—	—	—	—	-0.015 (0.830)	—
GR×Political ties	—	—	—	—	—	—	—	-0.009 (0.747)
CEO narc. ×OC×CEO duality	—	—	—	—	—	1.259*** (0.000)	—	—
CEO narc. ×ID×CEO duality	—	—	—	—	—	—	0.721* (0.069)	—
CEO narc. ×GR×Political ties	—	—	—	—	—	—	—	0.040** (0.030)
Cons	-3.354*** (0.000)	-3.358*** (0.000)	0.979** (0.014)	1.459*** (0.000)	1.310*** (0.000)	0.866** (0.030)	1.632*** (0.000)	0.891** (0.034)
Log likelihood	-2338.678	-2336.782	-2326.495	-2340.279	-2338.521	-2331.590	-2318.045	-2338.488
N	2556	2556	2556	2556	2556	2556	2556	2556

注：* 表示 $p<0.1$，** 表示 $p<0.05$，*** 表示 $p<0.01$。

四、稳健性检验

为了检验上述回归结果的稳健性，本章借鉴 Sahaym 等（2016）发表在《商业研究》（*Journal of Business Research*）的文章，用 0-1 变量重新测量了公司创业投资（1 为实施了公司创业投资，0 为否），并选用 Logistic 回归方法再次对上述研究结果进行了检验（见表 4-22）。

假设 1 认为 CEO 自恋与公司创业投资间具有正向关系。表 4-22 模型 1 的结果显示，CEO 自恋与公司创业投资在 1% 的水平上具有显著正相关关系（b=0.056，p<0.01），因此假设 1 得到再次验证。

假设 2 认为股权集中度负向调节了 CEO 自恋与公司创业投资间的正向关系。表 4-22 模型 2 中 CEO 自恋与股权集中度的乘积项在 1% 的水平上与公司创业投资具有显著负相关关系（b=-0.168，p<0.01），因此假设 2 得到再次验证。

假设 3 认为独立董事负向调节了 CEO 自恋与公司创业投资间的正向关系。表 4-22 模型 3 中 CEO 自恋与独立董事的乘积项在 1% 的水平上与公司创业投资具有显著负相关关系（b=-0.169，p<0.01），因此假设 3 得到再次验证。

假设 4 认为政府监管负向调节了 CEO 自恋与公司创业投资间的正向关系。表 4-22 模型 4 中 CEO 自恋与政府监管的乘积项在 1% 的水平上与公司创业投资具有显著负相关关系（b=-0.172，p<0.01），因此假设 4 得到再次验证。

假设 5a 认为当两职合一存在时，股权集中度对 CEO 自恋与公司创业投资间正向关系的负向调节会减弱。表 4-22 模型 5 中 CEO 自恋与股权集中度以及两职合一的乘积项在 1% 的水平上与公司创业投资具有显著正相关关系（b=0.353，p<0.01），因此假设 5a 得到再次验证。

假设 5b 认为当两职合一存在时，独立董事对 CEO 自恋与公司创业投资间正向关系的负向调节会减弱。表 4-22 模型 6 中 CEO 自恋与独立董事以及两职合一的乘积项在 10% 的水平上与公司创业投资具有显著正相关关系（b=1.840，p<0.1），因此假设 5b 得到再次验证。

假设 6 认为当政治联系存在时，政府监管对 CEO 自恋与公司创业投资间正向关系的负向调节会减弱。表 4-22 模型 7 中 CEO 自恋与政府监管以及政治联系的乘积项在 1% 的水平上与公司创业投资具有显著正相关关系（b=0.085，p<0.01），因此假设 6 得到再次验证。

故表 4-22 所列出的逻辑斯蒂回归结果与此前负二项回归的结果保持一致，因此认为本章的实证结果是稳健的。

公司创业投资

表4-22 稳健性检验（逻辑斯蒂回归）

变量	模型1	模型2	模型3	模型4	模型5	模型6	模型7
Edu	-0.025 (0.672)	-0.025 (0.676)	-0.026 (0.669)	-0.028 (0.649)	-0.032 (0.593)	0.029 (0.632)	-0.027 (0.654)
His	0.007 (0.402)	0.007 (0.403)	0.008 (0.393)	0.006 (0.473)	0.008 (0.346)	0.008 (0.377)	0.006 (0.503)
Tmt-size	0.025 (0.259)	0.025 (0.254)	0.025 (0.263)	0.024 (0.281)	0.023 (0.304)	0.024 (0.274)	0.023 (0.296)
Age	0.014 (0.854)	0.056*** (0.000)	0.391*** (0.000)	0.254*** (0.002)	0.462 (0.549)	0.321*** (0.000)	0.252*** (0.002)
ROI	0.229 (0.732)	0.231 (0.729)	0.211 (0.752)	0.378 (0.575)	0.060 (0.931)	0.256 (0.702)	0.366 (0.588)
R&D	0.585 (0.525)	0.588 (0.522)	0.596 (0.516)	0.344 (0.712)	0.662 (0.473)	0.657 (0.475)	0.359 (0.702)
DAR	0.373 (0.281)	0.372 (0.281)	0.363 (0.293)	0.187 (0.593)	0.417 (0.236)	0.388 (0.269)	0.225 (0.528)
Slack	-0.168*** (0.000)	-0.000 (0.653)	-0.034 (0.645)	-0.000 (0.899)	-0.179*** (0.000)	-0.173*** (0.000)	-0.170*** (0.000)
CEO narc.	0.056*** (0.000)	0.023 (0.774)	0.014 (0.855)	0.024 (0.777)	0.017 (0.835)	0.002 (0.976)	0.005 (0.745)
Own-Concentration（OC）	—	0.123 (0.750)	—	—	0.753 (0.131)	—	—

续表

变量	模型 1	模型 2	模型 3	模型 4	模型 5	模型 6	模型 7
Indep-director (ID)	—	—	0.050 (0.374)	—	—	0.021 (0.726)	—
Gover-regulation (GR)	—	—	—	0.393*** (0.000)	—	—	0.017 (0.650)
CEO duality	—	—	—	—	0.995 (0.117)	0.165 (0.345)	—
Political ties	—	—	—	—	—	—	0.957* (0.064)
CEO narc. ×OC	—	-0.168*** (0.000)	—	—	0.070 (0.392)	—	—
CEO narc. ×ID	—	—	-0.169*** (0.000)	—	—	-0.052 (0.481)	—
CEO narc. ×GR	—	—	—	-0.172*** (0.000)	—	—	0.013 (0.435)
CEO narc. ×CEO duality	—	—	—	—	-0.314 (0.526)	-0.540** (0.045)	—
CEO narc. ×Political ties	—	—	—	—	—	—	-0.342 (0.126)
OC×CEO duality	—	—	—	—	-0.014 (0.186)	—	—

续表

变量	模型 1	模型 2	模型 3	模型 4	模型 5	模型 6	模型 7
ID×CEO duality	—	—	—	—	—	0.153 (0.293)	—
GR×Political ties	—	—	—	—	—	—	−0.066 (0.165)
CEO narc. ×OC×CEO duality	—	—	—	—	0.353*** (0.000)	—	—
CEO narc. ×ID×CEO duality	—	—	—	—	—	1.840* (0.055)	—
CEO narc. ×GR×Political ties	—	—	—	—	—	—	0.085*** (0.000)
Cons	−1.285** (0.036)	−1.293** (0.035)	0.020 (0.971)	0.159 (0.772)	−0.416 (0.492)	−0.011 (0.984)	−0.696 (0.217)
Log likelihood	−1663.772	−1663.808	−1663.726	−1647.935	−1660.563	−1660.145	−1644.174
N	2556	2556	2556	2556	2556	2556	2556

注：* 表示 $p<0.1$，** 表示 $p<0.05$，*** 表示 $p<0.01$。

表 4-23 列出了本章的实证结果。

表 4-23 研究假设检验结果汇总

序号	研究假设	检验结果
假设 1	CEO 自恋与公司创业投资存在正向关系	支持
假设 2	企业的股权集中度负向调节 CEO 自恋与公司创业投资之间的正向关系	支持
假设 3	企业的独立董事负向调节 CEO 自恋与公司创业投资之间的正向关系	支持
假设 4	政府监管负向调节 CEO 自恋与公司创业投资之间的正向关系	支持
假设 5a	当两职合一存在时，股权集中度对 CEO 自恋与公司创业投资之间正向关系的负向调节作用会减弱	支持
假设 5b	当两职合一存在时，独立董事对 CEO 自恋与公司创业投资之间正向关系的负向调节作用会减弱	支持
假设 6	当企业具有政治联系时，政府监管对 CEO 自恋与公司创业投资之间正向关系的负向调节作用会减弱	支持

资料来源：笔者绘制。

第四节 研究结论、局限与展望

一、研究结论

近些年，作为公司创业领域重要维度之一的公司创业投资活动发展迅速，成为我国企业获得创新发展、增强自身竞争力的重要方式（乔明哲等，2017）。然而，相较于实践活动的快速发展，其理论研究发展方兴未艾。这不仅仅体现在相较于公司创业领域内其他方向，该方向上的研究不足，更体现在该方向上的前因研究严重滞后，仍处于起步阶段（Drover et al.，2017）。长期以来，有关公司创业投资的研究聚焦于对在位企业或新创企业的结果研究上。如有研究发现公司创业投资对在位企业的知识学习（Keil，2004）、创新产出（Keil et al.，2008）、企业其他战略（Benson and Ziedonis，2010）以及绩效（Zahra and Hayton，2008）等具有积极影响。又如，有研究结果表明公司创业投资对新创企业的创新（Bertoni et al.，2010）、上市（Park and Steensma，2012a）、首次发行股价（Wang and Wan，2013）和绩效（Garrido and Dushnitsky，2016）等会产生积极影响。因此，企业为何要进行公司创业投资活动成为当前研究亟待解决的问题。

针对这一问题，就在位企业而言，已有少数研究者开始了初步的尝试。在现有研究中，研究者从不同层次解释了在位企业实施公司创业投资的原因，包括宏观的制度层次（Basu et al.，2011）、中观的行业（Noyes et al.，2014；Sahaym et al.，2010；Tong and Li，2011）和企业（Ahuja，2000；Dushnitsky and Lenox，2005a；Gaba and Bhattacharya，2012）层次以及微观的个人（Anokhin et al.，2016）和团队（Sahaym et al.，2016）层次。不同于前两者的研究，鲜有研究从微观个体（特别是企业家）角度揭示在位企业从事公司创业投资活动的原因。有学者认为这是进一步推动该方向研究发展的关键（Rohm，2018）。同时，近些年来越来越多的学者调用高阶梯队理论从高管（CEO）的特征来解释公司创业行为（Chen et al.，2015；Engelen et al.，2015；Sciascia et al.，2013）。高阶梯队理论认为组织是高管的映射，高管的个人特征会对企业的行为、战略产生影响（Hambrick，2016）。相较于高管其他特征，学者们认为高管的心理特征，特别是自恋，对企业行为更具解释力（Engelen et al.，2016）。这恰恰是在位企业公司创业投资前因研究的另一重要缺口——高管（CEO）心理特征是否（如何）影响企业的公司创业投资决策。现有微观视角下的研究仅有一篇从 CEO 人口学特征解释企业实施公司创业投资的动因（Anokhin et al.，2016）。因此，本章聚焦于 CEO 自恋对公司创业投资的影响，进而揭示在位企业从事公司创业投资活动的原因和机制。

尽管学者们认可企业有着深深的高管"烙印"（Hambrick，2007，2016；Wales et al.，2013），但实际上不同高管对企业影响的程度（即管理自主权）不尽相同（Finkelstein and Peteraf，2007）。理论研究也证明了高管对企业的影响并非一致，甚至出现冲突结论（Wales et al.，2013；Engelen et al.，2016）。管理自主权这一情境因素的引入可能是调和现有冲突研究结论的关键（Engelen et al.，2016；Wales et al.，2013）。尽管研究者们指出企业监管会削弱 CEO 的管理自主权进而有效抑制 CEO 的风险决策（Antoinette and Harry，2013；Buyl，Boone and Wade，2019），但目前的研究仅关注企业内部监管实践，忽略了高管（CEO）同样会面临着企业外部的监管（Antoinette and Harry，2013；Wangrow et al.，2015），更为重要的是未揭示高管（CEO）可调用的、用以扩大自身管理自主权的"反监管"策略。

基于此，本章调用高阶梯队理论，基于 2011～2016 年 426 家上市公司的数据，在验证 CEO 自恋与公司创业投资关系的基础上，进一步探索了企业内外部监管实践以及 CEO "反监管"策略所引起的 CEO 管理自主权变化及其对 CEO 自恋与公司创业投资关系的影响。具体而言，本章的研究结论有以下三点：

首先，本章验证了 CEO 自恋与公司创业投资间存在正向关系。CEO 的自恋心理导致其在公司战略决策时，倾向于选择高风险、高收益的战略决策。这不仅是因为自恋心理使得其对自身判断具有高度自信，更是因为自恋 CEO 需要不断吸引外界注意力以满足自身"自恋的供给"（Gerstner et al.，2013）。因此，相较于不自恋的 CEO，自恋 CEO 更愿意制定并实施具有高风险、高收益特征的公司创业投资。一方面，该结论再次验证了此前研究者指出的高管（CEO）自恋会显著增加公司风险行为（Buyl et al.，2019；Charles et al.，2018；Ingersoll et al.，2017）。另一方面，该结论证明了从高管（CEO）及其特征的微观视角对于解释企业战略、行为（特别是与创业有关的行为）的重要性。尽管不同企业内外部环境要素及其特征变化均会引发企业做出相应的战略变化，但这些要素与特征并不能完全解释企业做出对应行为的根本原因。这是因为感知企业内外部环境要素与特征变化信息的是企业决策者，对这些信息进行加工并做出相应战略决策的也是企业决策者。因此，企业的战略决策者才是理解企业行为、战略的关键。作为企业的决策核心，CEO 在面对高度不确定、模糊的企业内外部环境时，其只能依靠自身和他人所获得的信息进行"解读"并据此做出战略选择。CEO 自身的特征会深刻影响 CEO 感知、解读和加工信息的方式。至此，企业战略、行为被打上了高管（CEO）的"烙印"，而这也正是在面对相同情境时为何不同企业的战略反应差异明显。

其次，本章证明了企业内外部的监管实践会通过影响 CEO 的管理自主权进而弱化 CEO 自恋心理对公司创业投资的正向影响。高阶梯队理论指出，尽管高管对企业的战略、行为具有深刻影响，但其影响是建立在管理自主权之上的（Finkelstein and Peteraf，2007）。当企业高管（CEO）面临来自企业内部（大股东和独立董事）和外部（政府）的监管时，可供 CEO 选择的"选项"（即管理自主权）会降低，进而会削弱 CEO 对企业战略决策的影响程度。具体而言，企业内部治理实践（大股东和独立董事）的有效实施会通过强大的企业内部群体力量来限制公司创业投资。政府监管的存在会通过多种形式（如法律规定、检查巡视等）限制企业行为，减少 CEO 的管理自主权，同样会阻碍自恋 CEO 风险倾向的充分释放，进而减少公司创业投资。这说明了完善公司治理的设计与有效实施对于企业决策的重要性。尽管 CEO 对于企业战略决策的影响最大，但企业战略决策更多的是一种集体决策的产物。当 CEO 提出自身的决策意愿时，企业内其他成员会根据自身所收集到的信息与解读结果来评价 CEO 的初步决策并将其反馈给 CEO，此时的 CEO 会在综合多方意见的基础上最终做出企业战略决策。公司治理设计是这一过程有效实现的保障，但需要说明的是，完善的公司治理设计应当包括企业内部治理和企业外部治理。

最后，本章还发现了企业的两职合一和政治联系特征会有效削弱企业内外部监管实践对 CEO 自恋与公司创业投资间积极关系的负向调节作用，证明了 CEO "反监管"策略的存在。在面对企业内外部监管时，自恋 CEO 为了实现自身的决策意愿会通过其他策略来给自己的行为"松绑"（Bromiley and Rau，2016）。同时，自恋 CEO 也有不断扩张自身权力的动机。这不仅是因为在认知层面上自恋 CEO 对自身的优越感的高度自信，还因为在动机层面上权力的不断扩大本身就是获得"自恋供给"的方式之一（Antoinette and Harry，2013）。一方面，本章发现两职合一是 CEO 用来抵制企业内部监管的策略之一。这是因为在公司治理中，董事长的地位和特征使得其对董事会中的大股东和独立董事具有深刻影响，因此董事长对于大股东和独立董事监管作用的有效发挥至关重要。故兼任董事长的自恋 CEO 会利用这一特征来削弱企业内部监管的强度和可能性，进而扩大自身所拥有的权力（即管理自主权），并最终推动自身决策意愿的制定和实施。该观点与此前研究者的结论保持一致，他们认为公司的两职合一特征会大幅度增加 CEO 的权力和对企业的影响力（Wangrow et al.，2015；Xie，2014）。另一方面，本章还发现政治联系是 CEO 用来抵制企业外部监管的策略之一。非市场战略领域的研究指出，非市场战略是企业竞争优势的重要来源，如获得政府的资源（Zhang et al.，2016）、合法性（White et al.，2014）等。不同的非市场战略所使用的情境是不同的，有研究者认为企业与政府的政治联系可以有效应对企业所面临的制度压力（White et al.，2014；Zhang et al.，2016）。基于此，本章认为企业与政府及其机构的政治联系会减低政府监管（即制度的执行）的强度和可能性，进而其会被自恋的 CEO 用来扩大自身的管理自主权，实现自身的决策意愿。此前研究也得出政治联系可以作为一种非正式制度来代替或弥补正式制度，有给企业行为"松绑"的作用（Peng and Luo，2000；Zhou，2013）。

二、理论贡献

基于高阶梯队理论，本章检验了 CEO 自恋与公司创业投资之间的关系，并在此基础上探索了企业内外监管环境及其变动对两者关系的影响，从而回答了在位企业为何会实施公司创业投资以及不同企业在创业投资行为上为何会存在差异这一问题。这不仅对公司创业研究，而且对 CEO 自恋研究以及公司治理研究的发展具有重要的理论意义。具体而言，有以下三点：

首先，本章较为全面地刻画了 CEO 自恋与公司创业投资之间的关系。一方面，相较于公司创业投资过程和后果的研究，其前因的研究处于滞后状态，特别是从微观个体层次解释企业实施公司创业投资的原因（Drover et al.，2017）。另一方面，此前研究只关注高管（CEO）自恋与公司创业行为之间的直接关系（Chatterjee and Pollock，2017），而忽视对影响两者关系强弱甚至方向的边界条件的探索。在特定情境下，高管个体与公司创业投资之间关系的模糊不仅阻碍了相关理论研究的发展，也不利于为企业相关创业实践提供指导。因而，在不同情境下验证高管个体层次因素（如 CEO 自恋）对公司创业投资的影响是当前研究亟待解决的问题。Buyl 等（2019）的研究证明了企业内部监管实践会深刻制约自恋 CEO 的战略决策和行为。基于此，本章进一步将企业外部监管纳入模型范围，构建并验证了在企业监管环境（企业内部和外部监管）以及高管"反监管"策略（两职合一和政治联系）互动情境下 CEO 自恋与公司创业投资之间的关系。这不仅从高管（CEO）个人的微观视角揭示了企业实施公司创业投资的原因，从而为公司创业投资前因研究提供了微观证据，而且还响应了 Wales 等（2013）以及 Chatterjee 和 Pollock（2017）的呼吁，探索了 CEO 自恋对企业影响所产生的边界条件，证明了情境条件对公司创业行为前因研究的重要性。

其次，本章有助于调和已有自恋研究中的冲突结论。尽管学界普遍认可 CEO 自恋对企业具有正反两方面影响的观点，但哪种影响占主导尚未达成共识（Antoinette and Harry，2013；Charles et al.，2018）。为了揭示 CEO 自恋对企业的影响，有学者甚至呼吁将自恋进行分类（Wales et al.，2013）。但也有学者指出由于自恋是一种正常的心理现象（Antoinette and Harry，2013），自恋本身并无优劣之分、自恋者本身也无建设性与破坏性之分（Gerstner et al.，2013），因此有关 CEO 自恋的研究不应聚焦于其哪方面影响占主导，在考察 CEO 自恋对企业的影响时要考虑到具体的企业与 CEO 个人（Chatterjee and Pollock，2017）。本章基于 CEO 影响企业的权力基础（管理自主权）指出自恋 CEO 对企业战略、行为的影响并不是固定的，其会随着环境与自身特征以及两者的交互而变化，进一步论证了自恋本身并无优劣而自恋 CEO 对企业影响的方向是权变的，从而有利于调和领域内不同的研究。

最后，本章将企业外部监管纳入考察范围，在同一模型内同时检验了企业外部监管和内部监管对企业战略、行为的影响，并揭示了企业监管与反监管的关系互动，在一定程度上丰富了公司治理研究的发展。公司治理研究者认为公司治理分为内部治理和外部治理。研究者们普遍认为企业内部监管实践（即企业内部治理）是降低 CEO 管理自主权进而削弱 CEO 及其特征（如自恋心理）对企业战略、行为影响的关键因素（Buyl et al.，2019；Tang et al.，2011），但尚未关注 CEO 可能面临的企业外部监管（即企业外部治理）。需要指出的是，在 CEO 自恋研究中，企业外部监管实践至关重要，其对自恋 CEO 的影响甚至超过企业内部监管实践。一方面，就企业外部监管而言，宏观制度环境及其要素对企业的影响已经得到不同领域研究者的反复验证（Crossland and Hambrick，2011，2007；White et al.，2015；Zhang et al.，2016），因此作为制度执行的企业外部监管

（这里指政府监管）是考察自恋 CEO 对企业影响所不能忽视的。另一方面，就自恋心理而言，由于自恋的 CEO 为了获得"自恋供给"本身就会关注企业外部环境，其对外部环境的关注甚至超过对内部环境的关注（Gerstner et al.，2013），因此企业外部环境要素在 CEO 自恋对企业战略、行为的影响中扮演着重要角色。基于以上讨论，本章进一步认为自恋 CEO 所面临的监管不仅来源于企业内部还来源于企业外部。企业监管即包括内部结构（如大股东和独立董事）的监管也包括企业外部利益相关者（如政府及其监管机构）的监管，进而得以全面检验企业监管的影响。此外，本章还发现高管的"反监管"策略（两职合一、政治联系）会降低企业内外部监管的强度和可能性，其会被高管（CEO）用来推动实现自身的决策意愿。

三、实践启示

除理论意义之外，本章还对公司治理实践和政府政策制定具有重要启示。具体而言有以下三点：

首先，本章为企业选拔和任命 CEO 提供了依据。一方面，本章证明了 CEO 特征，特别是心理特质，对企业战略、行为的深刻影响。这说明企业在挑选和任命高管（CEO）时，不仅仅考察 CEO 的能力，CEO 的心理特征、工作经历、认知、政党身份等诸多特征因素同样重要。因此，企业应当全面考察 CEO 候选人以选择出最适宜企业的 CEO。另一方面，企业在挑选和任命 CEO 时要正确看待其自恋心理。自学界研究 CEO 自恋以来，学者们一直致力于揭示自恋 CEO 对企业的影响，进而为实践提供指导。此前聚焦于 CEO 自恋的研究大多认为企业应该选择某一类 CEO（如不自恋的 CEO 或具有建设型自恋心理的 CEO）。不同于此前的研究，本章认为 CEO 的自恋心理作为一种正常的人类心理特质没有优劣之分。由于其对企业的影响是建立在其行动范围（管理自主权）的基础之上的，所以自恋 CEO 是否适合特定企业应当结合具体的企业情况而定。此前的研究也证实了情境因素是影响 CEO 自恋作用方向的重要因素（Buyl et al.，2019；Engelen et al.，2016）。换言之，在一定条件下，CEO 自恋始终对企业战略、行为及其绩效具有积极的影响。因此，企业在挑选、任命 CEO 时，不应将候选人是否自恋作为判断依据，而应根据企业情况选择与企业相匹配的 CEO。

其次，本章有利于企业适时优化治理设计与实践。一方面，企业要充分考察到企业内部监管的有效性。为了充分发挥经营层的自主性同时避免其利己主义行为给公司带来的潜在损失，在现有公司治理实践中，公司内部的监管实践是最为普遍的措施。但企业内部监管实践是否切实有效则受到诸多因素影响。本章的结果证明了为了推动自身决策意愿得以实现，具有自恋心理的 CEO 会利用企业结构、特征来实施反监管，减弱企业内部监管实践对其决策的干扰，扩大自身的管理自主权。同时也有研究指出企业内部的过度监管是阻碍经营层有效发挥自主性，降低企业竞争力和发展速度的关键因素（陆正飞、胡诗阳，2015）。因而，企业在治理设计时应该考虑到企业结构与特征对CEO管理自主权的影响，既能保证CEO充分发挥其自主性又能有效避免其自利主义行为的出现。另一方面，企业要适时考察到企业监管的时效性。本章发现，为了有效实现自身的决策意愿，CEO会对已有的企业内部监管实践实施"反监管"策略进而达到扩大自身管理自主权的目的。因此，随着时间的推移，企业内部的权力结构与组织框架会发生变化，原有的企业内部监管设计可能难以持续发挥有效的监管功能。基于此，企业应该适时评估高管（CEO）的管理自主权并对企业内部监管设计进行变革，实现既能最大化发挥高管（CEO）的自主性又能有效防止高管（CEO）自利行为的出现并最终优化公司治理。

最后，本章为政策制定者的决策提供了一定的指导。中国作为世界上最大的转型经济体，由于政府掌握着大量企业生存和发展所必需的资源和机会，因而其对企业战略的制定和实施具有深刻影响。本章基于高管（CEO）管理自主权验证了政府监管作为政府政策的具体实施活动会影响到企业的公司创业活动的战略制定，佐证了制度对企业行为（如创业）的重要性。此前其他研究也证实了政府及其机构对企业创业意愿和行为具有重要的导向作用（Yang，2004）。因此，在当前"大众创业、万众创新"以及党的十九大报告中明确提出"激发和保护企业家精神，鼓励更多社会主体投身创新创业"的背景下，中央政府和各级地方政府更应认识到政府各项政策、法规的重要性。进一步地，要求政府在起草、制定、出台以及修改各项政策规定时不仅要考虑这些政策规定对企业的直接影响，还要考虑这些政策规定对企业决策者（如CEO）的潜在影响。由于制度会通过多种渠道（如制定和执行）影响企业自主权进而影响企业战略的制定和实施，因此政府政策制定者在制定相关政策法规时要在"松绑"和"控制"企业行为之间找到最佳的平衡点，以促进企业更好地发展。

四、研究局限与展望

本章基于高阶梯队理论，在验证CEO自恋与公司创业投资关系的前提下，进一步地将管理自主权的概念纳入到模型中探索了在面临不同企业内外部监管类型与强度环境下上述两者关系的变化。这在一定程度上推动了相关理论研究的发展并为企业和政府实践提供了若干建议。但同时，与其他研究一样，本章的研究具有若干局限，为后续研究提供了空间。具体而言有以下三点：

首先，尽管本章是建立在管理自主权这一概念之上的，但并未在模型中明确

公司创业投资

提出该构念。本章认为尽管自恋的 CEO 会增加企业的公司创业投资，但自恋
CEO 对企业战略决策的影响是建立在其管理自主权之上的（Hambrick，2016，
2007）。企业内外部的监管实践会降低 CEO 的管理自主权进而负向调节 CEO 自
恋与公司创业投资间的正向关系，而两职合一和政治联系由于会提高 CEO 的管
理自主权进而会弱化企业内外部监管的负向调节作用。因为本章的研究重点之一
是探索企业内外部监管以及高管（CEO）的"反监管"策略，因而在理论模型
中并未出现管理自主权这一构念。但作为本章作用机理的高管（CEO）管理自主
权自始至终贯穿整个研究，因而直接验证管理自主权对高管特征（如 CEO 自恋）
和企业战略行为（如公司创业行为）及其绩效的关系的影响有待未来的研究者
进一步探索。

其次，尽管本章控制了企业高管团队的相关变量，但并未在模型中直接构建
并检验高管团队相关变量对 CEO 自恋与公司创业投资间关系的影响。有研究指
出，尽管 CEO 对企业决策起到重要甚至是决定性的作用，但高管团队同样对企
业战略决策具有深远影响（Zhu and Chen，2015a）。这不仅是因为当今公司战略
决策更多是团队决策的结果，而且因为企业内的其他高管是影响 CEO 决策的关
键角色（如提供决策所必需的信息）。因此，未来研究应该考虑其他高管（如高
管团队）相关变量对 CEO 特征（如自恋）与企业战略间关系的影响。

最后，本章的外部效度有待进一步考察。作为全球最大转型经济体的中国在
经济、社会等方面具有自身独有的特征，这使得基于中国情境的研究是否能在其
他国家情境下得出类似结论尚不得而知，有待未来研究的探索。此前研究就证明
了国家情境因素可能会导致公司创业投资的研究结论彼此冲突。如同样是聚焦于
公司创业投资对在位企业绩效的影响，Dushnitsky 和 Lenox（2006）基于美国
2289 家上市公司 20 年的数据验证了两者之间存在积极关系，而 Yang 等（2014）
基于全球 222 家企业的 1666 条观测值却得出两者存在 U 形关系。

· 142 ·

第五章　公司创业投资如何影响新创企业的托宾 Q 值：创新产出的中介作用

第一节　理论分析与假设

一、公司创业投资与新创企业的创新产出

对于新创企业而言，公司创业投资是企业以少数股权换取在位企业的资金、资源和背书效应的重要融资选择（加里·杜什尼茨基等，2021）。相对于专业投资机构发起的以财务收益为导向的独立风险投资（Dushnitsky and Shapira，2010），公司创业投资依托在位企业的雄厚资金、丰富资源和技术背书，在财务和战略双重目标导向下，能为新创企业提供更多的战略资源和创新要素（Alvarez-Garrido and Dushnitsky，2016）。企业作为异质的知识承载实体，其外部搜索、识别与获取知识资源以及内部重组、转换与利用知识资源的能力关系到企业的生存、发展和成功（Kogut and Zander，1992）。知识资源作为企业获取核心竞争力和促进企业创新发展的重要组织资源，对企业具有重要的战略意义（Grant，1996）。本章认为，公司创业投资作为新创企业获得融资的一种形式，不仅是新创企业获取技术资源和研发知识的重要渠道，也是其向外界传递积极信号获得更多利益相关者对其创新活动支持的重要途径，因此对新创企业的创新产出具有重要影响（Rossi et al.，2020；Uzuegbunam et al.，2019）。

本章认为，公司创业投资影响新创企业创新产出的机制有三方面：首先，公司创业投资拉近了新创企业与在位企业之间的关系，有助于新创企业获取在位企业的技术资源和知识资产（Chemmanur et al.，2014；Gaba and Bhattacharya，

2012；George，2005），进而增加创新产出。一方面，在位企业可为新创企业提供更多技术资源，节约新创企业研发相关技术组件的时间和成本（薛超凯等，2019），促使其将更多的资源和时间投入到创新活动中，提高创新产出的数量和质量（Alvarez-Garrido and Dushnitsky，2016）。另一方面，新创企业拥有更多接触和使用在位企业研发实验室和其他基础设施的机会（Gaba and Meyer，2008），通过学习与创新相关的新知识强化自身的创新产出（Park and Steensma，2012）。

其次，公司创业投资促进了新创企业与在位企业之间的人员流动，在位企业所带来的技术知识的分享是影响新创企业知识重组和创新产出的重要因素（Paik and Woo，2017；Uzuegbunam et al.，2019）。特别是研发人员从在位企业流向新创企业，促使新创企业拥有更多契机接触行业专家和相关技术人员（Hill and Birkinshaw，2014），在沟通交流中学习新知识，以此弥补自身的知识短板，最终促进创新产出（Ceccagnoli et al.，2018）。

最后，除上述两个机制外，既有文献相对忽略的一个机制是：公司创业投资本质上也是在位企业对新创企业的一种"背书"，具有信号作用，有助于新创企业赢得其他利益相关者的合作与支持，进而形成更多创新产出（Di Lorenzo and van de Vrande，2019）。相对于成熟的在位企业，新创企业的地位、声誉和市场认可度较低，创新产出过程或遭遇更大的风险与不确定性（Dushnitsky and Shaver，2009）。而一旦选择公司创业投资作为融资方式，新创企业便获得了在位企业的背书，有利于向外界传递积极信号，赢得多方支持，最终促进创新产出（Arikan and Capron，2010）。Stuart 等（1999）在研究新创企业绩效的影响因素时发现，当新创企业发展前景的不确定性较大时，外部公司往往依赖于新创企业的战略联盟、股东、债权人的地位来判断新创企业的发展潜力，当任一方合作伙伴的地位较高时，可向外部传递新创企业技术和能力得到认可的信号，从而吸引更多资源的投入，也因此获得更好的绩效。Filatotchev 等（2010）的研究也发现，风险投资者和天使投资人对新创企业的投资行为能帮助企业向外界传递积极信号，有效缓解逆向选择和不确定风险问题，进而对新创企业的绩效具有积极影响。类似地，各利益相关者是否以及在多大程度上支持新创企业的创新活动，取决于与其关联的主体。通过公司创业投资，在位企业成为新创企业的股东，同时由于存续时间较长、资源较为丰富等，在位企业的地位通常高于新创企业（董静、徐婉渔，2018），因此可向外界传递有利于新创企业的积极信号。信号理论指出信号的根本作用在于缓解双边的信息不对称（Spence，2002）。在本章研究中，在位企业通过公司创业投资与新创企业建立关联是一个积极信号，有助于缓解外部主体与新创企业之间的信息不对称性，促使外部主体增强对于新创企业的信心，最终做出有利于新创企业创新的举措（Connelly et al.，2011）。

综上所述，公司创业投资促进新创企业与在位企业建立双边关系，帮助新创企业获取在位企业的技术资源和知识资产，学习和借鉴在位企业的研发和技术人员的研发知识，并以在位企业的地位和声誉为背书，向外界传递积极信号，减少创新产出的不确定性和风险，由此提升自身的创新能力，创造更多专利（Qian et al.，2017）。基于此，本章提出以下假设：

假设 1：公司创业投资与新创企业的创新产出之间存在正相关关系。

二、新创企业的创新产出与托宾 Q 值

托宾 Q 值是企业利益相关者和潜在投资者等群体评估企业未来盈利能力、长期发展趋势和投资价值增溢潜力的重要指标（Chung and Pruitt，1994）。以往研究发现，托宾 Q 值对企业的可持续发展和竞争优势构建具有重要意义（Titus and Anderson，2018），而企业内部的组织特征和战略决策以及外部的信息披露程度与托宾 Q 值密切相关（Andres，2008；Rajan et al.，2000；Yiru，2018）。特别是在知识经济时代，企业所拥有的商标、专利等无形资产对于提高托宾 Q 值的作用得到学者们的广泛认可（Neeley and Leonardi，2018）。有研究发现，企业的无形资产能帮助其在市场竞争环境中扩大知名度，获得认知合法性并建立商业信誉，进而影响财务绩效、市场表现和综合发展能力（Guth and Ginsberg，1990；Rivette and Kline，2000；Sougiannis，1996）。

本章认为，新创企业的创新产出对托宾 Q 值具有积极影响。根据信号理论可知，企业向外界传递信号的属性会影响信号接收者对企业相对价值的评估（Gulati and Higgins，2003）。新创企业的创新产出有利于提升企业的创新能力和成长能力（Foss，1996；Neeley and Leonardi，2018），并通过向外界传递积极信号增强利益相关者和潜在投资者对企业未来发展能力和投资价值的信心（沈洪涛等，2014）。一方面，新创企业的创新产出有利于提高企业的创新表现和成长绩效（Guth and Ginsberg，1990），帮助企业构建适应快速变化环境的动态能力（吴悦等，2020）。上述积极影响能够促进新创企业在动态市场环境中构建竞争优势，提高外界对其未来盈利能力和纵向成长价值的评估，进而提升新创企业的托宾 Q 值。

另一方面，新创企业在创新产出上的优势可作为积极信号向外界传递，帮助其在市场竞争环境中扩大企业知名度和增强市场地位（Tovstiga and Tulugurova，2009），进一步获得外界对其长期发展能力和纵向成长价值的认可和支持，从而提高新创企业的托宾 Q 值。新创企业以专利为代表的创新产出是一种积极信号，可以向其客户、上下游企业、供应商等利益相关者传递正面信息，获取更多利益相关者的资源供给、技术援助和市场支持（Mohammadi and Khashabi，2021），借

此帮助新创企业获得市场的肯定和认可，提高托宾 Q 值（Ang et al.，2014）。同时，新创企业所传递的积极信号也提高了企业现有投资者和潜在投资者对新创企业投资价值的认知（Leena et al.，2018）。创新能力强的新创企业更易获得外界投资者的投资，减少企业的融资成本，并引致更多的投资价值增益，最终提高新创企业的托宾 Q 值（Titus and Anderson，2018）。基于此，本章提出以下假设：

假设 2：新创企业的创新产出与托宾 Q 值之间存在正相关关系。

三、公司创业投资与新创企业的托宾 Q 值

既有研究肯定了公司创业投资能为新创企业带来多种增值服务，进而对新创企业的创新绩效、市场地位和 IPO 表现产生重要影响（Maula，2001）。例如，创新绩效方面，学者们强调公司创业投资能为新创企业提供资源和知识，提高新创企业的创新产出率（Chemmanur et al.，2014；丰若旸、温军，2020）。市场地位方面，学者们发现公司创业投资能帮助新创企业在市场竞争中占据更中心的位置（Keil et al.，2008）。IPO 表现方面，学者们研究发现，获得公司创业投资的新创企业的 IPO 抑价水平显著低于其他企业（乔明哲等，2017），且公司投资者的股权参与度越高，IPO 折价发行程度越低（Wang and Wan，2013）。基于此，本章认为新创企业获得公司创业投资不仅会影响其当前的盈利能力和价值创造，也会提高外界对其未来盈利能力、长期发展能力和投资价值的评估，即公司创业投资与新创企业的托宾 Q 值之间存在正相关关系。具体可以从互补资源和多元知识的获取，以及在位企业的"背书"即信号效应两方面进行分析。

一方面，公司创业投资能为新创企业带来充足的互补性资源和多元知识，弥补企业长期发展的资源缺口和知识短板，提高外界对其未来盈利和长期发展能力的认可，进而提高托宾 Q 值（Park and Steensma，2012）。其一，新创企业可以获得公司投资者的制造性资源助力生产活动，使用在位企业的研发实验室或研发设备推动创新活动（Paik and Woo，2017）。特别是当公司投资者所能提供的技术资源与新创企业契合度很高时，公司创业投资对新创企业的积极影响更强（Chemmanur et al.，2014）。因此，公司创业投资为新创企业提供互补资源，推动新创企业综合发展，以此提高外界对其创新发展能力的评估，最终提高新创企业的托宾 Q 值。其二，公司创业投资能促进多元的研发知识和管理经验从在位企业流向新创企业，以此弥补新创企业的知识和管理短板，增强外界对企业长期发展的综合能力的评估，提高托宾 Q 值（Qian et al.，2017）。公司创业投资能促进在位企业与新创企业之间人员的流动，增加多元知识和管理经验的沟通交流（Uzuegbunam et al.，2019）。新创企业不仅可以通过组织学习获取在位企业的研发和制造知识，构建企业生产和创新的动态能力（Alvarez‐Garrido and Dushnitsky，2016），推动企业的可持续发展；而且可以学习和借鉴公司投资者成熟的管理经验，在在位企业的战略指导下，提高企业可持续发展能力，增强外界对其价值的肯定，由此提高托宾 Q 值（van de Vrande and Vanhaverbeke，2013）。

另一方面，新创企业受益于公司创业投资所带来的背书效应和品牌效应（加里·杜什尼茨基等，2021），可以此作为一种积极信号向外界传递，提高其在市场竞争环境中的声誉和地位（Maula et al.，2005），增强客户、供应商、投资者等利益相关者和潜在投资者对其投资价值的评估，从而提高托宾 Q 值（de Lange and Valliere，2020）。研究发现，公司创业投资能帮助新创企业向外界传递积极信号，帮助其在上市时获得更高的 IPO 估值（Ivanov and Xie，2010）。获得公司创业投资的新创企业相较于获得独立风险投资的企业表现出更高的创新性和成长性，且当公司投资者有更高声誉时，由于其向外界传递的积极信号更强，公司创业投资对新创企业的积极影响将被强化（Park and Steensma，2013）。因此，新创企业依托公司投资者的背书效应和品牌效应，向外界传递积极信号，由此增强外部利益相关者和潜在投资者对其投资价值的评估。

综上所述，公司创业投资对新创企业的影响不仅体现在互补资源和多元知识的获取上，而且也表现在在位企业的"背书"即信号效应上，以此帮助新创企业向外界传递积极信号，提高利益相关者和潜在投资者对其综合能力和投资价值的评估，最终提高新创企业的托宾 Q 值。基于此，本章提出以下假设：

假设 3：公司创业投资与新创企业的托宾 Q 值之间存在正相关关系。

四、创新产出在公司创业投资与托宾 Q 值之间的中介作用

国内外学者主要基于实物期权理论从在位企业角度探讨公司创业投资与托宾 Q 值之间的关系（Yang et al.，2014；王苏生等，2017），本章基于信号理论和知识基础观，从被投资的新创企业角度，将公司创业投资、创新产出和托宾 Q 值纳入同一研究范畴，认为公司创业投资通过影响新创企业的创新产出，进而影响新创企业的托宾 Q 值。

一方面，公司创业投资具有战略目标导向，对新创企业的创新产出具有积极影响（Dushnitsky and Lenox，2005）。新创企业通过吸引公司创业投资这一融资方式，获得在位企业的技术资源和知识资产（王雷、周方召，2017），在与研发人员的沟通交流中学习新知识（Di Lorenzo and van de Vrande，2019），并依托在位企业技术背书效应（加里·杜什尼茨基等，2021），向外界传递积极信号来减少创新产出过程的不确定性和风险。进一步地，新创企业消化吸收外部多元知识，并在积极与企业内部已有知识相结合的过程中进行知识重组和创新，进而促进新创企业的创新产出（Alvarez-Garrido and Dushnitsky，2016）。

另一方面，新创企业的创新产出在增强企业动态能力的同时，能够作为一种积极信号向外界传递，增强外界利益相关者和潜在投资者对新创企业未来成长价值的评估（Zhang and Wiersema，2009），最终提升新创企业的托宾 Q 值。首先，创新产出促进企业增强自身的创新和成长绩效，提高新创企业的动态能力，进而构建其在动态市场环境中的竞争优势，最终提高外界对其未来价值的评估（吴悦等，2020）。其次，通过向外界传递企业技术能力强和具有广阔发展前景的积极信号，帮助新创企业在市场环境中获得利益相关者和潜在投资者等群体对其综合发展能力和投资价值的认可和肯定（Gulati and Higgins，2003），进而提高新创企业的托宾 Q 值。

综上所述，公司创业投资可以促进新创企业的创新产出进而提高其托宾 Q 值。基于此，本章提出以下假设：

假设 4：新创企业的创新产出在公司创业投资与新创企业的托宾 Q 值之间起中介作用。

五、地理邻近性的调节作用

地理邻近性是指企业间在地理上的接近程度（Whittington and Owen-Smith，2009）。国内外学者对地理邻近性与企业创新之间的直接关系进行了丰富的探索。例如，Boschma（2005）发现地理邻近性可以通过影响组织间的互动学习过程，对企业创新产生积极或消极影响。曹兴和宋长江（2017）研究发现地理邻近性与企业的开放式创新之间存在非线性的 U 形关系。同时，学者们发现地理邻近性对公司创业投资结果存在重要影响，但尚未形成统一的意见。例如，Alvarez-Garrido 和Dushnitsky（2016）研究发现，当在位企业与新创企业地理上更邻近时，公司创业投资对企业创新成果产出的积极影响更强。Belderbos 等（2018）则强调在控制了知识冗余、管理复杂性等限制后，地理上分散的公司创业投资组合更能增强企业创新绩效。在上述研究的基础上，结合知识基础观的相关内容，本章认为地理邻近性对公司创业投资与新创企业的创新产出之间的关系具有重要的调节作用，但正向或负向调节作用要根据具体情境具体分析。

一方面，地理邻近性可能强化公司创业投资与新创企业的创新产出之间的关系，主要原因有三个方面：第一，地理邻近性降低了新创企业将公司投资者的技术资源和知识资产运用于自身创新活动的交易、运输、经营等的成本和难度（王海花等，2021）。对于地理上与公司投资者邻近的新创企业而言，其能够以更低的交通或管理成本进入在位企业的研发实验室，使用公司投资者的研发设施、技术测试站点等，获取更多的互补资源投入到自身的创新活动中（Alvarez-Garridoand Dushnitsky，2016）。因此，地理优势所带来的便捷外部条件，降低了新创企业获取互补资源和知识基础资产的成本和难度（Ragozzino and Reuer，2011），强化了公司创业投资与新创企业创新产出之间的关系。

第二，地理邻近性为新创企业带来与在位企业的研发人员面对面沟通和交流的机会，推动其获取隐性知识（赵炎等，2015），进而增强公司创业投资对新创企业的创新产出的积极影响。新创企业与公司投资者地理上邻近，能推动企业间更频繁的人员流动（Ozer and Zhang，2015），为新创企业提供更多与其公司投资者的技术人员面对面沟通交流的机会（Keil et al.，2008）。新创企业依托上述优势，面对面观察和接触在位企业的专业研发人员，在日常沟通交流中获取更多隐性知识运用于创新活动（Boone et al.，2019）。

第三，地理邻近性提高了多元知识从在位企业向新创企业转移和传播的效率和质量，增强知识溢出效应和学习效应（Kang，2019）。研究发现，地理邻近性能降低企业间的信息不对称性（郭燕燕等，2017），进而提高公司投资者丰富的技术和管理知识传播和溢出到新创企业的速度和效率（常红锦、杨有振，2015）。新创企业通过学习和吸收更多公司创业投资所带来的高质量知识（饶扬德、李福刚，2006），进行更多的创新尝试，最终提高自身创新产出的效率和质量（Ceccagnoli et al.，2018）。

另一方面，地理邻近性可能弱化公司创业投资与新创企业的创新产出之间的关系，具体从两方面进行分析。第一，地理邻近性使新创企业和在位企业处于相似的经济、政治和文化环境（韩宝龙等，2010），减少了企业间一般知识的类型和范围，进而减少在位企业可转移到新创企业的知识存量和知识广度（王海花等，2021）。因此，当新创企业与在位企业之间的地理邻近性高时，由于公司投资者能为其提供的一般知识的存量和知识广度下降，新创企业无法获取足够的创新知识资源进行创新要素的重新组合（Titus and Anderson，2018），进而降低了公司创业投资对其创新产出的积极影响。

第二，地理邻近性会导致知识同质化，降低从在位企业流向新创企业的知识的新颖性和创新性（赵炎等，2016），进而弱化了知识流动对新创企业的创新产出的积极影响。研究发现，地理位置邻近会导致企业间流动的知识异质性水平下降，出现知识冗余（Belderbos et al.，2018）。此时，尽管新创企业通过公司创业投资的融资选择加强了企业间人员的流动，促进更多隐性知识的传播分享（Paik and Woo，2017），但相较于异质性知识，同质化的信息或知识对于推动新创企业创新活动的作用大大降低，知识流动呈现无效的循环（常红锦、杨有振，2015），进而弱化了公司创业投资与新创企业的创新产出之间的正相关关系。基于此，本章提出以下假设：

假设 5a： 新创企业与在位企业的地理邻近性强化公司创业投资对新创企业

的创新产出的正向影响。

假设 5b：新创企业与在位企业的地理邻近性弱化公司创业投资对新创企业的创新产出的正向影响。

六、吸收能力的调节作用

新创企业将公司创业投资作为获取知识资源的重要途径，如何有效识别新知识的价值，并将知识吸收应用于组织目标的实现过程是新创企业面临的重要挑战（Uzuegbunam et al.，2019）。Zahra 和 George（2002）认为接触外部知识资源并不等于企业能够有效获取和利用外部知识，企业的吸收能力（Absorptive Capacity）是知识能否真正成功转移并投入使用的关键因素。吸收能力的概念源自企业的研发努力不仅为组织创造更多的新知识，推动企业构建自身的知识库（Knowledge Base），还能够改善企业识别、获取和应用外部知识的能力（Cohen and Levinthal，1990；Lane and Lubatkin，1998）。学者们通常将吸收能力视为外部获取和消化知识，以及内部转换和利用知识两种能力（Zahra and George，2002）。

本章认为，新创企业的吸收能力能增强其对公司投资者所提供的技术资源和多元知识进行识别和运用的效果和效率，进而强化公司创业投资与新创企业的创新产出之间的关系。一方面，吸收能力强的新创企业知识储备更充分，其对外部资源和知识的识别、评价和消化的能力更强（Lane et al.，2001）。吸收能力强的新创企业从其自主研发的经验中提炼先验知识，在创新尝试的过程中构建自身的知识库（Foss，1996），具有更强的知识价值的识别和挖掘能力。这些企业能够更好地认识到公司投资者所提供资源和知识的价值与重要性，挖掘现有知识可能的创新点（Sahaym et al.，2010）。在使用公司投资者相关研发设施以及与技术人员沟通交流的过程中获取更多高质量的研发知识（Ceccagnoli et al.，2018）。因此，吸收能力强的新创企业对资源和知识识别和获取的有效性更高，能够获取更多公司投资者的高质量知识用于企业自身的创新活动，创造更多专利（Maula et al.，2013）。

另一方面，吸收能力强的新创企业对资源和知识的内部转换和应用能力强，能够更高效地在企业内部重组或重新配置公司投资者提供的多元资源和知识（Zahra and George，2002）。吸收能力强的新创企业能够在实践中将所吸收的知识与企业内部知识库进行知识重组和转换（Dushnitsky and Lenox，2006），改变企业固有惯例和程序，改善企业受现有知识库、僵化能力以及路径依赖等限制的现状（Dosi，1982）。因此，吸收能力强的新创企业能够提高公司投资者所提供的资源和知识在企业内部进行转换和运用的效率，创造更多的创新产出（Garrett and Covin，2015），进而正向调节公司创业投资与创新产出之间的关系。

相反，吸收能力弱的新创企业对公司投资者提供的资源和知识的识别和应用能力也弱，尽管获得了在位企业的公司创业投资，其对新创企业的创新产出的积极影响被相对弱化。因为吸收能力弱的新创企业自身没有构建起一个可以识别和应用新知识的知识库（Van et al.，1999），其无法有效识别公司投资者所提供资源和知识的价值，耗费更多的时间和代价消化其中所蕴藏的多元知识（Cockburn and Henderson，2010）。同时，受限于企业僵化能力和路径依赖的弊端，吸收能力弱的新创企业知识转换和运用的效率不高（Gaba and Dokko，2016），从而不能很好地将公司投资者的技术资源和多元知识供给运用于自身的创新产出。

综上所述，本章认为新创企业的吸收能力强化了公司创业投资对新创企业的创新产出的积极影响，提出以下假设：

假设 6：新创企业的吸收能力强化公司创业投资对新创企业的创新产出的正向影响。

七、新创企业能见度的调节作用

企业能见度是指企业被外界各种要素（包括政府、股东、债权人、顾客、社会公众、上下游企业、投资者等）感知或关注的程度（Grullon et al.，2004；Oliver，1991）。企业能见度对企业声誉的建立（Fombrun and Shanley，1990）、合法性的获取（Chiu and Sharfman，2011）、市场价值的提升（Redmayne et al.，2014）等各方面具有重要影响。本章认为，随着企业能见度的上升，新创企业所传递的信号将被逐步放大，促进外界对拥有创新产出能力的新创企业给予更多的认可和支持，最终提高对其托宾 Q 值的估计。据此，预测企业能见度正向调节新创企业的创新产出与托宾 Q 值之间的关系。

一方面，当能见度较高时，新创企业受到更多利益相关者的关注，其向外界传递的创新产出信号被放大（Cirillo，2019），其创新产出能力将更容易被顾客、供应商、上下游企业等群体感知和了解（Gulati and Higgins，2003），最终提高利益相关者对于其综合发展能力和成长价值的评估。另一方面，新创企业的高能见度可放大其在投资市场上传递的积极信号，吸引更多潜在投资者的注意力（Yi-ru，2018）。经验研究已表明，投资者更可能对其所熟悉的公司进行投资（Keloharju et al.，2013）。高能见度使新创企业在创新产出上的优良表现得以被外界投资者感知和了解，促使其形成新创企业具有广阔发展前景和投资价值的认知，最终提升托宾 Q 值（Dang et al.，2018）。

相反，低能见度的新创企业所传递的信号不易被外界利益相关者和潜在投资者感知和关注（Chiu and Sharfman，2011）。对于能见度低的新创企业而言，纵使其拥有创新产出能力并向外界传递积极信号，但由于信号的传播力有限，难以为外界所感知和了解（Connelly et al.，2016），相较于高能见度的新创企业，其获得的市场正面感知和支持更少，最终创新产出对托宾 Q 值的影响有限（Bushee and Miller，2012）。

综上所述，提出以下假设：

假设 7：企业能见度强化新创企业的创新产出对其托宾 Q 值的正向影响。

依据以上理论分析和假设推导，提出本章的理论模型，如图 5-1 所示。

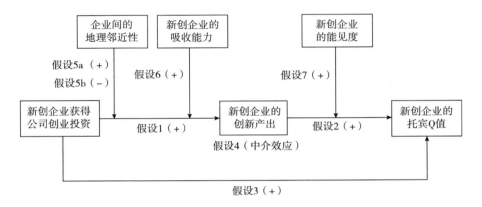

图 5-1　本章的理论模型

资料来源：笔者绘制。

第二节　实证研究设计

一、样本与数据

深圳证券交易所的创业板是孵化具有成长性的创业型和中小型企业的重要股票市场（王晓巍、陈逢博，2014）。创业板上市公司一般具有高盈利能力和高未来发展潜力的特征（刘伟、黄江林，2016）。投资该类企业能满足成熟在位企业通过公司创业投资形式开辟技术和产品新窗口的战略扩张需要（Boone et al.，2019）。事实也表明，创业板上市公司是公司投资者的重要投资对象（乔明哲等，2017）。因此，选择创业板上市公司作为本章研究的样本是合适的。具体地，本章选取深圳创业板的上市公司数据，以 2009~2019 年（11 年）为观察期，剔除被 ST、*ST 及退市处理的上市公司和包含过多缺失值的上市公司。基于 Barnet 和 Lewis（1994）的研究，在 1% 的水平下对所有连续变量进行缩尾处理（Barnett and Lewis，1994）。最终样本包括 710 家上市公司，共 4045 个样本观测值。表 5-1 呈现了各行业研究样本的分布。

表 5-1　各行业研究样本的分布

行业代码	行业名称	样本量	占比（%）	观测值	占比（%）
A	农、林、牧、渔业	7	0.99	50	1.24
B	采矿业	5	0.70	37	0.91
C	制造业	489	68.87	2705	66.87
D	电力、热力、燃气及水生产和供应业	3	0.42	18	0.44
E	建筑业	10	1.41	51	1.26
F	批发和零售业	5	0.70	26	0.64
G	交通运输、仓储和邮政业	2	0.28	18	0.44
I	信息传输、软件和信息技术服务业	127	17.89	738	18.24
J	金融业	4	0.56	36	0.89
L	租赁和商务服务业	11	1.55	73	1.80
M	科学研究和技术服务业	15	2.11	78	1.93
N	水利、环境和公共设施管理业	14	1.97	97	2.40
P	教育	1	0.14	7	0.17
Q	卫生和社会工作	4	0.56	34	0.84
R	文化、体育和娱乐业	13	1.83	77	1.90
合计		710	100	4045	100

资料来源：笔者绘制。

　　本章所使用的数据主要从以下几个方面收集：与公司创业投资相关的数据来源于 CV Source 投中数据库，通过手工收集得到，包括公司创业投资涉及的在位企业和新创企业的地理位置，公司创业投资的次数、金额、股权比例等信息，以及新创企业获得的其他独立风险投资的信息。新创企业层面的研发强度、专利申请数量、托宾 Q 值、广告费用、营业收入，以及其他控制变量来自 CSMAR 数据库和 WIND 数据库。同时，从巨潮资讯网站查询上市公司公开披露的年报，从佰腾网查询上市公司的专利信息，从而对相关数据进行补充收集。

二、变量测量

1. 因变量

托宾 Q 值（Tobin Q）：根据以往学者的研究，托宾 Q 值是企业的利益相关者和潜在投资者等群体对企业未来盈利能力、长期发展趋势和投资价值增溢潜力评估的重要表征（Chung and Pruitt，1994；Tobin，1969）。本章参照 Dushnitsky 和 Lenox（2006）、Yang 等（2014）的做法，采用相对于自变量滞后一期收集的托宾 Q 值来加以测量。具体计算公式如下：

$$\text{Tobin Q} = \frac{\text{公司市场价值}}{\text{公司重置成本}} = \frac{\text{股权市值} + \text{净债务市值}}{\text{总资产}}$$

2. 自变量

公司创业投资（CVCs）：本章从被投资的新创企业角度开展公司创业投资的后果研究。自变量公司创业投资以新创企业在研究期间获得的年度公司创业投资次数来衡量（Alvarez–Garrido and Dushnitsky，2016；Di Lorenzo and van de Vrande，2019）。这样测量主要基于以下考虑：第一，相对于公司创业投资金额和股权比例，公司创业投资的次数受投资阶段和轮次，以及新创企业规模和行业等因素的影响相对较少（Chemmanur et al.，2014）。第二，新创企业通过公司创业投资与在位企业建立二元关系，无论其所获投资金额和股权比例大小，新创企业都将获得在位企业的互补资源、多元知识和背书效应（Wang and Wan，2013）。因此，以新创企业获得的公司创业投资次数衡量公司创业投资这一指标，具有合理性（Ceccagnoli et al.，2018）。事实上，以往研究中多次采用了这一操作化方式（Alvarez-Garrido and Dushnitsky，2016；Di Lorenzo and van de Vrande，2019）。

3. 中介变量

创新产出（Patents）：学者们普遍认为创新产出是企业进行知识动态积累，提高技术能力，进而构建可持续竞争优势的重要途径（陈建勋等，2009）。专利作为企业知识创造的衡量指标，是企业知识创新和技术能力的重要表现（Deeds，2015）。考虑到我国专利申请到授权具有一定的时间间隔，学者们普遍认为专利申请数量而不是专利授权数量是衡量创新产出更合适的指标（李梦雅等，2021；许昊等，2017）。因此，本章根据 Wadhwa 和 Kotha（2006）、万坤扬和陆文聪（2016）的研究，使用相对于自变量滞后一期收集的新创企业的专利申请数量衡量新创企业的创新产出（Wadhwa and Kotha，2006；万坤扬、陆文聪，2016）。

4. 调节变量

新创企业的吸收能力（AC）：学界虽未明确定义吸收能力的概念，但该概念源自企业的研发努力不仅为组织创造更多的新知识，还能够改善企业识别、获取和应用外部知识的能力（Cohen and Levinthal，1990）。因此，学者们普遍认为研发强度是衡量吸收能力的一个重要指标（Lane and Lubatkin，1998；Lane et al.，2001）。再者，本章关注新创企业获取和应用外部知识的能力对公司创业投资与创新产出之间关系的调节作用。企业从自身研发活动中构建知识库和积累历史经验的能力是本章考察的重要方面，进而本章参照 Paik 和 Woo（2017）的做法，采用新创企业的研发投入占营业收入的比例来衡量企业的研发强度，并以此作为衡量新创企业吸收能力的代理变量（Paik and Woo，2017）。

新创企业与在位企业的地理邻近性（Geo）：国外学者 Corredoira 和 Rosenkopf（2010）、Cirillo（2019）以新创企业与在位企业是否位于同一区域来构建虚拟变量测量地理邻近性。在参照以上测量方法的基础上，综合考虑我国行政区划标准，参照国内学者常红锦和杨有振（2015）、党兴华和常红锦（2013）、应洪斌（2015）等的做法，本章将新创企业与其公司投资者之间的相对地理位置划分为五个类别：0＝不邻近；1＝同国；2＝同省；3＝同市县；4＝同地点（即企业之间的相对距离控制在半小时步行范围之内）。

新创企业能见度（FV）：本章将企业能见度视为新创企业增加知名度和增强企业传递信号强度的一种主动应对方式。因此，对于新创企业而言，能见度衡量的是其在媒体、公众、利益相关者等群体面前的曝光程度（Miles，1988；Oliver，1991），可用新创企业的广告费用占营业收入的比例来衡量（Grullon et al.，2004；赵蓓等，2015）。

5. 控制变量

为了提高模型的解释力度，本章在参照既有相关研究的基础上，控制可能影响新创企业托宾 Q 值的一系列变量。第一，组织特征方面控制新创企业规模（Size）、年龄（Age）和股权集中度（Share）。以往的研究表明，企业规模和年龄是影响企业资源冗余情况、资源吸收重组能力和企业战略决策的重要因素，与企业长期发展能力和未来成长价值评估密切相关（Aggarwal and Hsu，2009；Tong and Li，2011）。在本章中，新创企业规模（Size）以企业总资产的自然对数衡量，新创企业年龄（Age）以样本收集年份与企业成立年份的差值衡量。股权集中度（Share）在一定程度上代表着公司主要股东对企业战略决策的集权程度，是影响企业经营成果和市场表现的重要因素（Maula et al.，2013）。本章以新创企业第一大股东持股比例衡量该指标。

第二，新创企业财务状况方面控制资产负债率（Lev）和资本支出（Outcap）。既有研究表明，企业的资本结构和收支情况影响着投资者和利益相关者对企业成长性和纵向价值成长能力的评估（戴维奇，2012）。本章以总负债占总资产的比例衡量资产负债率（Lev），以此代表新创企业的财务杠杆；以长期资本支出的自然对数衡量资本支出（Outcap），从而对新创企业的资本状况进行有效控制。

第三，新创企业盈利能力方面衡量净资产收益率（Roe）和主营收入增长率（Sales）。这是因为新创企业不同的盈利能力表现会影响市场对企业经营能力和可持续发展态势的评估，进而影响新创企业的托宾 Q 值（Bertoni et al.，2013）。本章以净利润占股东权益平均余额的比例衡量净资产收益率（Roe），通过"（本年主营收入-上年主营收入）／上年主营收入"计算得到主营收入增长率（Sales）并进行控制。

第四，本章还控制新创企业外部融资方面的变量：企业获得的独立风险投资（IVC）和企业 IPO 前 CVC 融资经验（Pre-CVC）。独立风险投资（IVC）作为新创企业重要的融资方式，与公司创业投资在投资主体和投资目标方面存在显著差异，既有研究发现上述两种融资方式对企业的创新表现和未来成长价值都有重要影响（Alvarez-Garrido and Dushnitsky，2016）。因此，需要对新创企业获得的独立风险投资（IVC）进行控制，具体以新创企业在研究期间获得独立风险投资的次数衡量。Uzuegbunam 等（2019）发现，企业参与公司创业投资的历史经验是影响后续公司创业投资效率和效果的重要因素。本章以 0-1 变量衡量新创企业 IPO 前 CVC 融资经验，若新创企业 IPO 前获得过公司创业投资，赋值为 1，否则为 0。此外，本章还控制年度（Year）和行业（Industry）类别。各变量定义与测量方法如表 5-2 所示。

表 5-2 变量定义与测量

变量类型	变量名称	符号	测量
因变量	托宾 Q 值	Tobin Q	Tobin Q=公司市场价值/公司重置成本＝（股权市值+净债务市值）/总资产（相对自变量滞后一期收集）
自变量	公司创业投资	CVCs	新创企业获得的公司创业投资的次数
中介变量	创新产出	Patents	专利申请数量（相对自变量滞后一期收集）
调节变量	吸收能力	AC	研发强度，即研发投入占营业收入比例（%）
	地理邻近性	Geo	根据新创企业与在位企业的相对地理位置划分为五个类别：0=不邻近；1=同国；2=同省；3=同市县；4=同地点
	企业能见度	FV	新创企业的广告费用占营业收入的比例（%）

续表

变量类型	变量名称	符号	测量
控制变量	新创企业规模	Size	企业总资产的自然对数
	新创企业年龄	Age	样本收集年份与企业成立年份的差值
	股权集中度	Share	第一大股东持股比例
	资产负债率	Lev	总负债占总资产的比例
	资本支出	Outcap	长期资本支出的自然对数
	净资产收益率	Roe	净利润/股东权益平均余额
	主营收入增长率	Sales	（本年主营收入-上年主营收入）/上年主营收入
	独立风险投资	IVC	新创企业获得独立风险投资的次数
	IPO 前 CVC 融资经验	Pre-CVC	新创企业 IPO 前 CVC 融资经验，有为 1，无则为 0
	年度	Year	年份虚拟变量
	行业	Industry	行业虚拟变量

资料来源：笔者绘制。

三、计量模型设定

1. 直接效应模型

本章使用逐步多元回归的方法对前文提出的假设进行检验。为检验假设 1，即公司创业投资与新创企业的创新产出的直接效应，构建模型 1 和模型 2，其中 CVCs 为公司创业投资，Patents 为新创企业的创新产出，Controls$_i$ 代表本章所有的控制变量，同时考虑随机误差项 ε，如式（5-1）、式（5-2）所示。

$$Patents = \beta_0 + \sum_{i=1}^{n} \beta_i Controls_i + \varepsilon \tag{5-1}$$

$$Patents = \beta_0 + \beta_1 CVCs + \sum_{i=2}^{n} \beta_i Controls_i + \varepsilon \tag{5-2}$$

为检验假设 2，即新创企业的创新产出与托宾 Q 值之间的关系，构建模型 3 和模型 4，其中 Tobin Q 为托宾 Q 值，其余变量同上，如式（5-3）、式（5-4）所示。

$$Tobin\ Q = \beta_0 + \sum_{i=1}^{n} \beta_i Controls_i + \varepsilon \tag{5-3}$$

$$Tobin\ Q = \beta_0 + \beta_1 Patents + \sum_{i=2}^{n} \beta_i Controls_i + \varepsilon \tag{5-4}$$

为检验假设 3，即公司创业投资与新创企业的托宾 Q 值的直接效应，结合模型 3，构建模型 5，变量同上，如式（5-5）所示。

$$\text{Tobin Q} = \beta_0 + \beta_1 \text{CVCs} + \sum_{i=2}^{n} \beta_i \text{Controls}_i + \varepsilon \tag{5-5}$$

2. 中介效应模型

为检验假设4，即新创企业的创新产出在公司创业投资与托宾 Q 值之间的中介效应。本章遵循 Baron 和 Kenny（1986）、温忠麟等（2004，2014）的方法步骤，构建模型6，并结合模型2和模型5的实证结果，判断中介效应是否成立，变量同上，如式（5-6）所示。

$$\text{Tobin Q} = \beta_0 + \beta_1 \text{CVCs} + \beta_2 \text{Patents} + \sum_{i=3}^{n} \beta_i \text{Controls}_i + \varepsilon \tag{5-6}$$

3. 调节效应模型

为检验假设5，即新创企业与在位企业的地理邻近性对公司创业投资与新创企业的创新产出之间关系的边界调节作用，构建模型7和模型8。其中，Geo 为调节变量——地理邻近性。其余变量同上，如式（5-7）、式（5-8）所示。

$$\text{Patents} = \beta_0 + \beta_1 \text{CVCs} + \beta_2 \text{Geo} + \sum_{i=3}^{n} \beta_i \text{Controls}_i + \varepsilon \tag{5-7}$$

$$\text{Patents} = \beta_0 + \beta_1 \text{CVCs} + \beta_2 \text{Geo} + \beta_3 \text{CVCs} \times \text{Geo} + \sum_{i=4}^{n} \beta_i \text{Controls}_i + \varepsilon \tag{5-8}$$

为检验假设6，即新创企业的吸收能力在公司创业投资与新创企业的创新产出之间关系的边界调节作用，构建模型9和模型10。其中，AC 为调节变量——吸收能力。其余变量同上，如式（5-9）、式（5-10）所示。

$$\text{Patents} = \beta_0 + \beta_1 \text{CVCs} + \beta_2 \text{AC} + \sum_{i=3}^{n} \beta_i \text{Controls}_i + \varepsilon \tag{5-9}$$

$$\text{Patents} = \beta_0 + \beta_1 \text{CVCs} + \beta_2 \text{AC} + \beta_3 \text{CVCs} \times \text{AC} + \sum_{i=4}^{n} \beta_i \text{Controls}_i + \varepsilon \tag{5-10}$$

为进一步分析比较地理邻近性和吸收能力两个变量的调节作用，构建模型11，如式（5-11）所示。

$$\text{Patents} = \beta_0 + \beta_1 \text{CVCs} + \beta_2 \text{Geo} + \beta_3 \text{AC} + \beta_4 \text{CVCs} \times \text{Geo} + \beta_5 \text{CVCs} \times \text{AC} + \sum_{i=6}^{n} \beta_i \text{Controls}_i + \varepsilon \tag{5-11}$$

为检验假设7，即新创企业能见度对其创新产出与托宾 Q 值之间关系的权变影响，构建模型12和模型13。其中，FV 为调节变量——企业能见度。其余变量同上，如式（5-12）、式（5-13）所示。

$$\text{Tobin Q} = \beta_0 + \beta_1 \text{Patents} + \beta_2 \text{FV} + \sum_{i=3}^{n} \beta_i \text{Controls}_i + \varepsilon \tag{5-12}$$

$$\text{Tobin Q} = \beta_0 + \beta_1 \text{Patents} + \beta_2 \text{FV} + \beta_3 \text{Patents} \times \text{FV} + \sum_{i=4}^{n} \beta_i \text{Controls}_i + \varepsilon$$

$$(5-13)$$

表 5-3 列出了本章所有设定的计量模型。

表 5-3　计量模型汇总

模型	公式
模型 1	$\text{Patents} = \beta_0 + \sum_{i=1}^{n} \beta_i \text{Controls}_i + \varepsilon$
模型 2	$\text{Patents} = \beta_0 + \beta_1 \text{CVCs} + \sum_{i=2}^{n} \beta_i \text{Controls}_i + \varepsilon$
模型 3	$\text{Tobin Q} = \beta_0 + \sum_{i=1}^{n} \beta_i \text{Controls}_i + \varepsilon$
模型 4	$\text{Tobin Q} = \beta_0 + \beta_1 \text{Patents} + \sum_{i=2}^{n} \beta_i \text{Controls}_i + \varepsilon$
模型 5	$\text{Tobin Q} = \beta_0 + \beta_1 \text{CVCs} + \sum_{i=2}^{n} \beta_i \text{Controls}_i + \varepsilon$
模型 6	$\text{Tobin Q} = \beta_0 + \beta_1 \text{CVCs} + \beta_2 \text{Patents} + \sum_{i=3}^{n} \beta_i \text{Controls}_i + \varepsilon$
模型 7	$\text{Patents} = \beta_0 + \beta_1 \text{CVCs} + \beta_2 \text{Geo} + \sum_{i=3}^{n} \beta_i \text{Controls}_i + \varepsilon$
模型 8	$\text{Patents} = \beta_0 + \beta_1 \text{CVCs} + \beta_2 \text{Geo} + \beta_3 \text{CVCs} \times \text{Geo} + \sum_{i=4}^{n} \beta_i \text{Controls}_i + \varepsilon$
模型 9	$\text{Patents} = \beta_0 + \beta_1 \text{CVCs} + \beta_2 \text{AC} + \sum_{i=3}^{n} \beta_i \text{Controls}_i + \varepsilon$
模型 10	$\text{Patents} = \beta_0 + \beta_1 \text{CVCs} + \beta_2 \text{AC} + \beta_3 \text{CVCs} \times \text{AC} + \sum_{i=4}^{n} \beta_i \text{Controls}_i + \varepsilon$
模型 11	$\text{Patents} = \beta_0 + \beta_1 \text{CVCs} + \beta_2 \text{Geo} + \beta_3 \text{AC} + \beta_4 \text{CVCs} \times \text{Geo} + \beta_5 \text{CVCs} \times \text{AC} + \sum_{i=6}^{n} \beta_i \text{Controls}_i + \varepsilon$
模型 12	$\text{Tobin Q} = \beta_0 + \beta_1 \text{Patents} + \beta_2 \text{FV} + \sum_{i=3}^{n} \beta_i \text{Controls}_i + \varepsilon$
模型 13	$\text{Tobin Q} = \beta_0 + \beta_1 \text{Patents} + \beta_2 \text{FV} + \beta_3 \text{Patents} \times \text{FV} + \sum_{i=4}^{n} \beta_i \text{Controls}_i + \varepsilon$

资料来源：笔者绘制。

第三节 实证检验结果

本章使用STATA 14.0计量软件对2009~2019年在深圳创业板上市的710家公司数据进行实证分析，以此检验前文所提出的假设。具体包括以下几项研究内容：主要变量的描述性统计分析；相关性分析与多重共线性检验；公司创业投资与创新产出、创新产出与托宾Q值、公司创业投资与托宾Q值之间的直接效应分析；创新产出的中介效应分析；地理邻近性与吸收能力的调节效应分析、企业能见度的调节效应分析以及稳健性检验。

一、描述性统计分析

本章选取了710家创业板上市公司的4045条观测值，其中自变量、调节变量和控制变量的时间跨度为2009~2018年，中介变量和因变量因滞后一期收集，时间跨度为2010~2019年。表5-4为本章主要变量的描述性统计结果。

表5-4 描述性统计

变量	样本数量	均值	标准差	最小值	最大值
Tobin Q	4045	3.39	2.25	0	25.17
Patents	4045	19.97	38.22	0	741
CVCs	4045	0.08	0.33	0	4
Geo	4045	0.24	0.67	0	4
AC	4045	7.14	6.55	0	78.39
FV	4045	0.94	0.96	0	8.57
Size	4045	21.18	0.84	6.41	24.76
Age	4045	13.61	4.88	1	33
Share	4045	31.3	12.47	0.27	81.18
Lev	4045	0.28	0.17	0.01	1.69
Outcap	4045	17.84	1.35	0.24	23.03
Roe	4045	0.02	0.99	−45	0.45
Sales	4045	0.46	1.11	−3.04	22.56
Pre-CVC	4045	0.09	0.29	0	1
IVC	4045	0.09	0.45	0	8

资料来源：笔者绘制。

如表 5-4 所示，因变量托宾 Q 值（Tobin Q）的均值为 3.39，标准差为 2.25，最小值为 0，最大值为 25.17，说明样本所选的新创企业普遍具有较高的托宾 Q 值，但不同企业之间的差异比较大。

自变量公司创业投资（CVCs）的最小值为 0，最大值为 4，均值为 0.08，标准差为 0.33，说明对于已上市的新创企业而言，其获得公司创业投资的现象确有发生。

中介变量创新产出（Patents）的均值为 19.97，标准差为 38.22，最小值为 0，最大值为 741，说明所选新创企业的创新产出水平普遍比较高，且各企业之间存在异质性。

调节变量地理邻近性（Geo）和吸收能力（AC）的均值分别为 0.24 和 7.14，标准差分别为 0.67 和 6.55，最小值均为 0，最大值分别为 4 和 78.39，说明所选的不同新创企业的吸收能力以及其与公司投资者之间的相对地理位置存在较大的差异。调节变量企业能见度（FV）的最小值为 0，最大值为 8.57，均值为 0.94，标准差为 0.96，说明不同新创企业在市场上能见度存在一定的差异性。

控制变量新创企业规模（Size）和年龄（Age）的均值分别为 21.18 和 13.61，标准差分别为 0.84 和 4.88，最小值分别为 6.41 和 1，最大值分别为 24.76 和 33。新创企业的股权集中度（Share）的最小值为 0.27，最大值为 81.18，均值为 31.3，标准差为 12.47。反映新创企业的财务状况的变量资产负债率（Lev）和资本支出（Outcap）的均值分别为 0.28 和 17.84，标准差分别为 0.17 和 1.35，最小值分别为 0.01 和 0.24，最大值分别为 1.69 和 23.03。以上五个控制变量的标准差均小于均值，不同企业之间不存在过大的差异。反映新创企业的盈利能力的变量净资产收益率（Roe）和主营收入增长率（Sales）的均值分别为 0.02 和 0.46，标准差分别为 0.99 和 1.11，最小值分别为 -45 和 -3.04，最大值分别为 0.45 和 22.56，不同新创企业之间的盈利能力存在较大的差异。新创企业先前的 CVC 融资经验（Pre-CVC）为虚拟变量，最小值为 0，最大值为 1，均值为 0.09，标准差为 0.29。新创企业获得的独立风险投资（IVC）的均值为 0.09，标准差为 0.45，最小值为 0，最大值为 8。

二、相关性分析

表 5-5 呈现了各变量的皮尔逊相关分析结果。根据相关系数表可以看出，自变量公司创业投资（CVCs）与中介变量创新产出（Patents）之间的相关系数为 0.1135，且在 1% 的水平上显著，说明公司创业投资与新创企业的创新产出之间存在正相关性。中介变量新创企业的创新产出（Patents）与托宾 Q 值（Tobin Q）的相关系数为 0.0181，这与假设 2 预测的方向相一致，为进一步的回归分析提供

表 5-5　相关性分析

变量	1	2	3	4	5	6	7	8	9	10	11	12	13	14	15
Tobin Q	1	—	—	—	—	—	—	—	—	—	—	—	—	—	—
Patents	0.0181 (0.2502)	1	—	—	—	—	—	—	—	—	—	—	—	—	—
CVCs	0.022 (0.1609)	0.1135 (0.0000)	1	—	—	—	—	—	—	—	—	—	—	—	—
Geo	-0.0492 (0.0017)	0.3783 (0.0000)	0.4529 (0.0000)	1	—	—	—	—	—	—	—	—	—	—	—
AC	0.2112 (0.0000)	0.0724 (0.0000)	0.017 (0.2801)	0.0454 (0.0039)	1	—	—	—	—	—	—	—	—	—	—
FV	0.1774 (0.0000)	-0.0361 (0.0216)	0.0048 (0.7595)	-0.0281 (0.0735)	0.2635 (0.0000)	1	—	—	—	—	—	—	—	—	—
Size	-0.3306 (0.0000)	0.1934 (0.0000)	0.147 (0.0000)	0.2326 (0.0000)	-0.093 (0.0000)	-0.0839 (0.0000)	1	—	—	—	—	—	—	—	—
Age	-0.0644 (0.0000)	0.0079 (0.6155)	0.0606 (0.0001)	0.0655 (0.0000)	-0.0388 (0.0135)	0.0348 (0.0268)	0.1299 (0.0000)	1	—	—	—	—	—	—	—
Share	0.0856 (0.0000)	0.0421 (0.0074)	0.065 (0.0000)	0.1194 (0.0000)	-0.1139 (0.0000)	-0.0553 (0.0004)	-0.1364 (0.0000)	-0.0506 (0.0013)	1	—	—	—	—	—	—
Lev	-0.2416 (0.0000)	0.0977 (0.0000)	0.065 (0.0000)	0.1194 (0.0000)	-0.2254 (0.0000)	-0.1883 (0.0000)	0.4578 (0.0000)	0.1587 (0.0000)	-0.0456 (0.0037)	1	—	—	—	—	—

续表

变量	1	2	3	4	5	6	7	8	9	10	11	12	13	14	15
Outcap	-0.1947 (0.0000)	0.1847 (0.0000)	0.0567 (0.0003)	0.1343 (0.0000)	-0.0636 (0.0001)	-0.0667 (0.0000)	0.5671 (0.0000)	-0.0073 (0.6408)	-0.0004 (0.9776)	0.2544 (0.0000)	1	—	—	—	—
Roe	0.0446 (0.0045)	0.0264 (0.0932)	-0.0043 (0.7838)	-0.0437 (0.0055)	-0.0241 (0.1251)	-0.0505 (0.0013)	-0.0506 (0.0013)	-0.0057 (0.7178)	0.0444 (0.0047)	-0.2445 (0.0000)	-0.0113 (0.4741)	1	—	—	—
Sales	0.0374 (0.0175)	0.0028 (0.8577)	0.0030 (0.8497)	-0.0001 (0.994)	0.0888 (0.0000)	-0.0066 (0.6744)	0.0218 (0.1655)	0.0216 (0.1693)	-0.0589 (0.0002)	0.0258 (0.1006)	-0.0716 (0.0000)	0.0333 (0.0341)	1	—	—
Pre-CVC	-0.0093 (0.5525)	0.0464 (0.0032)	-0.0018 (0.9082)	0.0544 (0.0005)	0.0484 (0.0021)	0.0476 (0.0025)	0.0545 (0.0005)	-0.0535 (0.0007)	-0.0176 (0.2642)	0.0361 (0.0215)	0.0693 (0.0000)	0.0069 (0.6624)	0.0787 (0.0000)	1	—
IVC	-0.0328 (0.0369)	0.0221 (0.1600)	0.2752 (0.0000)	0.1317 (0.0000)	-0.0399 (0.0112)	-0.0252 (0.1089)	0.1145 (0.0000)	0.0458 (0.0036)	-0.0476 (0.0025)	0.0628 (0.0001)	0.0104 (0.5077)	-0.0356 (0.0235)	-0.0015 (0.9255)	-0.0266 (0.0906)	1

注：N=4045，括号内为各变量的显著性。

资料来源：笔者绘制。

了部分支持。自变量公司创业投资（CVCs）与因变量托宾 Q 值（Tobin Q）的相关系数为正。调节变量地理邻近性（Geo）与创新产出（Patents）的相关系数为 0.3783，调节变量吸收能力（AC）与创新产出（Patents）的相关系数为 0.0724，且两者都在 1% 的水平上显著，为假设 5 和假设 6 的进一步检验提供了有利条件。调节变量企业能见度（FV）与托宾 Q 值（Tobin Q）的相关系数为 0.1774，且在 1% 的水平上显著。

同时，为了保障回归结果的有效性，本章对控制变量进行初步的相关性分析。在控制变量中，新创企业 IPO 前 CVC 融资经验（Pre-CVC）与托宾 Q 值（Tobin Q）的相关系数为 -0.0093，但未达显著水平。新创企业的规模（Size）、年龄（Age）、股权集中度（Share）、资产负债率（Lev）、资本支出（Outcap）和净资产收益率（Roe）与托宾 Q 值（Tobin Q）的相关系数分别为 -0.3306、-0.0644、0.0856、-0.2416、-0.1947 与 0.0446，且均在 1% 的水平上显著。新创企业的营业收入增长率（Sales）、获得的独立风险投资（IVC）与托宾 Q 值（Tobin Q）的相关系数分别为 0.0374 和 -0.0328，且在 5% 的水平上显著。以上结果表明，本章选取的控制变量基本上是有效的，对因变量有着较高水平的显著影响。

最后，本章为诊断多重共线性问题，还计算了各变量间的方差膨胀因子（VIF），结果如表 5-6 所示。由多重共线性检验结果可知，各变量的 VIF 值均小于 2，说明变量之间的多重共线性情况不足以影响回归结果的可靠性，各变量对因变量的影响具有解释力度。

表 5-6 多重共线性检验结果

变量	方差膨胀因子（VIF）	容忍度
Patents	1.22	0.817295
CVCs	1.35	0.740350
Geo	1.48	0.674058
AC	1.16	0.858794
FV	1.12	0.895687
Size	1.41	0.711605
Age	1.05	0.950440
Share	1.05	0.953876
Lev	1.37	0.731827
Outcap	1.30	0.768095
Roe	1.09	0.914356

续表

变量	方差膨胀因子（VIF）	容忍度
Sales	1.03	0.970646
Pre-CVC	1.03	0.972206
IVC	1.09	0.914264
Mean VIF	1.20	

资料来源：笔者绘制。

三、回归分析

（一）计量模型的筛选

本章使用的数据为"大 N 小 T 型"的非平衡面板数据，为了保证回归结果的准确性和有效性，在进行具体的回归分析之前，需要对各个假设所使用的计量模型进行筛选。具体包括：根据 Wald 检验判断使用固定效应模型还是混合 OLS 模型；依据 B-P 检验或 LR 检验的结果在随机效应模型和混合 OLS 模型之间进行选择；展开 Hausman 检验在固定效应模型和随机效应模型之间进行筛选，从而最终确定各假设检验所使用的计量模型。表 5-7 呈现了计量模型估计检验结果。

检验结果显示，首先，各模型的 Wald 检验的统计量均大于 0，p 值均为 0，说明 F 值在 1% 的水平上显著，拒绝了原假设，在固定效应模型和混合 OLS 模型中选择前者；其次，B-P 检验或 LR 检验的统计量均大于 0，且 p 值均为 0，拒绝原假设，在随机效应模型和混合 OLS 模型中选择前者；最后，Hausman 检验结果显示各模型的统计量均大于 0，且 p 值均为 0，说明固定效应模型比随机效应模型更有效。因此，本章选择固定效应模型进行进一步的回归分析。

表 5-7　计量模型估计检验结果

效应	模型	Wald 检验		B-P 检验/LR 检验		Hausman 检验		最佳模型
		统计量	p 值	统计量	p 值	统计量	p 值	
直接效应	模型 1	125.31	0.0000	1978.90	0.0000	86.15	0.0000	固定效应模型
	模型 2	218.87	0.0000	1997.17	0.0000	91.03	0.0000	
	模型 3	18.57	0.0000	396.40	0.0000	77.40	0.0000	
	模型 4	18.42	0.0000	371.70	0.0000	77.36	0.0000	
	模型 5	18.69	0.0000	396.70	0.0000	92.54	0.0000	
中介效应	模型 6	18.40	0.0000	373.31	0.0000	89.68	0.0000	固定效应模型

续表

效应	模型	Wald 检验		B-P 检验/LR 检验		Hausman 检验		最佳模型
		统计量	p 值	统计量	p 值	统计量	p 值	
调节效应	模型 7	338.73	0.0000	1790.98	0.0000	159.34	0.0000	固定效应模型
	模型 8	338.36	0.0000	1795.92	0.0000	164.78	0.0000	
	模型 9	225.33	0.0000	1980.71	0.0000	98.17	0.0000	
	模型 10	241.19	0.0000	1983.92	0.0000	102.94	0.0000	
	模型 11	361.64	0.0000	1886.39	0.0000	103.41	0.0000	
	模型 12	20.83	0.0000	357.43	0.0000	87.66	0.0000	
	模型 13	20.15	0.0000	354.53	0.0000	95.54	0.0000	

资料来源：笔者绘制。

（二）直接效应回归分析

本章借助计量分析软件 STATA 14.0 对上述模型进行回归分析，以此验证前文所提出的假设。考虑到因变量托宾 Q 值为连续型变量，采用普通最小二乘法探究创新产出与托宾 Q 值、公司创业投资与托宾 Q 值之间的关系。中介变量创新产出为计数型变量，且标准差大于均值，因此采用负二项回归方法探究公司创业投资与创新产出之间的关系。同时，综合计量模型筛选结果，以上回归分析均采用面板数据的固定效应模型进行实证分析。

1. 公司创业投资与创新产出的直接效应

表 5-8 呈现了公司创业投资与创新产出的回归结果。模型 1 以滞后一期的创新产出为因变量，纳入新创企业规模、新创企业年龄、股权集中度、资产负债率、资本支出等十个控制变量。回归结果显示，新创企业年龄、股权集中度、资本支出和净资产收益率对新创企业的创新产出成果存在显著的正向影响；新创企业规模、主营收入增长率、IPO 前 CVC 融资经验以及获得的独立风险投资正向影响新创企业的创新产出，但结果不显著；新创企业的资产负债率负向影响企业的创新产出但并不显著。以上控制变量的回归结果表明，新创企业经营年限越久，股权集中度越高，面临的创新能力下降，企业僵化的可能性越高，激发企业进行更多的创新产出活动来保持持续的竞争优势，而企业合理的资本结构和盈利能力能为企业持续的创新能力提供资金保障。这些结果进一步验证了既有研究中的结论。

进一步地，为了检验假设 1 提出的公司创业投资与新创企业的创新产出之间的正相关关系。模型 2 在模型 1 的基础上加入了自变量公司创业投资，由回归结果可知，公司创业投资与创新产出显著正相关（β = 0.313，p < 0.01），由此证明

新创企业选择公司创业投资的融资行为会影响企业的创新产出水平，获得更多公司创业投资次数的新创企业的创新产出成果更多，从而假设 1 得到支持。

表 5-8　公司创业投资与创新产出的直接效应分析结果

变量	Patents	
	模型 1	模型 2
常数项	−1.701**	−1.287***
	(0.71)	(0.70)
控制变量		
Size	0.006	−0.009
	(0.03)	(0.03)
Age	0.009*	0.006
	(0.01)	(0.01)
Share	0.008***	0.008***
	(0.00)	(0.00)
Lev	−0.156	−0.128
	(0.13)	(0.13)
Outcap	0.058***	0.056***
	(0.02)	(0.02)
Roe	0.058**	0.056**
	(0.02)	(0.02)
Sales	0.006	0.006
	(0.01)	(0.01)
Pre-CVC	0.089	0.082
	(0.10)	(0.10)
IVC	0.047	−0.025
	(0.03)	(0.03)
Industry	控制	控制
自变量		
CVCs	—	0.313***
		(0.03)
Log likelihood	−10503.249	−10471.195
Wald chi^2	125.31***	218.87***
N	4045	4045

注：括号内为标准误，＊表示 p<0.1，＊＊表示 p<0.05，＊＊＊表示 p<0.01。

资料来源：笔者绘制。

2. 创新产出与托宾 Q 值的直接效应

表 5-9 呈现了创新产出与托宾 Q 值的回归结果。模型 3 以托宾 Q 值为因变量，仅放入新创企业规模、新创企业年龄、股权集中度、资产负债率、资本支出等十个控制变量。回归结果显示，新创企业的资产负债率、净资产收益率、营业收入增长率和 IPO 前 CVC 融资经验对其托宾 Q 值存在显著的正向影响，新创企业的规模、年龄与资本支出对其托宾 Q 值存在显著的负向影响，新创企业的股权集中度和 IVC 融资与其托宾 Q 值的回归系数为正但并不显著。这验证了以往研究中的既有结论，新创企业的盈利能力强、财务杠杆水平高或上市前的 CVC 融资经验丰富，一方面表现了企业具有投资价值，另一方面也在一定程度上表现了企业在资本市场的活跃度，能促进企业向外界传递积极信号，从而提高外界对其未来成长价值的评估，提升托宾 Q 值。相反，新创企业的规模越大、经营年限越久，外界对其未来发展评估受企业以往绩效的影响程度越大，而过高的资本支出增加外界对企业资本可持续发展的担忧，进而对新创企业的价值评估不高。

模型 4 同时放入了控制变量和创新产出，以此来检验假设 2 提出的新创企业的创新产出与托宾 Q 值之间存在正相关关系。回归结果显示，新创企业的创新产出与托宾 Q 值之间的回归系数为正，且在 1% 的水平上显著（$\beta = 0.005$，$p < 0.01$），说明新创企业的创新产出对其托宾 Q 值的提高具有重要意义，新创企业可以通过提高企业的创新产出水平向外界传递积极信号，由此来获得更多利益相关者与潜在投资者的支持，进而提高托宾 Q 值，假设 2 得到支持。

表 5-9　创新产出与托宾 Q 值的直接效应分析结果

变量	Tobin Q	
	模型 3	模型 4
常数项	22.601*** (2.56)	23.328*** (2.56)
控制变量		
Size	−1.015*** (0.09)	−1.038*** (0.09)
Age	−0.045** (0.02)	−0.044* (0.02)
Share	0.003 (0.01)	0.001 (0.01)
Lev	1.574*** (0.38)	1.544*** (0.38)

续表

变量	Tobin Q	
	模型 3	模型 4
Outcap	−0.069 * (0.04)	−0.075 * (0.04)
Roe	0.092 *** (0.04)	0.074 ** (0.04)
Sales	0.087 *** (0.03)	0.088 *** (0.03)
Pre-CVC	6.455 ** (2.75)	5.851 ** (2.75)
IVC	0.071 (0.07)	0.063 (0.07)
Industry	控制	控制
自变量		
Patents	—	0.005 *** (0.00)
R^2	0.4504	0.4526
Adj R^2	0.3289	0.3314
Wald chi^2	18.571 ***	18.417 ***
N	4045	4045

注：括号内为标准误，＊表示 p<0.1，＊＊表示 p<0.05，＊＊＊表示 p<0.01。
资料来源：笔者绘制。

3. 公司创业投资与托宾 Q 值的直接效应

表 5-10 呈现了公司创业投资与托宾 Q 值的回归结果。模型 3 以滞后一期的托宾 Q 值为因变量，纳入新创企业规模、新创企业年龄、股权集中度、资产负债率、资本支出等十个控制变量。模型 5 在模型 3 的基础上加入了自变量公司创业投资，回归结果显示，公司创业投资与新创企业的托宾 Q 值的回归系数在 1% 的水平上显著为正（β=0.445，p<0.01），说明公司创业投资对提高新创企业的托宾 Q 值具有积极影响，支持了假设 3。

表 5-10　公司创业投资与托宾 Q 值的直接效应分析结果

变量	Tobin Q	
	模型 3	模型 5
常数项	22.601*** (2.56)	22.838*** (2.55)
控制变量		
Size	-1.015*** (0.09)	-1.027*** (0.09)
Age	-0.045** (0.02)	-0.051** (0.02)
Share	0.003 (0.01)	0.004 (0.01)
Lev	1.574*** (0.38)	1.647*** (0.38)
Outcap	-0.069* (0.04)	-0.070* (0.04)
Roe	0.092*** (0.04)	0.090** (0.03)
Sales	0.087*** (0.03)	0.087*** (0.03)
Pre-CVC	6.455** (2.75)	6.412** (2.74)
IVC	0.071 (0.07)	-0.012 (0.07)
Industry	控制	控制
自变量		
CVCs	—	0.445*** (0.10)
R^2	0.4504	0.4535
Adj R^2	0.3289	0.3325
Wald chi^2	18.571***	18.692***
N	4045	4045

注：括号内为标准误，*表示 p<0.1，**表示 p<0.05，***表示 p<0.01。

资料来源：笔者绘制。

（三）中介效应分析

本章首先使用检验中介效应最常用的逐步法（Causal Steps Approach）来检验创新产出是否在公司创业投资和托宾 Q 值之间起中介作用（Baron and Kenny，1986；Judd and Kenny，1981）。具体而言，可分为三个步骤来逐步检验回归系数。第一步，对自变量公司创业投资与因变量托宾 Q 值之间的关系进行回归分析（模型 5），检验公司创业投资的回归系数 c（即检验原假设 H_0：$c=0$）。第二步，对自变量公司创业投资与中介变量创新产出进行回归分析（模型 2），检验公司创业投资的回归系数 a（即检验原假设 H_0：$a=0$）；将自变量公司创业投资、中介变量创新产出与因变量托宾 Q 值同时放入模型进行回归分析（模型 6），检验中介变量创新产出的回归系数 b（即检验原假设 H_0：$b=0$），从而来间接检验系数 a 和 b 乘积的显著性（即检验原假设 H_0：$ab=0$）。Hayes（2009）将这一步称为联合显著性检验（Test of Joint Significance）。如果前述模型 5 中公司创业投资的回归系数 c 显著，且模型 2 中公司创业投资的回归系数 a 和模型 6 中创新产出的回归系数 b 都显著，则中介效应显著。第三步，检验模型 6 中控制了中介变量创新产出的影响后，自变量公司创业投资对因变量托宾 Q 值的直接影响 c′ 是否显著。若公司创业投资的回归系数 c′ 不显著，则为完全中介；若显著，则为部分中介（Mackinnon et al.，1995；温忠麟等，2004）。

检验结果如表 5-11 所示，模型 5 表明公司创业投资的回归系数 c 显著（β=0.445，p<0.01），且 $c \neq 0$；模型 2 表明公司创业投资的回归系数 a 显著（β=0.313，p<0.01），且 $a \neq 0$；模型 6 表明创新产出的回归系数 b 显著（β=0.004，p<0.01），且 $b \neq 0$，公司创业投资的回归系数 c′ 显著（β=0.410，p<0.01）。因此，综合模型 2、模型 5、模型 6 的结果，说明创新产出在公司创业投资与托宾 Q 值的关系中起到部分中介作用，从而假设 4 得到支持。

再者，考虑到学者们（例如，Edwards，2007；Spencer et al.，2005）对逐步法通过间接检验回归系数显著性来判断中介效应的质疑，为了提高检验力并保障实证结果的可信度，本章进一步采用 Sobel 检验来验证创新产出在公司创业投资与托宾 Q 值之间的中介效应（Mackinnon et al.，2002）。研究结果显示，公司创业投资通过创新产出对新创企业的托宾 Q 值产生显著的影响（Sobel 检验：β=0.059，p<0.01），进一步验证了中介效应的可靠性。

最后，为了弥补 Sobel 检验需要前提假设抽样分布呈正态性的局限性（Mackinnon，2008；方杰、张敏强，2012），本章引入了 Mackinnon 等（2004）提出的 Bootstrap 检验方法，以重复抽样的方法得到类似原始样本的 Bootstrap 样本，检验回归系数乘积 ab 的一个置信度为 95% 的置信区间是否包含 0。若 0 不在该置信区间内，则 ab 显著，中介效应存在（Preacher et al.，2007；温忠麟等，

2012）。Bootstrap 检验结果表明，创新产出的间接影响显著为正（β＝0.059，p＜
0.01，95%置信区间＝［0.015，0.104］不含0），说明中介效应存在。

综上所述，逐步法、Sobel 检验和 Bootstrap 检验都支持本章提出的中介效应
假设，验证了假设4。

表 5-11　创新产出的中介效应分析结果

变量	Tobin Q	Patents	Tobin Q
	模型 5	模型 2	模型 6
常数项	22.838***	-1.287***	23.460***
	(2.55)	(0.70)	(2.56)
控制变量			
Size	-1.027***	-0.009	-1.046***
	(0.09)	(0.03)	(0.09)
Age	-0.051**	0.006	-0.050**
	(0.02)	(0.01)	(0.02)
Share	0.004	0.008***	0.002
	(0.01)	(0.00)	(0.01)
Lev	1.647***	-0.128	1.614***
	(0.38)	(0.13)	(0.38)
Outcap	-0.070*	0.056***	-0.075*
	(0.04)	(0.02)	(0.04)
Roe	0.090**	0.056**	0.073**
	(0.03)	(0.02)	(0.04)
Sales	0.087***	0.006	0.088***
	(0.03)	(0.01)	(0.03)
Pre-CVC	6.412**	0.082	5.884**
	(2.74)	(0.10)	(2.74)
IVC	-0.012	-0.025	-0.012
	(0.07)	(0.03)	(0.07)
Industry	控制	控制	控制
自变量			
CVCs	0.445***	0.313***	0.410***
	(0.10)	(0.03)	(0.10)

续表

变量	Tobin Q	Patents	Tobin Q
	模型 5	模型 2	模型 6
中介变量			
Patents	—	—	0.004 *** (0.00)
Log likelihood	−1507.6	−10471.195	−768.11
R^2	0.4535	—	0.4552
Adj R^2	0.3325	—	0.3344
Wald chi^2	18.692 ***	218.87 ***	18.403 ***
N	4045	4045	4045

注：括号内为标准误，＊表示 $p<0.1$，＊＊表示 $p<0.05$，＊＊＊表示 $p<0.01$。
资料来源：笔者绘制。

（四）调节效应分析

1. 地理邻近性和吸收能力的调节作用

假设 5 提出地理邻近性在公司创业投资与创新产出的关系中起到调节作用。为了检验该假设，本章在模型 2 的基础上加入调节变量地理邻近性得到模型 7，在模型 7 的基础上加入自变量公司创业投资与地理邻近性的乘积项得到模型 8，对创新产出进行逐步多元回归分析。从表 5-12 模型 7 的分析结果可知，地理邻近性与创新产出之间存在显著的正向关系（$\beta = 0.252$，$p<0.01$），地理位置上的优势是新创企业提高创新产出的重要途径。从模型 8 的分析结果可知，公司创业投资与地理邻近性的乘积项（CVCs×Geo）与创新产出（Patents）之间存在显著的负相关关系（$\beta = -0.088$，$p<0.05$），说明地理邻近性在公司创业投资与创新产出之间起到了负向调节作用，即弱化了公司创业投资与创新产出之间的关系，从而假设 5b 得到验证。

同样，假设 6 提出吸收能力在公司创业投资与创新产出的关系中起到调节作用。为了检验该假设，本章在模型 2 的基础上加入调节变量吸收能力得到模型 9，在模型 9 的基础上加入自变量公司创业投资与吸收能力的乘积项得到模型 10，对创新产出进行逐步多元回归分析。从表 5-12 模型 10 的分析结果可知，公司创业投资与吸收能力的乘积项（CVCs×AC）的回归系数显著为正（$\beta = 0.011$，$p<0.01$），说明新创企业的吸收能力越强，公司创业投资越能促使企业进行更多的创新产出，吸收能力在公司创业投资与创新产出之间起到了正向调节作用，即强化了公司创业投资与创新产出之间的关系，从而支持假设 6。

为了进一步验证地理邻近性和吸收能力两个变量的调节效应，本章在模型 2 的基础上同时加入地理邻近性和吸收能力两个调节变量，以及上述两个变量各自与公司创业投资的乘积项，进行回归分析。表 5-12 模型 11 的回归结果表明，对于公司创业投资与创新产出之间的关系，地理邻近性的负向调节作用（β = −0.077，p<0.1）和吸收能力的正向调节作用（β=0.012，p<0.01）显著，且新创企业吸收能力的调节作用的显著性高于地理邻近性的调节作用的显著性。

表 5-12　地理邻近性和吸收能力的调节效应分析结果

变量	Patents					
	模型 2	模型 7	模型 8	模型 9	模型 10	模型 11
常数项	−1.287*** （0.70）	−0.378 （0.68）	−0.252 （0.68）	−1.417** （0.70）	−1.464** （0.71）	−0.360 （0.68）
控制变量						
Size	−0.009 （0.03）	−0.047 （0.03）	−0.052* （0.03）	−0.002 （0.03）	−0.001 （0.03）	−0.047 （0.03）
Age	0.006 （0.01）	0.001 （0.01）	0.002 （0.01）	0.005 （0.01）	0.005 （0.01）	0.001 （0.01）
Share	0.008*** （0.00）	0.007*** （0.00）	0.007*** （0.00）	0.008*** （0.00）	0.008*** （0.00）	0.007*** （0.00）
Lev	−0.128 （0.13）	−0.036 （0.13）	−0.028 （0.13）	−0.112 （0.13）	−0.117 （0.13）	−0.015 （0.13）
Outcap	0.056*** （0.02）	0.053*** （0.02）	0.053*** （0.02）	0.053*** （0.02）	0.054*** （0.02）	0.051*** （0.02）
Roe	0.056** （0.02）	0.070*** （0.02）	0.073*** （0.02）	0.060** （0.02）	0.060** （0.02）	0.075*** （0.02）
Sales	0.006 （0.01）	0.008 （0.01）	0.008 （0.01）	0.006 （0.01）	0.005 （0.01）	0.007 （0.01）
Pre-CVC	0.082 （0.10）	0.077 （0.10）	0.076 （0.10）	0.077 （0.10）	0.081 （0.10）	0.085 （0.10）
IVC	−0.025 （0.03）	−0.003 （0.03）	−0.006 （0.03）	−0.023 （0.03）	−0.014 （0.03）	0.003 （0.03）
Industry	控制	控制	控制	控制	控制	控制

续表

变量	Patents					
	模型 2	模型 7	模型 8	模型 9	模型 10	模型 11
自变量						
CVCs	0.313*** (0.03)	0.165*** (0.044)	0.282*** (0.07)	0.315*** (0.03)	0.227*** (0.05)	0.172** (0.08)
调节变量						
Geo	—	0.252*** (0.02)	0.275*** (0.03)	—	—	0.272*** (0.03)
AC	—	—	—	0.008** (0.00)	0.007** (0.00)	0.005 (0.00)
交叉项						
CVCs×Geo	—	—	-0.088** (0.04)	—	—	-0.077* (0.04)
CVCs×AC	—	—	—	—	0.011*** (0.00)	0.012*** (0.00)
Log likelihood	-10471.195	-10422.964	-10420.98	-10468.254	-10465.078	-10415.259
Wald chi^2	218.87***	338.73***	338.36***	225.33***	241.19***	361.64***
N	4045	4045	4045	4045	4045	4045

注：括号内为标准误，* 表示 p<0.1，** 表示 p<0.05，*** 表示 p<0.01。
资料来源：笔者绘制。

2. 企业能见度的调节作用

假设 7 认为新创企业能见度对创新产出与托宾 Q 值之间的关系存在正向调节作用。从表 5-13 所呈现的模型 12 的回归结果可以看出，企业能见度与托宾 Q 值之间存在显著的正向关系（β=0.648，p<0.01），表明新创企业能见度高，其被外界利益相关者和潜在投资者认知的可能性更高，对托宾 Q 值的提升存在积极影响。

模型 13 的回归结果显示，企业能见度对创新产出与托宾 Q 值之间关系起到显著的正向调节作用（β=0.004，p<0.1），高能见度能放大创新产出能力强的新创企业向外界传递的积极信号，增强其被外界感知和关注，进而强化了新创企业的创新产出与托宾 Q 值之间的关系，从而验证了假设 7。

表5-13　企业能见度的调节效应分析结果

变量	Tobin Q		
	模型 4	模型 12	模型 13
常数项	23.328*** (2.56)	21.405*** (2.55)	21.274*** (2.55)
控制变量			
Size	-1.038*** (0.09)	-0.954*** (0.08)	-0.949*** (0.09)
Age	-0.044* (0.02)	-0.074*** (0.02)	-0.074*** (0.02)
Share	0.001 (0.01)	-0.001 (0.01)	-0.001 (0.01)
Lev	1.544*** (0.38)	1.824*** (0.37)	1.826*** (0.37)
Outcap	-0.075* (0.04)	-0.088** (0.04)	-0.087** (0.04)
Roe	0.074** (0.04)	0.105*** (0.04)	0.099*** (0.04)
Sales	0.088*** (0.03)	0.075** (0.03)	0.074** (0.03)
Pre-CVC	5.851** (2.75)	6.051** (2.72)	6.183** (2.72)
IVC	0.063 (0.07)	0.076 (0.07)	0.078 (0.07)
Industry	控制	控制	控制
自变量			
Patents	0.005*** (0.00)	0.005*** (0.00)	0.003 (0.00)
调节变量			
FV		0.648*** (0.08)	0.607*** (0.08)
交叉项			
Patents×FV			0.004* (0.00)

续表

变量	Tobin Q		
	模型 4	模型 12	模型 13
R^2	0.4526	0.4638	0.4643
Adj R^2	0.3314	0.3449	0.3453
Wald chi^2	18.417***	20.826***	20.153***
N	4045	4045	4045

注：括号内为标准误，＊表示 p<0.1，＊＊表示 p<0.05，＊＊＊表示 p<0.01。

资料来源：笔者绘制。

四、稳健性检验

1. 子样本分析

为进一步验证实证结果的稳健性，本章借鉴 Dushnitsky 和 Lenox（2005a）、Paik 和 Woo（2017）等的方法，通过调整样本来进行稳健性检验。具体而言，本章所使用的创业板上市公司数据包括四类：①既未获得公司创业投资（CVC），也未获得独立风险投资（IVC）的上市公司，即 CVC＝0 且 IVC＝0；②仅获得独立风险投资（IVC）的上市公司，即 CVC＝0 且 IVC≠0；③仅获得公司创业投资（CVC）的上市公司，即 CVC≠0 且 IVC＝0；④既获得公司创业投资（CVC），也获得独立风险投资（IVC）的上市公司，即 CVC≠0 且 IVC≠0。本部分剔除未获得公司创业投资的上市公司，采用第③类和第④类上市公司数据进行稳健性检验。表 5-14 报告了子样本回归分析结果。

模型 15 的回归结果表明，公司创业投资与创新产出之间存在显著的正相关关系（β＝0.279，p<0.01），支持假设 1。模型 17 的回归结果显示，创新产出的回归系数为正，且在 1% 的水平上显著（β＝0.006，p<0.01），支持假设 2 提出的创新产出与托宾 Q 值之间存在正相关关系的假设。根据模型 18 的回归结果可知，公司创业投资与托宾 Q 值之间存在显著的正相关关系（β＝0.480，p<0.01），支持假设 3。以上结果表明，前文中关于直接效应的实证分析结果具有稳健性。

假设 4 提出创新产出在公司创业投资与托宾 Q 值之间起到中介作用。综合模型 15、模型 18 和模型 19 的回归结果，公司创业投资与托宾 Q 值之间存在显著的正相关关系（β＝0.480，p<0.01）；公司创业投资与创新产出之间的回归系数在 1% 的水平上显著为正（β＝0.279，p<0.01）；同时纳入公司创业投资和创新产出对托宾 Q 值进行回归分析后发现，创新产出的回归系数显著为正（β＝0.005， p<0.01），且控制了中介变量后，公司创业投资的直接效应仍显著为正（β = 0.438，p<0.01）。以上结果表明，创新产出在公司创业投资与托宾 Q 值之间的部分中介效应是存在的，中介效应分析通过了稳健性检验。

同样，对调节效应进行稳健性检验。由模型 21 和模型 23 的回归结果可知，公司创业投资与地理邻近性的交叉项的回归系数显著为负（β = -0.081，p< 0.1），公司创业投资与吸收能力的交叉项的回归系数为正，且在 1% 的水平上显著（β = 0.012，p<0.01），验证了地理邻近性对公司创业投资与创新产出之间的关系起到了负向调节作用，而新创企业吸收能力对上述关系起到正向调节作用的假设，从而假设 5b 和假设 6 通过了稳健性检验。最后，根据模型 26 可知，创新产出与企业能见度的交叉项相对于托宾 Q 值的回归系数在 1% 的水平上显著为正（β = 0.009，p<0.01），假设 7 提出的企业能见度正向调节创新产出与托宾 Q 值之间的关系，进一步得到了实证检验的支持，回归分析结果具有稳健性。

综上所述，本章所有假设的实证分析均通过了稳健性检验，实证结果是稳健的。

2. 倾向得分匹配法（PSM）分析

考虑到获得公司创业投资和未获得公司创业投资的新创企业的企业特征之间存在差异，并可能对新创企业是否选择公司创业投资作为融资方式产生反向因果的影响。因此，为了有效缓解内生性问题，进一步提高研究结果的可信度，采用 Rosebaum 和 Rubin（1985）提出的倾向得分匹配法（Propensity Score Matching，PSM）对获得公司创业投资和未获得公司创业投资的新创企业进行匹配处理（Rosenbaum and Rubin，1985）。具体地，首先，利用 Logit 回归从所有控制变量中筛选出对是否获得公司创业投资有显著影响的变量，结果显示，新创企业的规模（Size）、年龄（Age）、获得的独立风险投资（IVC）与公司创业投资存在显著正向影响，新创企业的股权集中度（Share）、资本支出（Outcap）与公司创业投资存在显著负向影响。其次，以上述五个变量为匹配变量，采用 1∶1 最近邻匹配法进行匹配分析，表 5-15 呈现了公司创业投资与新创企业的托宾 Q 值、公司创业投资与新创企业的创新产出的 PSM 结果，表 5-16 展示了 PSM 前后各匹配变量的 T 值检验结果。

由表 5-16 的结果可知，匹配后，获得公司创业投资的新创企业的托宾 Q 值（Tobin Q）和创新产出（Patents）均比未获得公司创业投资的新创企业要高，且在 1% 的水平上显著，与假设 1 和假设 3 的结果相一致。由表 5-16 的结果可知，匹配后，获得公司创业投资和未获得公司创业投资的新创企业在各匹配变量上均不存在显著差异，倾向得分匹配结果是有效的。

表5-14　稳健性检验（子样本）

变量	Patents		Tobin Q				Patents					Tobin Q	
	模型14	模型15	模型16	模型17	模型18	模型19	模型20	模型21	模型22	模型23	模型24	模型25	模型26
常数项	-3.442*** (1.01)	-2.735*** (1.01)	28.271*** (3.85)	30.274*** (3.87)	29.124*** (3.82)	30.781*** (3.84)	-1.044 (1.03)	-0.762 (1.05)	-2.779** (1.01)	-2.931*** (1.01)	-0.883 (1.05)	29.434*** (3.91)	28.512*** (3.90)
控制变量													
Size	0.075 (0.05)	0.052 (0.05)	-1.322*** (0.15)	-1.407*** (0.15)	-1.361*** (0.15)	-1.431*** (0.15)	-0.014 (0.05)	-0.026 (0.05)	0.056 (0.05)	0.061 (0.05)	-0.02 (0.05)	-1.370*** (0.15)	-1.333*** (0.15)
Age	0.029*** (0.01)	0.021** (0.01)	-0.018 (0.04)	-0.008 (0.04)	-0.03 (0.04)	-0.02 (0.04)	0.007 (0.01)	0.008 (0.01)	0.020** (0.01)	0.019** (0.01)	0.007 (0.01)	-0.018 (0.04)	-0.017 (0.04)
Share	0.013*** (0.00)	0.013*** (0.00)	-0.008 (0.01)	-0.013 (0.01)	-0.007 (0.01)	-0.011 (0.01)	0.010*** (0.00)	0.010*** (0.00)	0.013*** (0.00)	0.013*** (0.00)	0.010*** (0.00)	-0.013 (0.01)	-0.011 (0.01)
Lev	-0.202 (0.21)	-0.114 (0.21)	3.136*** (0.57)	3.115*** (0.57)	3.302*** (0.57)	3.270*** (0.57)	0.091 (0.21)	0.111 (0.21)	-0.075 (0.21)	-0.103 (0.21)	0.116 (0.21)	3.226*** (0.57)	3.165*** (0.57)
Outcap	0.060** (0.02)	0.053** (0.02)	-0.083 (0.06)	-0.092 (0.06)	-0.087 (0.06)	-0.094 (0.06)	0.046* (0.02)	0.046* (0.02)	0.049** (0.02)	0.053* (0.02)	0.047* (0.02)	-0.097* (0.06)	-0.091 (0.06)
Roe	0.051** (0.02)	0.052** (0.02)	0.137*** (0.04)	0.114*** (0.04)	0.136*** (0.04)	0.117*** (0.04)	0.066*** (0.02)	0.069*** (0.02)	0.054*** (0.02)	0.053*** (0.02)	0.070*** (0.02)	0.123*** (0.04)	0.103*** (0.04)
Sales	0.027 (0.02)	0.025 (0.02)	0.024 (0.05)	0.027 (0.05)	0.024 (0.05)	0.026 (0.05)	0.025 (0.02)	0.025 (0.02)	0.024 (0.02)	0.023 (0.02)	0.025 (0.02)	0.027 (0.05)	0.023 (0.05)

续表

变量	Patents		Tobin Q				Patents					Tobin Q	
	模型14	模型15	模型16	模型17	模型18	模型19	模型20	模型21	模型22	模型23	模型24	模型25	模型26
Pre-CVC	0.447*** (0.15)	0.441*** (0.15)	-1.698 (1.90)	-1.71 (1.89)	-1.738 (1.88)	-1.744 (1.88)	0.421*** (0.15)	0.418*** (0.15)	0.449*** (0.15)	0.458*** (0.15)	0.450*** (0.15)	-1.346 (1.90)	-1.461 (1.90)
IVC	0.076** (0.03)	-0.011 (0.04)	0.161* (0.09)	0.150* (0.09)	0.035 (0.09)	0.037 (0.09)	0.015 (0.04)	0.012 (0.04)	-0.01 (0.04)	0.005 (0.04)	0.025 (0.04)	0.151* (0.09)	0.154* (0.09)
Industry	控制	控制	控制	控制	控制	控制	控制	控制	控制	控制	控制	控制	控制
自变量 CVCs	—	0.279*** (0.04)	—	—	0.480*** (0.10)	0.438*** (0.10)	0.157*** (0.04)	0.264*** (0.07)	0.281*** (0.04)	0.179*** (0.05)	0.132 (0.08)	—	—
中介变量 Patents	—	—	0.006*** (0.00)	0.006*** (0.00)	—	0.005*** (0.00)	—	—	—	—	—	0.006*** (0.00)	-0.001 (0.00)
调节变量 Geo	—	—	—	—	—	—	0.242*** (0.03)	0.265*** (0.03)	—	—	0.264*** (0.03)	—	—
AC	—	—	—	—	—	—	—	—	0.006 (0.00)	0.005 (0.00)	0.001 (0.00)	—	—
FV	—	—	—	—	—	—	—	—	—	—	—	0.202 (0.14)	0.092 (0.14)

续表

变量	Patents		Tobin Q				交叉项					Tobin Q	
	模型14	模型15	模型16	模型17	模型18	模型19	模型20	模型21	模型22	模型23	模型24	模型25	模型26
	Patents								Patents				
CVGs×Geo	—	—	—	—	—	—	—	-0.081* (0.05)	—	—	-0.068 (0.05)	—	—
CVGs×AC	—	—	—	—	—	—	—	—	—	0.012*** (0.00)	0.014*** (0.00)	—	—
CVGs×FV	—	—	—	—	—	—	—	—	—	—	—	—	0.009*** (0.00)
Log likelihood	-4545.235	-4521.525	—	—	—	—	-4480.263	-4478.692	-4520.639	-4516.964	-4473.481	—	—
R^2	—	—	0.4450	0.4512	0.4541	0.4587	—	—	—	—	—	0.4521	0.4571
Adj R^2	—	—	0.3426	0.3495	0.3530	0.3579	—	—	—	—	—	0.3500	0.3555
Wald chi^2	113.01***	185.79***	10.27***	10.58***	10.95***	11.04***	285.87***	284.13***	188.21***	206.90***	307.30***	10.24***	10.40***
N	1581	1581	1581	1581	1581	1581	1581	1581	1581	1581	1581	1581	1581

注：括号内为标准误，* 表示 $p<0.1$，** 表示 $p<0.05$，*** 表示 $p<0.01$。

资料来源：笔者绘制。

表 5-15　公司创业投资与新创企业的托宾 Q 值、创新产出 PSM 结果

变量	样本	处理组	控制组	平均差异	标准误	T 检验
Tobin Q	Unmatched	3.19186059	3.40190949	-0.210048899	0.141025596	-1.49
	ATT	3.18297347	2.72635314	0.456620327	0.166139861	2.72
Patents	Unmatched	33.6117216	18.983298	14.6284236	2.38453374	6.13
	ATT	33.7675277	20.5608856	13.2066421	4.79980615	2.75

注：Unmatched 代表匹配之前获得公司创业投资和未获得公司创业投资的新创企业的托宾 Q 值、创新产出对比结果；ATT 则代表倾向得分匹配后新创企业的托宾 Q 值、创新产出对比结果。

资料来源：笔者绘制。

表 5-16　PSM 前后各匹配变量的 T 值检验结果

变量	U（匹配前）/ M（匹配后）	均值		偏差变化		T 检验	
		处理组	控制组	偏差（%）	缩减率（%）	t	p>|t|
Size	U	21.661	21.142	49.3		9.94	0.000
	M	21.716	21.796	-7.6	84.5	-1.04	0.300
Age	U	14.847	13.519	28.2		4.35	0.000
	M	14.801	15.266	-9.9	65.0	-1.17	0.244
Share	U	27.354	31.59	-34.9		-5.44	0.000
	M	27.507	27.231	2.3	93.5	0.27	0.784
Out	U	18.089	17.818	17.2		3.21	0.001
	M	18.152	18.076	4.8	71.8	0.57	0.569
IVC	U	0.52381	0.05435	58.3		17.14	0.000
	M	0.49077	0.4059	10.5	81.9	0.98	0.329

资料来源：笔者绘制。

本章所有假设检验结果汇总如表 5-17 所示。

表 5-17　研究假设检验结果汇总

序号	研究假设	检验结果
假设 1	公司创业投资与新创企业的创新产出之间存在正相关关系	支持
假设 2	新创企业的创新产出与托宾 Q 值之间存在正相关关系	支持
假设 3	公司创业投资与新创企业的托宾 Q 值之间存在正相关关系	支持
假设 4	新创企业的创新产出在公司创业投资与新创企业的托宾 Q 值之间起中介作用	支持
假设 5a	新创企业与在位企业的地理邻近性强化公司创业投资对新创企业的创新产出的正向影响	不支持

续表

序号	研究假设	检验结果
假设 5b	新创企业与在位企业的地理邻近性弱化公司创业投资对新创企业的创新产出的正向影响	支持
假设 6	新创企业的吸收能力强化公司创业投资对新创企业的创新产出的正向影响	支持
假设 7	企业能见度强化新创企业的创新产出对其托宾 Q 值的正向影响	支持

资料来源：笔者绘制。

第四节 研究结论、局限与展望

一、研究结论

在数字技术快速变革，外部环境呈现 VUCA 特征的时代背景下，公司创业投资已成为新创企业通过少数股权换取公司投资者的互补资源、知识和管理支持以及背书效应的重要融资方式，对于新创企业构建竞争优势和提高可持续发展能力具有战略意义（加里·杜什尼茨基等，2021）。本章聚焦于"新创企业获得公司创业投资如何影响其托宾 Q 值"这一核心问题，以在中国深圳创业板上市的新创企业为研究对象，依托信号理论和知识基础观展开理论和实证研究。首先，探究公司创业投资与创新产出、创新产出与托宾 Q 值之间的关系。其次，探究公司创业投资对新创企业的托宾 Q 值的直接影响，并揭示新创企业的创新产出在公司创业投资与托宾 Q 值之间的部分中介效应。再次，探究新创企业的吸收能力以及其与在位企业的地理邻近性对公司创业投资与新创企业的创新产出之间关系的调节作用。最后，探究企业能见度对新创企业的创新产出与托宾 Q 值之间关系的权变影响。具体而言，本章得到以下七方面结论：

第一，本章的实证结果验证了公司创业投资对新创企业的创新产出具有显著的正向影响。公司创业投资是新创企业获取知识资源和技术背书进行更多创新产出的重要途径。新创企业可以通过公司创业投资与在位企业建立双边关系，获取在位企业的技术资源和知识资产，学习和借鉴在位企业研发和技术人员的新知识。不可忽视的是，新创企业可借助公司创业投资这一途径，获得在位企业以其地位和声誉为基础的"背书"，向外界传递积极信号，减少创新产出的不确定性和风险。最终通过将外部吸收的知识与内部已有知识相结合，在知识重组和转化运用中进行知识创新，进而提升新创企业的创新产出。

第二，本章的实证结果显示新创企业的创新产出与托宾 Q 值之间存在显著的正相关关系。新创企业的创新产出有利于提升企业的创新能力和成长绩效，促进新创企业在动态市场环境中构建竞争优势，提高外界对其未来盈利能力和成长价值的评估，并通过向外界传递其技术能力强和具有广阔发展前景的积极信号，促进新创企业在市场环境中获得客户、上下游企业等利益相关者以及其他潜在投资者对其纵向价值成长和未来长期发展能力的认可和支持，从而提高新创企业的托宾 Q 值。

第三，本章的实证结果验证了新创企业获得公司创业投资与其托宾 Q 值之间存在显著的正相关关系。公司创业投资不仅能为新创企业带来充足的互补资源和多元知识，弥补企业长期发展的资源缺口和知识短板，而且能帮助新创企业依托在位企业的背书效应和品牌效应，向外界传递积极信号，增强其在市场竞争环境中的声誉和地位，提高利益相关者和潜在投资者对其未来盈利能力、长期发展能力和投资价值的评估，最终提高新创企业的托宾 Q 值。

第四，本章发现新创企业的创新产出在公司创业投资与托宾 Q 值之间起到部分中介作用。一方面，新创企业通过吸引公司创业投资获得在位企业的知识资产和互补资源，在与专业研发人员的沟通交流中学习研发知识，并依托在位企业技术背书效应，以此为积极信号来减少创新产出过程的不确定性和风险，进而促进自身的创新产出。另一方面，新创企业的创新产出增强自身的创新和成长绩效，促进企业构建动态能力，增强新创企业在动态市场环境中的竞争优势，进而提高外界对其未来价值的评估。同时，创新产出能帮助新创企业向外界传递积极信号，使其获得利益相关者和潜在投资者对其综合发展能力和投资价值的认可和肯定，提高新创企业的托宾 Q 值。因此，公司创业投资通过新创企业的创新产出影响其托宾 Q 值。

第五，本章的实证结果证明地理邻近性负向调节公司创业投资与新创企业的创新产出之间的关系。地理邻近性会减少在位企业可向新创企业转移的一般知识的存量和广度，而知识同质化会导致知识流动的无效循环。此时，尽管新创企业获得了公司创业投资，但由于缺乏非熟悉和异质性知识，企业无法获取种类丰富的知识资源进行创新要素的重新组合，且同质化的信息和知识对于推动新创企业创新活动的作用大大降低，进而弱化了公司创业投资对新创企业的创新产出的积极影响。

第六，本章的实证结果显示新创企业的吸收能力正向调节公司创业投资与新创企业的创新产出之间的关系。吸收能力包括外部识别和获取以及内部转换和利用资源和知识两方面的能力。一方面，吸收能力强的新创企业从其自主研发的经验中提炼先验知识，能有效识别和挖掘公司投资者所提供资源和知识的价值。在使用在位企业相关研发设施以及与技术和管理人员沟通交流的过程中获取和消化更多高质量的资源和知识。另一方面，吸收能力强的新创企业将公司投资者所提供的资源和知识在企业内部进行重组和转换的效率更高，进而创造更多的新知识，提高企业的创新产出。因此，吸收能力强化了公司创业投资对新创企业的创新产出的积极影响。

第七，本章发现新创企业能见度强化了创新产出与托宾 Q 值之间的关系。随着新创企业能见度的上升，新创企业所传递的信号将被逐步放大，提升了外界对新创企业所传递信号的关注和感知，促进外界对拥有创新产出能力的新创企业给予更多的认可和支持，进而正向调节新创企业的创新产出与托宾 Q 值之间的关系。

本章是新兴经济体情境下进行公司创业投资本土化研究的重要尝试，不仅聚焦我国新创企业对公司创业投资这一创新融资方式的特殊需求，验证公司创业投资对新创企业的托宾 Q 值的重要影响，揭示了新创企业的创新产出在上述关系中的中介作用，更进一步探究了我国社会、经济和文化背景下，新创企业自身吸收能力、企业能见度以及其与在位企业的地理邻近性对公司创业投资与新创企业融资后表现之间关系的权变影响。

二、理论贡献

本章将公司创业投资、创新产出和托宾 Q 值纳入同一研究范畴，基于信号理论和知识基础观，从被投资新创企业角度探讨公司创业投资对托宾 Q 值的影响机制，为揭示公司创业投资与新创企业托宾 Q 值之间的作用机制提供了理论和实证支持，有利于打开两者之间的"黑箱"。本章的理论贡献主要有三点：

第一，本章基于新创企业情境，依托信号理论探究托宾 Q 值的前因，识别了公司创业投资的"信号"作用以及其对提升新创企业的托宾 Q 值的重要价值。这是对托宾 Q 值前因研究的重要补充。一方面，不同于以往学者基于在位企业情境，探究托宾 Q 值对成熟企业或存续时间较长的家族企业的重要作用（Andres, 2008；Lindenberg and Ross, 1981），本章着眼于托宾 Q 值对新创企业建构认知合法性以及获得生存的重大意义（Masucci et al., 2020），基于新创企业情境展开托宾 Q 值的前因研究。另一方面，不同于既有研究重点探究在位企业内在特征对托宾 Q 值的直接影响（Pan et al., 2016；Rajan et al., 2000），以及基于实物期权理论视角探究公司创业投资对在位企业的托宾 Q 值的影响（Yang et al., 2014；王苏生等，2017）的研究现状，本章基于信号理论识别了公司创业投资的"信号"作用以及其对提高新创企业的托宾 Q 值的重要价值。这是因为，对于新创企业而言，公司创业投资更应被视为一种能向外界传递的积极信号，帮助新创企业获得利益相关者和潜在投资者对其未来盈利能力和投资成长价值的认可和支持，进而提升新创企业的托宾 Q 值。通过对于新创企业情境下公司创业投资本质的再认识以及信号理论的运用，本章丰富了托宾 Q 值的前因研究。

第二，本章基于信号理论和知识基础观，解释了公司创业投资影响托宾 Q 值的中间过程，揭示了公司创业投资通过新创企业的创新产出进而影响其托宾 Q 值的作用机制，拓展公司创业投资的后果研究。不同于既有的新创企业角度的公司创业投资后果研究重点关注公司创业投资影响新创企业创新绩效的研究现状（Alvarez-Garrido and Dushnitsky，2016；Paik and Woo，2017），本章依托信号理论和知识基础观，揭示公司创业投资对于提升新创企业的长期发展能力和未来成长价值的重要意义以及上述关系的中间过程。本章的理论和实证分析都证明了新创企业的创新产出在公司创业投资与托宾 Q 值之间的中介作用，揭示了公司创业投资能为新创企业带来互补资源、多元知识和背书效应，进而提高新创企业的创新产出（Boone et al.，2019；Chemmanur et al.，2014），而后者又进一步作为一种积极信号向外界传递，最终影响利益相关者和潜在投资者对新创企业的未来盈利能力、长期发展趋势和投资价值评估的传导过程（Neeley and Leonardi，2018）。因此，本章解释了公司创业投资影响托宾 Q 值的中间过程。

第三，本章基于中国的特殊情境，调和了现有研究中有关公司创业投资与创新产出之间关系的冲突结论，识别了创新产出影响托宾 Q 值的情境条件。一方面，本章基于知识基础观，从内外两方面识别新创企业的吸收能力以及其与在位企业的地理邻近性对公司创业投资与新创企业的创新产出之间关系的重要调节作用。研究结果表明，新创企业的吸收能力能够强化公司创业投资对创新产出的正向影响；相反，新创企业与在位企业的地理邻近性则会弱化公司创业投资与创新产出之间的关系。本章的理论和实证分析结果有利于调和现有研究中有关公司创业投资与新创企业的创新产出之间关系的冲突结论（Park and Steensma，2013；Uzuegbunam et al.，2019）。另一方面，本章基于信号理论，进一步探究企业能见度对新创企业的创新产出与其托宾 Q 值之间关系的权变影响，验证了企业能见度对创新产出与托宾 Q 值这对关系的正向调节作用。本章是对以往创新产出与托宾 Q 值之间情境条件研究的重要补充，强调了创新产出与新创企业的托宾 Q 值之间的关系会受新创企业自身异质性特征的权变影响。

三、实践启示

本章整合信号理论和知识基础观，以解释公司创业投资与托宾 Q 值之间的内在机制。除了上述理论贡献外，本章还具有以下实践启示：

首先，本章启示新创企业重视公司创业投资的重要作用。本章认为新创企业引入公司战略投资者能为其带来更多的创新产出和更高的托宾 Q 值。特别是在新兴经济体国家，新创企业虽然是创新的关键来源，但其持续发展往往受限于企业内部资金、资源和知识基础储备不足的问题，需要寻求外部资源、技术和知识的支持以及在位企业的背书效应（Uzuegbunam et al.，2019）。在这样的背景下，新创企业对公司创业投资这一重要战略融资方式有很大的需求。本章的实证结果验证公司创业投资能为新创企业带来更多的互补资源、多元知识和技术背书效应，促进新创企业的创新产出。新创企业进一步通过向外界利益相关者和潜在投资传递积极信号，进而提高企业的托宾 Q 值。因此，对新创企业而言，将战略投资者引入到其多元化融资结构中，发挥公司创业投资的重要作用，是其提高企业核心竞争力和长期发展能力的重要举措。

其次，本章为新创企业有效获取和运用知识资源进行创新活动提供了一定的指导。本章的结果表明，新创企业内部吸收能力的提高能促进企业从过往经验中提炼先验知识，提升企业识别和运用外部知识的能力，进而强化公司创业投资对新创企业的创新产出的积极影响。相反，新创企业与在位企业相对地理位置的邻近减少了在位企业可转移知识的存量和广度，且知识同质化导致知识流动呈现无效循环，从而减弱了公司创业投资对新创企业的创新产出的积极影响。因此，新创企业要重视内部吸收能力构建和外部相对地理位置选择对企业知识吸收和创新能力提升的重要影响。新创企业不仅要避免选择地理位置过于邻近的在位企业作为融资对象，而且要重视在企业承受能力范围内适当提高研发投入，增强吸收能力，由此强化公司创业投资对其创新产出的积极影响。

最后，本章启示新创企业重视创新产出和企业能见度对其提高知名度和未来价值的重要意义。本章基于信号理论验证了新创企业持续的创新产出能向外界传递积极信号，帮助新创企业获得外界对其长期发展态势和未来成长价值的认可和肯定，进而提高新创企业的托宾 Q 值。高企业能见度能放大创新能力强的新创企业向外界传递的积极信号的强度，增强外界对其传递信号的感知和认可，进而对新创企业的创新产出与其托宾 Q 值之间的关系具有正向调节作用。因此，增强新创企业的创新产出能力，以此向外界传递积极信号，并进一步提高企业能见度来推进新创企业被更多利益相关者和潜在投资者认知，是提高新创企业市场知名度和声誉，增强新创企业认知合法性和长期发展潜力的重要途径。

四、局限与展望

本章依托信号理论和知识基础观，探究公司创业投资对托宾 Q 值的影响机制，对公司创业投资、创新产出和托宾 Q 值之间的关系进行了细致的分析。总体而言，达到了预期的研究目标，研究具有一定的理论意义和实践价值，既对推动公司创业投资与托宾 Q 值的研究做出了一些贡献，也为企业组织和决策者提供了有参考价值的管理启示。但鉴于数据获取和收集难度等研究条件的约束，本章不可避免地存在一些不足。现将其归纳总结，并提出未来展望以期进一步完善和深化。

第一，本章基于信号理论和知识基础观，仅识别了创新产出在公司创业投资与托宾 Q 值之间的中介作用。未来研究可在此基础上，整合其他理论，进一步揭示公司创业投资与托宾 Q 值之间存在的其他影响机制。例如，Maula（2001）提出新创企业可以从公司创业投资中获得资源、知识和技术背书效应三种增值机制。加里·杜什尼茨基等（2021）的研究强调新创企业对公司创业投资的融资选择帮助其获得在位企业的资源支持和背书效应，并通过赋能效应和治理效应对其产生战略影响。未来可进一步整合相关的理论，以背书效应、资源等为中介变量，完善公司创业投资与新创企业的托宾 Q 值之间的影响机制研究。

第二，本章讨论了单层次情境因素——新创企业组织特征——的边界调节作用，未来可以在此基础上进一步识别多层次的情境因素或探究多种情境因素的交互影响。未来的研究可以考察个体层面（如组织员工的知识水平、职业经验）、团队层面（如高管团队的异质性）、环境层面（如环境不确定性、技术变化率）因素的重要调节作用，以及上述因素的交互影响，从而更全面地探索公司创业投资与创新产出、托宾 Q 值的关系，完善新兴经济体情境下的本土化研究。

第三，由于数据获取和收集方面的限制，本章仅选取了中国深圳创业板上市的公司作为研究对象，未来可进一步基于其他类型的企业数据进行研究，提升研究结论的外部效度。由于公司创业投资的相关数据往往不完全公开，国内也缺乏如欧美国家那样完备的公司创业投资数据库，因此公司创业投资的数据只能靠手工收集，需要投入大量的时间和精力。尽管本章尽可能通过公司年报、CV Source 数据库等多来源渠道进行信息收集，但最终可选择的研究对象只能局限于上市公司。因此，本章的结论可能在一定程度上存在代表性和外部效度问题。未来研究可进一步整合中小企业板、科创板等符合公司投资者投资偏好的上市公司数据以及通过调研等获取未上市公司的一手数据进行实证分析，以进一步检验本章结论的外部效度。

第六章 结论与政策建议

第一节 公司创业投资研究的结论归纳

本书包含了三个子研究（第三章~第五章），分别对公司创业投资的前因后果进行了系列研究。研究一（第三章）整合了高阶梯队理论和注意力基础观，以高管团队职能背景为切入点，比较分析了输出型职能背景（Out-put Functions）和生产型职能背景（Through-put Functions）引发的注意力焦点配置差异，并进一步分析后者对公司创业投资决策的影响。换言之，研究一从高管团队注意力焦点出发揭示职能背景与公司创业投资决策之间的"黑箱"。具体而言，研究一以2016~2018年中国沪深A股657家上市制造业企业为研究对象，以STATA 14.0为分析工具，采用因果逐步回归分析方法（Causal Step Regression）检验高管团队职能背景对公司创业投资决策的直接效应以及注意力焦点的中介效应。除此之外，研究一还综合运用Sobel检验和Bootstrap方法对中介效应进行了稳健性检验；运用MPLUS 7.0对期权激励有中介的调节效应进行分析。研究一的实证结果表明：①高管团队输出型职能背景比例与外部注意力焦点以及CVC正相关；②注意力焦点在高管团队职能背景与CVC之间起着部分中介作用；③期权激励正向调节高管团队输出型职能背景与外部注意力焦点之间的关系，且在整个研究中发挥着中介调节效应。

研究二（第四章）利用高阶梯队理论探索在不同企业内外监管实践类型和强度下CEO自恋与公司创业投资之间的关系。由于高阶梯队理论认为企业的战略、行为是由高管及其特征所决定的，因此从自恋者认知和动机两个层次解释CEO的自恋心理会使得企业战略决策向高收益、高风险的方向倾斜，进而促进公司创业投资。进一步地，在管理自主权概念的基础上，扩大了企业监管的内涵和范围，认为企业监管实践包括企业外部监管和内部监管两个方面，并提出企业内外监管（股权集中度、独立董事以及政府监管）会通过降低 CEO 的管理自主权来抑制其由自恋所产生的风险倾向的充分释放，从而减少公司创业投资行为。高管（CEO）会利用两职合一和政治联系实施"反监管"，扩大 CEO 自身的管理自主权进而弱化企业内外部监管实践对 CEO 自恋与公司创业投资间正向关系的负向影响。基于沪深 426 家上市民营公司 2011～2016 年的数据，研究二采用负二项回归方法验证了上述理论推测。

研究三（第五章）依托信号理论和知识基础观，聚焦于"新创企业获得公司创业投资如何影响其托宾 Q 值"这一核心问题，将公司创业投资、创新产出和托宾 Q 值纳入同一研究范畴，分析公司创业投资到托宾 Q 值的传导机制与情境条件。具体而言，研究三以 2009～2019 年为时间窗口，选取在中国深圳创业板上市的 710 家新创企业为研究对象，借助 STATA 14.0 计量软件进行逐步回归分析和倾向匹配分析，检验公司创业投资、创新产出与托宾 Q 值三者间的直接效应，创新产出的中介效应以及地理邻近性、吸收能力和企业能见度的调节作用。研究的实证结果表明：①公司创业投资与新创企业的创新产出正相关；②新创企业的创新产出与托宾 Q 值之间的关系显著为正；③公司创业投资与新创企业的托宾 Q 值正相关；④新创企业的创新产出在公司创业投资与托宾 Q 值之间起到部分中介作用；⑤地理邻近性弱化公司创业投资与创新产出之间的关系；⑥吸收能力强化公司创业投资与创新产出之间的关系；⑦企业能见度强化创新产出与托宾 Q 值之间的关系。

第二节　公司创业投资研究的价值总结

本书对于公司创业投资的研究和相关理论的发展具有重要价值。第一，对高阶梯队理论做出了两方面贡献。一方面，从管理者注意力角度，探索高管团队背景特征影响战略决策的过程机制，尝试性地回答了高阶梯队理论固有的"黑箱"问题。另一方面，结合代理理论的研究发现拓展了高阶梯队理论的适用边界，增强了高阶梯队理论的解释力度。同时将注意力基础观引入 CVC 研究，丰富了有关后者的前因研究。再者，将高管团队职能背景作为解释管理者注意力焦点的前置因素，是对注意力基础观的一个补充。

第二，本书不仅验证 CEO 自恋对公司创业投资的影响，进而从高管心理特质角度解释了企业实施公司创业投资的原因，而且还揭示企业所面临的内部（股权集中度和独立董事）和外部（政府监管）监管及其强度如何制约 CEO 自恋对公司创业投资的影响，进一步强调和论证情境条件特别是以往文献一直较少关注的监管环境对公司创业前因研究的意义。具体而言，基于管理自主权论证了企业监管环境以及其与 CEO 自身特征的交互对"CEO 自恋—公司创业投资"这对关系的权变影响，论证了"自恋本身并无优劣而自恋 CEO 对企业影响的方向是权变的"这一观点，进而调和了以往冲突的研究结论。同时在已有聚焦企业内部监管（企业内部治理）影响研究的基础上（Buyl et al., 2019），进一步整合与分析了企业外部监管（企业外部治理）的影响，验证了企业内外部监管是制约CEO 自恋对公司创业投资影响的重要边界条件。进一步地，发现 CEO 会利用其他治理结构与实践（两职合一、政治联系）来给自己"松绑"，推动自己的决策意愿得以实现，从而证明了反监管的存在并刻画了企业监管与反监管的互动关系。

第三，基于新创企业情境展开公司创业投资后果研究。具体而言，依托信号理论探究托宾 Q 值的前因，识别了公司创业投资的"信号"作用以及其对提升新创企业的托宾 Q 值的重要价值，推动了有关托宾 Q 值的前因研究。再者，整合信号理论和知识基础观，探究公司创业投资对新创企业的长期发展能力和未来成长价值的影响以及上述关系的作用机制，揭示了创新产出在公司创业投资与托宾 Q 值之间的重要中介作用。同时基于中国的特殊情境，不仅探究了新创企业的吸收能力以及其与在位企业的地理邻近性对公司创业投资与创新产出之间关系的调节作用，在一定程度上调和了现有研究中有关公司创业投资与创新产出之间关系的冲突结论；而且识别了创新产出影响托宾 Q 值的情境条件，强调了新创企业能见度对创新产出与托宾 Q 值之间关系的权变影响。

第三节 公司创业投资研究的实践启示

本书对企业和决策者也有一定的实践启示。首先，管理者背景特征对战略决策影响的关键在于其认知模式，因此企业要善于引导决策过程中高管团队的注意力焦点。同时考虑到高管团队背景特征对企业战略决策的重要影响，企业在组建高管团队时要重视从多个维度考察其特征并思考其对战略决策可能的影响。当然企业也应完善内部激励机制，并通过其塑造企业核心决策者的认知。

其次，本书为企业选拔和任命 CEO 提供了依据。一方面，本书证明了 CEO 特征，特别是心理特质，对企业战略、行为的深刻影响。因此企业应当全面考察

CEO 候选人以选择出最适宜企业当前状况和未来发展目标的 CEO。另一方面，企业在挑选和任命 CEO 时要正确看待其自恋心理。在一定条件下，CEO 自恋始终对企业战略、行为及其绩效具有积极的影响。因此，企业在挑选、任命 CEO 时，不应将候选人是否自恋作为判断依据，而应根据企业情况选择与企业相匹配的 CEO。

再次，本书有利于企业适时优化治理设计与实践。一方面，企业要充分考虑企业内部监管的有效性。企业在治理设计时应该考虑到企业结构、特征对 CEO 管理自主权的影响，既能保证 CEO 充分发挥其自主性又能有效避免其自利主义行为的出现。另一方面，企业要充分考虑企业监管的时效性。随着时间的推移，企业内部的权力结构与组织框架会发生变化，原有的企业内部监管设计可能难以持续发挥有效的监管功能。基于此，企业应该适时评估高管（CEO）的管理自主权并对企业内部治理设计进行变革，实现既能最大化发挥高管（CEO）的自主性又能有效防止高管（CEO）自利行为的出现并最终优化公司治理。

此外，本书启示新创企业重视公司创业投资的重要作用。对新创企业而言，将战略投资者引入到其多元化融资结构中，发挥公司创业投资的重要作用，是其提高企业核心竞争力和长期发展能力的重要举措。同时为新创企业有效获取和运用知识资源进行创新活动提供了一定的指导。新创企业不仅要避免选择地理位置过于邻近的在位企业作为融资对象，而且要重视在企业承受能力范围内适当提高研发投入，增强吸收能力，由此强化公司创业投资对其创新产出的积极影响。此外，也启示新创企业重视创新产出和企业能见度对其提高认知合法性和托宾 Q 值的重要意义。增强新创企业的创新产出能力，以此向外界传递积极信号，并进一步提高企业能见度来推进新创企业被更多利益相关者和潜在投资者认知，是提高新创企业市场知名度和声誉，增强新创企业的认知合法性和长期发展潜力的重要途径。

最后，本书还为政策制定者的决策提供了一定的指导。本书基于高管（CEO）管理自主权验证了政府监管作为政府政策的具体实施活动会影响到企业的公司创业行为的战略制定，佐证了制度对企业行为（如创业）的重要性。这就要求政府在起草、制定、出台以及修改各项政策规定时不仅要考虑这些政策规定对企业的直接影响，还应考虑这些政策规定对企业决策者（如 CEO）的潜在影响。由于制度会通过多种渠道（如制定和执行）影响企业自主权进而影响企业战略的制定和实施，因此政府政策制定者在制定相关政策法规时要在"松绑"和"控制"企业行为之间找到最佳的平衡点，以促进企业更好地发展。

第四节 公司创业投资动向与研究展望

一、公司创业投资动向

20 世纪末至今，创投圈对公司创业投资的热情有增无减，CVC 股权投资市场地位日益凸显。总体来看，国内公司创业投资大致可以分为萌芽期（1998 ~ 2009 年）、加速发展期（2010 ~ 2012 年）、高速发展期（2013 ~ 2018 年）和调整期（2018 年至今）四个阶段[①]，伴随着股权投资市场的持续发展，公司创业投资也逐渐发展成熟，成为风险投资市场的中坚力量。其中，1998 ~ 2009 年是萌芽期，以跨国 CVC 机构为主，中国本土 CVC 主体数量少、投资规模小；2010 ~ 2012 年是加速发展期，互联网行业领衔企业纷纷设立战略投资部或投资子公司进行投资，带动中国 CVC 加速发展；2013 ~ 2018 年是高速发展期，国内 CVC 迎来爆发式增长，投资案例数增长迅速，已成为创投资本市场的中坚力量；2018 年至今是调整期，特别是 2019 年受经济下行压力及包括《资管新规》在内的相关政策影响，创投市场的募资、投资都受到了较大影响，以大企业主导的 CVC 投资数量和规模双双下降。目前，我国 CVC 处于调整期，越来越多的 CVC 建立了包括企业战略投资部门直接投资、自行组建 GP 做投资以及联合其他产业资本作为 LP 进行投资在内的多元投资方式。

从国内公司创业投资发展的总体概况和知名企业的 CVC 实践案例中，我们或许可以窥探未来公司创业投资实践发展的趋势和方向。一方面，产业资本前所未有地活跃，成为创投圈最强势的力量；但另一方面，互联网大厂战投收缩，以华为、宁德时代的硬科技产业巨头站上了舞台中央。

（一）互联网大厂战投收缩

在位企业无论是基于自身业务发展，需要以对外投资的形式寻找标的，紧密联系业务需求，抑或是利用投资创新企业，提早感知潜在的创新方向和需求来进行前瞻性布局，还是迫于传统行业转型的需要或纯粹的财务投资，公司创业投资都是企业进行公司创业，不断超越 S 曲线，推动企业创新发展，走出了一条高绩效企业超越 S 曲线的典型路径。我国的公司创业投资发展至今，大致可以分为两类：一类是传统企业 CVC；另一类是互联网 CVC。生产制造业是传统行业 CVC

---

① 资料来源：融中研究，《2020 年中国企业风险投资（CVC）发展报告》，https：//baijiahao. baidu. com/s？id = 1673077103015124124&wfr = spider & for = PC。

主体的中坚力量，涉足 CVC 的传统企业主要有传媒、游戏、房产、医疗、物流、汽车、3C 硬件等。互联网 CVC 企业也可以分为两类：一类是以腾讯、百度、京东等为代表的老牌互联网巨头；另一类是以 B 站、字节跳动、小米等为代表的移动互联网时代的后浪。凭借着超前的战略眼光和雄厚的资金实力，互联网 CVC 在服务于其母公司战略发展的同时，也为实体经济的发展持续注入了蓬勃动力，成为了我国资本市场的重要组成部分。

1. 腾讯

作为目前国内最成功的 CVC 之一，腾讯投资并购部的建立早于国内大部分 CVC，其对外投资的频率之高、领域之广比起字节跳动有过之而无不及。至今，国内多家知名互联网公司的股权列表中都有腾讯的身影。据有关数据显示，截至 2021 年 12 月，腾讯（系）累计投资次数超过 1180 次，其中仅 2021 年一年就投资超过 250 家公司，超过百度、阿里巴巴、360、京东、小米、字节、B 站同期对外投资数量之和，平均每 1.3 天就投资 1 个项目。根据其三季报数据，腾讯 2021 年投资类项目公允价值为 1.75 万亿元，相当于山西省 2020 年的 GDP 总量。

在赛道选择方面，腾讯也偏爱宽泛的文娱传媒产业，并对构成其收入支柱之一的游戏产业情有独钟。此外，腾讯还是企业服务、金融、教育、医疗健康、新消费赛道的专业捕手。

但是值得关注的是，撒网式投资给腾讯带来的也并不都是超高的回报率。以 2021 年上半年 13 家完成 IPO 的腾讯被投企业为例，京东物流、每日优鲜、滴滴、快手、知乎等多家企业在锁定期内就已破发，其惨淡的业绩也不免波及了腾讯。在岁末年初，腾讯先是以中期派息的方式降低了对京东的持股比例；后又宣布减持东南亚最大互联网公司 Sea 2.7% 的股份，同时放弃超级投票权，撤资总额达到 31 亿美元。

2. 小米——智能制造标杆

小米集团是一家以手机、智能硬件和 IoT 平台为载体，提供互联网服务的公司。公司正式成立于 2010 年 4 月，于 2018 年 7 月在港交所主板挂牌上市，经过十余年的发展，公司成为年营收突破 2000 亿元人民币、业务遍及全球 80 多个国家和地区的综合性互联网+智能消费电子品牌公司。

2021 年 12 月 13 日，小米私募股权基金管理有限公司在中基协完成私募基金管理人备案登记。注册资金 11 亿元，实缴资本 2.775 亿元，是一家私募股权、创业投资基金管理人。小米私募由小米科技 100% 控股，雷军为实控人。

据不完全统计，2021 年小米累计投资事件总量超 400 笔，在 CVC 投资机构中排名第二。2021 年以来，小米重点关注自身手机、智能硬件等核心业务领域的投资。从投资事件数量分布来看，智能硬件既是小米主营核心业务，同时也是重点投资对象，2021年以来，小米在智能硬件、集成电路半导体和先进制造三个细分赛道投资笔数最多。在智能硬件领域，小米围绕小米生态链企业积极布局，例如，2021年8月，小米投资家用健康类电器公司星曼科技；2021年7月，小米投资智能家居产品研发商追觅科技，2021年3月，小米斥资2.05亿美元并购移动电源生产商紫米电子。在集成电路领域，小米近两年也频繁展开投资活动，重点投资芯片研发企业和半导体设备提供商。2021年以来，小米不仅陆续投资了天易合芯、晶视智能、长晶科技聚芯微电子、威兆半导体等芯片研发企业，也投资了加速科技、景焱智能等半导体设备提供商，通过投资来补足自身在芯片研发领域的不足。

另外，在造车新潮流的影响下，小米也开启了汽车交通领域的投资，根据所投企业的核心业务来看，小米在该领域的投资行为旨在提前布局自动驾驶汽车，并将小米生态系列产品与智能汽车应用场景相结合，延伸小米核心产品应用生态。此外，小米也在游戏、金融、体育运动和文娱传媒等领域纷纷进行投资探索，借此来实现业务多元化。

3. 字节跳动——信息服务界的"美食家"

字节跳动成立于2012年3月，是最早将人工智能应用于移动互联网场景的科技企业之一，其旗下产品有今日头条、西瓜视频、抖音、皮皮虾、懂车帝、悟空问答等，其中"今日头条"客户端，通过海量信息采集、深度数据挖掘和用户行为分析，为用户智能推荐个性化信息，开创了一种全新的新闻阅读模式。

成立初期，字节跳动的投资主要围绕与自身业务相关的内容产业。在抖音流量见顶的压力下，急于寻找广告之外第二增长曲线的字节跳动开始在投资方面多点发力，其版图也开始向教育、消费、电商、医疗、金融、游戏乃至更加艰深的企业服务以及硬科技领域扩张。

2021年8月5日，字节跳动旗下投资公司原天津字节跳动股权投资管理有限公司正式更名为天津字节跳动私募基金管理有限公司。同一时间，该私募基金公司的经营范围变更为私募股权投资基金管理、创业投资基金管理服务；以私募基金从事股权投资、投资管理、资产管理等活动。

2021年字节跳动开始自立门户做风险投资。数据显示，自创立至今，字节跳动的投资团队已投资了190多个项目，主要涉及文娱传媒、企业服务、游戏、教育、智能硬件、电子商务、社交网络、本地生活、医疗健康等17个细分领域。自2019年以来，其对外投资笔数连年增长。企查查数据显示，2021年字节跳动累计投资64家公司，投资金额近350亿元，几乎占据了字节跳动2021年总收入的10%。

然而，广撒网给字节跳动带来的一个直接后果是投资精准度的下降，这一点集中表现为其所持重仓的教育板块遭遇滑铁卢以及出售并表示不再染指证券业务。2022 年 1 月 19 日，字节跳动被爆解散战略投资部，涉及 100 多名员工的重新分配，此举引起创投圈一片哗然。随后，字节跳动相关负责人回应称，所谓整体撤裁其实是将战略投资部员工分散到各个业务条线中，目的在于加强战略研究职能与业务的配合。不过，外界猜测除了改变投资驱动的战略调整之外，字节跳动此举也是忌惮反垄断的相关规定。

一叶落而知天下秋，作为近些年互联网圈崛起的新贵，字节跳动战略投资部的解散似乎也标志着纵横中国资本圈十多年的互联网 CVC 的凋零。

中国政法大学商学院资本金融系教授胡继晔认为，互联网大厂 CVC 的战略投资很多时候有利于我国平台经济的增长，发挥了不可忽视的作用，但与此同时也将很多具有发展潜力的中小初创科技企业扼杀在摇篮之中。大厂通过控股、压制竞争等方式使这些初创企业依附于大厂的总体战略，遵守大厂指定的规则才能生存。这类资本的无序扩张、滥用市场支配地位的行为已经触碰了国家对于垄断行为所划定的红线。同时，大厂 CVC 自主收缩投资对于其他的中小企业来说是个利好，国内 CVC 野蛮生长的时代已经过去，今天的平台经济也进入了发展与规范并重的时代。在反垄断监管常态化趋势下，巨头们逐步开放互联互通的同时，主动降低自身在互联网产业中的比重，也是配合监管的良好表现。互联网战投攻城略地的时代过去了，取而代之的是科技巨头纷纷弯下腰布局硬科技。

（二）硬科技产业资本大爆发

在当前中国发力硬科技、突围中高端价值链的大背景下，围绕硬科技领域创业的创业者已经成为产业创新的重塑者，他们正以技术的力量拆解产业链、改造上下游、提升产业效率，在这个过程中，来自产业的资源和资金的支持显得尤为重要。

近两年来，随着硬科技投资受追捧，新进入 CVC 市场的产业巨头——华为哈勃、宁德时代、广汽等，越来越成为 CVC 市场的中坚力量。新能源汽车赛道的造车新势力层出不穷，在给传统汽车品牌带来颠覆性改变的同时，也影响着 CVC 市场。与此同时，传统产业也积极投入到公司创业投资的新赛道中，承担其生态产业链布局的"探路者"责任。

1. 华为哈勃投资——追"芯"之路

2019 年 4 月，硬科技巨头华为成立了 CVC 投资公司——哈勃投资，这家以太空望远镜命名的投资机构，承担的使命是为华为探索新的可能性，同时一举打破了外界对于华为"不做股权投资"的固有印象。哈勃投资以狼性著称，2019年 4 月成立以来频频出手。2022 年 1 月 11 日，哈勃投资投资深圳开鸿数字产业发展有限公司；2021 年 12 月 2 日，哈勃投资投资苏州晶拓半导体科技……据不完全统计，仅2021年哈勃投资的投资案例就达十余起，不仅涉及芯片设计企业、芯片制造企业，还延伸到集成电路产业的更上游领域，包括EDA软件、工业软件、半导体设备、原材料等。

公司创业投资是华为互补内部创新、了解和布局前沿技术、防范技术风险、应对未来不确定性的重要手段。华为公司创业投资的投资边界为在ICT领域内开展支撑主航道业务的战略投资，其目的为：构建接触业界创新资源的"触角"，洞察业界创新趋势；布局前沿技术，开展体外创新；控制关键资源，促进战略合作，保证供应安全；围绕主航道构建良性生态系统；提升管道能力、扩大管道流量、促进连接的覆盖与数量①。

据投资界不完全统计，哈勃投资从2021年至今，已密集出手超30家企业，平均每月投资2家。投资领域则覆盖了第三代半导体（碳化硅）、EDA工具、芯片设计、激光设备、半导体核心材料等多个领域，且多家被投企业主打自研高新技术，在各自的细分领域里均有一定的优势地位，堪称"隐形冠军"。

而如今，成立不足三年的哈勃投资已登记为私募基金管理人，正式进军私募行业。

2. 广汽投资——智能网联 & 新能源造车新势力

广汽根据战略方向，以自主创新与合作两条腿走路。在研发体系上，以广汽研究院为主体，合资企业研发中心、零部件企业为辅助支撑，做智能网联、新能源核心技术自主研发体系；在对外开放合作上，与华为、腾讯等达成协议，2021年4月与华为合作开发L4级自动驾驶汽车，2024年量产。

2019年底，广汽高调宣布向科技转型，将智能网联和新能源车作为核心，自2019年下半年开始活跃，投资项目数量剧增，先后投资了加特兰、森思泰克、奥迪威、经纬恒润、星河智联等多个项目。2020年投资了9家企业，全年投资总额超过11亿元人民币，自2021年至今投资了13个，投资额超20亿元，就是说在过去不到两年的时间里，这家"新入场"的CVC已经连续投资30多亿元。

3. 招商局创投——从"探路者"到"尖刀连"

招商局集团是一家成立于1872年的老牌企业，走到今天已近150年，总资产超过10万亿元，位居央企第一，但这样一家看似不可撼动的巨无霸，同样也面临着集团产业公司转型升级的挑战。2015年，正值中央提出"大众创业、万众创新"，招商局集团将创新职能和日常经营业务进行分离，单独设立二级子公司，于2015年出资成立了一家专门聚焦创新创业的创投机构——招商局创投，首期基金50亿元，并委任招商局科技投资的元老吕克俭为总经理。自此，一支

---

① 参见《关于风险投资决策流程及授权优化建议的决议》（华为EMT决议［2015］006号）。

背景强大、实力雄厚的央企 CVC 正式进入创投圈。

事实上，招商局创投成立的初衷是肩负起集团业务创新的"探路者"的角色，一开始以"母基金+直投"的方式进行运作，如今已投遍集团产业链，还捕捉到不少集团业务相关的明星项目：联易融、京东物流、深鉴科技、Xtransfer、黑芝麻科技、运去哪等。运行六年后，该基金已进入回报期，2021 年预计回笼 10 多亿元资金。总经理吕克俭曾说："和兄弟公司联合成立产业生态基金，这是我们的一次最新尝试。我们把自己比作集团的'尖刀连'，冲在最前面，为兄弟企业发现、培育、整合其产业价值链上的科技创新类项目。"

招商局集团集中在城市开发运营、大交通和金融的三个庞大的产业体系，恰好为新技术、新模式的应用推广提供了空间。反过来看，通过投资这些创新企业，也能帮助招商局集团改善效率、成本和提升客户体验。

截至目前，招商局创投在如何找准服务集团战略和基金市场化运作之间的平衡点的过程中，经过摸索，已走出一条央企 CVC 的特色之路，通过"母基金+直投"的方式，迄今已投资超 100 个创新项目，管理资产规模 118 亿元，2022 年连续收获联易融和京东物流两个知名 IPO。另一边，招商局集团又额外拨出新一轮资金，充实这家央企 CVC 的投资底盘。2021 年，为落实与兄弟公司共同设立产业生态基金的新策略，集团再拿出 60 亿元给招商局创投，用来进一步深化产业投资创新。

作为资产规模排名第一的央企旗下的子公司，招商局创投秉承"国家所需""招商所能"的理念，在国际间技术解耦的今天，聚焦投资卡脖子的硬科技企业，坚定肩负起一个央企应尽的责任。同时，作为四大驻港央企，招商局创投也将成为集团助力香港美好明天、为香港信创和香港建设做出贡献的有力工具。

近些年，公司创业投资越来越成为中国创投市场的一股重要力量。随着技术更迭和产业转型升级，产业集团开始利用股权投资方式达到战略驱动、核心业务赋能、新兴行业布局等目的。

二、公司创业投资研究展望

公司创业投资研究涉及创业投资、公司创业、战略管理和创新等多个领域。在过去 40 年里，研究者对公司创业投资多个主题进行了广泛的探索，从其目标与动机、影响因素、绩效效应以及公司创业投资与其他公司创业方式的关系等角度，得到了丰富的研究成果。首先，公司创业投资是企业扩展其研发战略的一种举措——从纯粹的内部努力转向吸收外部创新来源而进行开放式创新（Boone et al.，2019；Dushnitsky and Lenox，2005a）。众多企业从事公司创业投资的目的不仅仅是获得高额财务回报，更是将其作为与外部新创企业乃至外部市场接触和培育关系的重要途径（Boone et al.，2019；Dushnitsky and Lenox，2005b；Gaba and Meyer，2008；Noyes et al.，2014；Sorenson，2010）。其次，企业的公司创业投资实践与其用于创新投入的资源分配（包括研发支出、人员配置、补充资产等）以及其创新产出（包括专利产出、产品创新、商标产出等）存在密切关系（Katila et al.，2008；Kim et al.，2019；Maula et al.，2009；Pahnke et al.，2015）。最后，公司创业投资实践越来越与企业总体的战略规划相契合，对企业生存和可持续发展起着重要作用（Cirillo，2019；Kang，2019；Park and Steensma，2012；Uzuegbunam et al.，2019）。

概括而言，从研究内容看，公司创业投资研究的大部分工作都集中在公司创业投资与独立风险投资的比较、公司创业投资的影响因素以及公司创业投资对企业绩效特别是对创新绩效的影响上；从研究对象看，公司创业投资研究独立地探究其对在位企业或新创企业的影响；从研究情境看，既有研究大多基于西方发达国家背景，对新兴经济情境下的公司创业投资实践研究相对不足；从研究方法看，既有研究从案例研究逐步转向大样本实证研究；从研究视角看，既有研究主要运用实物期权理论、资源基础理论、资源依赖理论、知识基础理论等视角。随着公司创业投资现象的动态发展，新的研究机会不断涌现，为未来研究创造了诸多机会。例如，公司创业投资研究可拓展到对在位企业、其他关键利益相关者（例如，新创企业、公司创业投资单元和独立风险投资公司等）乃至整个创业生态系统各方的影响上，不断丰富研究的情境与边界条件，采用更多的理论视角进行系统研究。

第一，依托公司创业和创业投资的相关知识，深入探讨公司创业投资研究中宏观层面的环境和行业因素等作为调节变量的作用机理及影响效果。技术、市场的快速变革导致企业面临更大的竞争压力，动荡的行业环境迫使企业将战略选择的重点放在开展外部开放式创新上。学者们对企业决策的外部行业环境越发关注，公司创业投资的前因和后果研究与行业和环境因素密切相关。因此，未来研究可进一步关注宏观层面因素的调节作用，探究不同市场竞争环境下公司创业投资的阶段性特征与绩效结果，明晰环境不确定性等因素对公司创业投资与公司创业表现之间关系的权变作用。

第二，将公司治理的相关理论应用于公司创业投资研究中，探索战略和竞争优势的微观基础。微观基础讨论的核心是人力资源在战略管理进程中的作用（Felin et al.，2015）。公司创业投资为研究该问题提供了独特的场景。这是因为，公司创业投资研究将企业层面的创新战略扩展到企业范围之外，且高度重视企业高管团队与管理人员的知识积累、历史经验等个体层面因素对公司创业投资形成和绩效结果的重要影响（Dokko and Gaba，2012；Hill and Birkinshaw，

2014）。因此，鉴于高管团队与管理人员对企业战略决策的制定与竞争优势的开发具有深远影响（万坤扬、陆文聪，2014b），未来可进一步从微观角度，探究企业高管的人口学特征（如高管任期、持股比例、文化水平、薪酬收入等）和心理特征（如注意力、风险偏好、身份认同、自恋等）对公司创业投资进程的重要作用。

第三，推动公司创业投资研究与创新和战略管理研究相结合，进一步探究企业进行公司创业投资这一战略决策的内在机制。公司创业投资的研究通常涉及不同战略决策之间的选择问题，如为什么成熟公司选择直接投资于外部新创企业这一开放式创新方式而不是授权股东独立行事进行内部创新？公司投资者为何以及应如何选择和组织外部的新创企业来合作？新创企业又该如何比较和选择公司投资者和独立风险投资者？现有研究主要聚焦于探究包括公司创业投资在内的不同公司创业形式的异同，揭示公司创业投资与独立风险投资的结构性差异（王雷、周方召，2017）。未来可进一步探究企业采用不同公司创业形式的内在原因，阐明差异性结构背后的作用机制，将公司创业投资深度整合到企业资源管理、竞争优势开发等战略管理议题中。

第四，鉴于经济转型升级背景下创业生态系统蓬勃发展的实际，未来研究可将公司创业投资研究放在创业生态系统的范畴内进行讨论。谷歌、英特尔、高通和通用等国外企业以及我国的联想、阿里巴巴、腾讯、百度、小米科技和复星集团等都积极参与公司创业投资，并基于此构建开放式创新平台以及创业生态系统。因此，未来可进一步研究公司创业投资在基于平台的创业生态系统中的作用及其实现机制，将在位企业、新创企业、其他投资者等利益相关者统筹考虑，建构多层次、多范畴的系统性研究。

第五，拓展公司创业投资的研究情境，尤其重视基于新兴经济情境的研究。公司创业投资实践不断从西方发达国家扩散到发展中国家，新兴经济体中公司创业投资现象越来越普遍，因而公司创业投资已不再是少数发达国家企业的特权。相应地，发展中以及新兴经济国家在公司创业投资研究方面也将贡献越来越多的成果（谢雅萍、宋超俐，2017）。同时，随着公司创业投资变得更加国际化，未来研究可探索地域复杂性给公司创业投资所带来的挑战。

第六，研究公司创业投资的理论视角还比较零散，因而整合不同理论视角或采用多理论视角开展研究将是未来的趋势。现阶段学者们主要从资源基础观、资源依赖观、知识基础观、实物期权理论等视角出发，未来可加强理论的整合，从多理论视角探究公司创业投资的过程、前因以及结果，拓展公司创业投资研究的广度和深度。

参考文献

［1］ Abell P, Nisar T M. Performance Effects of Venture Capital Firm Networks [J]. Management Decision, 2007, 45 (5): 923-936.

［2］ Adams R B, Almeida H, Ferreira F. Powerful CEOs and Their Impact on Corporate Performance [J]. Review of Financial Studies, 2005, 18 (4): 1403-1432.

［3］ Adams R B, Ferreira D. A Theory of Friendly Boards [J]. The Journal of Finance, 2007, 62 (1): 217-250.

［4］ Ahuja G. The Duality of Collaboration: Inducements and Opportunities in the Formation of Interfirm Linkages [J]. Strategic Management Journal, 2000, 21 (3): 317-330.

［5］ Aiken L S, West S G, Reno R R. Multiple Regression: Testing and Interpreting Interactions [M]. Newbury Park: Sage Publications (CA), 1991.

［6］ Abrahamson E, Hambrick D C. Attentional Homogeneity in Industries: The Effect of Discretion [J]. Journal of Organizational Behavior, 1997, 18 (S1): 513-532.

［7］ Aggarwal, V A, & Hsu, D H. Modes of Cooperative R&D Commercialization by Start-ups [J]. Strategic Management Journal, 2019, 30 (8): 835-864.

［8］ Anokhin S, Peck S, Wincent J. Corporate Venture Capital: The Role of Governance Factors [J]. Journal of Business Research, 2016, 69 (11): 4744-4749.

［9］ Alvarez-Garrido E, Dushnitsky G. Are Entrepreneurial Venture's Innovation Rates Sensitive to Investor Complementary Assets? Comparing Biotech Ventures backed by Corporate and Independent VCs [J]. Strategic Management Journal, 2016, 37 (5): 819-834.

［10］ Alvarez-Garrido, E, & Dushnitsky, G. Are Entrepreneurial Venture's Innovation Rates Sensitive to Investor Complementary Assets? Comparing Biotech Ventures Backed by Corporate and Independent VCs [J]. Strategic Management Journal, 2016, 37 (5): 819-834.

[11] Andres C. Large Shareholders and Firm Performance—An Empirical Examination of Founding-family Ownership [J]. Journal of Corporate Finance, 2008, 14 (4): 431-445.

[12] Andrews K. The Concept of Corporate Strategy [M]. Homewood, IL: R. D. Irwin. , 1971.

[13] Andries P, Faems D. Patenting Activities and Firm Performance: Does Firm Size Matter? [J]. Journal of Product Innovation Management, 2013, 30 (6): 1089-1098.

[14] Ang J S, Cheng Y, Wu C. Does Enforcement of Intellectual Property Rights Matter in China? Evidence from Financing and Investment Choices in the High-Tech Industry [J]. Review of Economics and Statistics, 2014, 96 (2): 332-348.

[15] Antoinette R, Harry C. Narcissus Enters the Courtroom: CEO Narcissism and Fraud [J]. Journal of Business Ethics, 2013, 117 (2): 413-429.

[16] Arikan A M, Capron L. Do Newly Public Acquirers Benefit or Suffer from Their Pre-IPO Affiliations with Underwriters and VCs? [J]. Strategic Management Journal, 2010, 31 (12): 1257-1289.

[17] Atherton A. Organisational "Know-where" and "Know-when": Re-framing Configurations and Distributions of Knowledge in Organisations [J]. Knowledge Management Research & Practice, 2013, 11 (4): 410-421.

[18] Barker R. Management of Knowledge Creation and Sharing to Create Virtual Knowledge sharing Communities: A Tracking Study [J]. Journal of Knowledge Management, 2015, 19 (2): 334-350.

[19] Barnett V, Lewis T. Outliers in Statistical Data [M]. Chichester: Wiley & Sons, 1994.

[20] Barney J. Firm Resources and Sustained Competitive Advantage [J]. Journal of Management, 1991, 17 (1): 99-120.

[21] Baron R M, Kenny D A. The Moderator-mediator Variable Distinction in Social Psychological Research: Conceptual, Strategic, and Statistical Considerations [J]. Journal of Personality & Social Psychology, 1986, 51 (6): 1173-1182.

[22] Basu S, Phelps C, Kotha S. Towards Understanding Who Makes Corporate Venture Capital Investments and Why [J]. Journal of Business Venturing, 2011, 26 (2): 153-171.

［23］ Belderbos R, Jacob J, Lokshin B. Corporate Venture Capital (CVC) Investments and Technological Performance: Geographic Diversity and the Interplay with Technology Aliances ［J］. Journal of Business Venturing, 2018, 33 (1): 20−34.

［24］ Belenzon S, Shamshur A, Zarutskie R. CEO's Age and the Performance of Closely Held Firms ［J］. Strategic Management Journal, 2019, 40 (6): 917−944.

［25］ Bennedsen M, Wolfenzon D. The Balance of Power in Closely Held Corporations ［J］. Journal of Financial Economics, 2000, 58 (1−2): 113−139.

［26］ Benson D, Ziedonis R H. Corporate Venture Capital and the Returns to Acquiring Portfolio Companies ［J］. Journal of Financial Economics, 2010, 98 (3): 478−499.

［27］ Benson D, Ziedonis R H. Corporate Venture Capital as a Window on New Technologies: Implications for the Performance of Corporate Investors When Acquiring Startups ［J］. Organization Science, 2009, 20 (2): 329−351.

［28］ Bertoni F, Colombo M G, Croce A. The Effect of Venture Capital Financing on the Sensitivity to Cash Flow of Firm's Investments ［J］. European Financial Management, 2010, 16 (4): 528−551.

［29］ Bertoni F, Colombo M G, Grilli L. Venture Capital Investor Type and the Growth Mode of New Technology−based Firms ［J］. Small Business Economics, 2013, 40 (3): 527−552.

［30］ Baysinger B D. Domain Maintenance as an Objective of Business Political Activity: An Expanded Typology ［J］. Academy of Management Review, 1984, 9 (2): 248−258.

［31］ Boone C, Lokshin B, Guenter H, Belderbos R. Top Management Team Nationality Diversity, Corporate Entrepreneurship, and Innovation in Multinational Firms ［J］. Strategic Management Journal, 2019, 40 (2): 277−302.

［32］ Blind K. The Influence of Regulations on Innovation: A Quantitative Assessment for OECD Countries ［J］. Research Policy, 2012, 41 (2): 391−400.

［33］ Boeker W. Strategic Change: The Influence of Managerial Characteristics and Organizational Growth ［J］. Academy of Management Journal, 1997, 40 (1): 152−170.

［34］ Bogart L M, Benotsch E G, Pavlovic J D P. Feeling Superior but Threatened: The Relation of Narcissism to Social Comparison ［J］. Basic Applied Social Psychology, 2004, 26 (1): 35−44.

［35］ Boschma R A. Proximity and Innovation: A Critical Assessment ［J］. Regional Studies, 2005, 39（1）: 61-74.

［36］Bouquet C, Morrison A, Birkinshaw J. International Attention and Multina-tional Enterprise Performance ［J］. Journal of International Business Studies, 2009, 40（1）: 108-131.

［37］Boyd B K. CEO Duality and Firm Performance: A Contingency Model ［J］. Strategic Management Journal, 1995, 16（4）: 301-312.

［38］Bradley S W, Aldrich H, Shepherd D A, Wiklund J. Resources, Environ-mental Change, and Survival: Asymmetric Paths of Young Independent and Subsidiary Organizations ［J］. Strategic Management Journal, 2011, 32（5）: 486-509.

［39］Branzei O, Ursacki-Bryant T J, Vertinsky I, Zhang W. The Formation of Green Strategies in Chinese Firms: Matching Corporate Environmental Responses and Individual Principles ［J］. Strategic Management Journal, 2004, 25（11）: 1075-1095.

［40］Braune E, Lantz J S, Sahut J M, Teulon F. Corporate Venture Capital in the IT Sector and Relationships in VC Syndication Networks ［J］. Small Business Eco-nomics, 2021, 56（3）: 1221-1233.

［41］Brickley J A, Zimmerman J L. Corporate Governance Myths: Comments on Armstrong, Guay and Weber ［J］. Journal of Accounting and Economics, 2010, 50（2）: 235-245.

［42］Bromiley P, Rau D. Social, Behavioral, and Cognitive Influences on Up-per Echelons During Strategy Process: A Literature Review ［J］. Journal of Manage-ment, 2016, 42（1）: 174-202.

［43］Bruton G D, Chahine S, Filatotchev I. Founders, Private Equity Inves-tors, and Underpricing in Entrepreneurial IPOs ［J］. Entrepreneurship Theory and Practice, 2009, 33（4）: 909-928.

［44］Busenbark J R, Krause R, Boivie S, et al. Toward a Configurational Per-spective on the CEO: A Review and Synthesis of the Management Literature ［J］. Journal of Management, 2016, 42（1）: 234-268.

［45］Bushee B J, Miller G S. Investor Relations, Firm Visibility, and Investor Following ［J］. Accounting Review, 2012, 87（3）: 867-897.

［46］Buyl T, Boone C, Wade J B. CEO Narcissism, Risk-Taking, and Resi-lience: An Empirical Analysis in U. S. Commercial Banks ［J］. Journal of Manage-ment, 2019, 45（4）: 1372-1400.

［47］Cabral J J, Francis B B, Kumar M V S. The Impact of Managerial Job Security on Corporate Entrepreneurship: Evidence from Corporate Venture Capital Programs [J]. Strategic Entrepreneurship Journal, 2021, 15 (1): 28-48.

[48] Cameron A C, Trivedi P K. Microeconometrics Using Stata [M]. Texas: Stata Press, 2009.

[49] Cameron A C, Trivedi P K. Regression Analysis of Count Data [M]. Cambridge: Cambridge University Press, 1998.

[50] Camison C, Fores B. Knowledge Absorptive Capacity: New Insights for its Conceptualization and Measurement [J]. Journal of Business Research, 2010, 63 (7): 707-715.

[51] Campbell J L. Why Would Corporations Behave in Socially Responsible Ways? An Institutional Theory of Corporate Social Responsibility [J]. Academy of Management Review, 2007, 32 (3): 946-967.

[52] Campbell W K, Goodie A S, Foster J D. Narcissism, Confidence, and Risk Attitude [J]. Journal of Behavioral Decision Making, 2004, 17 (4): 297-311.

[53] Cannatelli B, Smith B, Giudici A, Jones J, Conger M. An Expanded Model of Distributed Leadership in Organizational Knowledge Creation [J]. Long Range Planning, 2016, 50 (5): 582-602.

[54] Carpenter M A, Geletkanycz M A, Sanders W G. Upper Echelons Research Revisited: Antecedents, Elements, and Consequences of Top Management Team Composition [J]. Journal of Management, 2004, 30 (6): 749-778.

[55] Casciaro T, Piskorski M J. Power Imbalance, Mutual Dependence, and Constraint Absorption: A Closer Look at Resource Dependence Theory [J]. Administrative Science Quarterly, 2005, 50 (2): 167-199.

[56] Cauwelier P, Ribiere V M, Bennet A. The Influence of Team Psychological Safety on Team Knowledge Creation: A Study with French and American Engineering Teams [J]. Journal of Knowledge Management, 2019, 23 (6): 1157-1175.

[57] Ceccagnoli M, Higgins M C, Kang H D. Corporate Venture Capital as a Real Option in the Markets for Technology [J]. Strategic Management Journal, 2018, 39 (13): 3355-3381.

[58] Cerasi V, Oliviero T. CEO Compensation, Regulation and Risk in Banks: Theory and Evidence from the Financial Crisis [J]. International Journal of Central Banking, 2015, 11 (3): 241-297.

[59] Chahine S, Saade S, Goergen M. Foreign Business Activities, Foreignness of the VC Syndicate, and IPO Value [J]. Entrepreneurship Theory and Practice,

2019, 43 (5): 947-973.

[60] Chandler A D. Strategy and Structure [M]. Cambridge, MA: MIT Press, 1962.

[61] Charles A O R I, Bernadette D, Jennifer A C. "See You in Court": How CEO Narcissism Increases Firms' Vulnerability to Lawsuits [J]. Leadership Quarterly, 2018, 29 (3): 365-378.

[62] Chatterjee A, Hambrick D C. It's All about Me: Narcissistic Chief Executive Officers and Their Effects on Company Strategy and Performance [J]. Administrative Science Quarterly, 2007, 52 (3): 351-386.

[63] Chatterjee A, Pollock T G. Master of Puppets: How Narcissistic Ceos Construct Their Professional Worlds [J]. Academy of Management Review, 2017, 42 (4): 703-725.

[64] Chatterjee A, Pollock T G. Master of Puppets: How Narcissistic CEOs Construct Their Professional Worlds [J]. Academy of Management Review, 2017, 42 (4): 703-725.

[65] Chen G, Crossland C, Luo S. Making the Same Mistake all over Again: CEO Overconfidence and Corporate Resistance to Corrective Feedback [J]. Strategic Management Journal, 2015, 36 (10): 1513-1535.

[66] Cheng C Y, Tang M J. Partner-selection Effects on Venture Capital Investment Performance with Uncertainties [J]. Journal of Business Research, 2019, 33 (11): 242-252.

[67] Chen J H, Nadkarni S. It's about Time! CEOs' Temporal Dispositions, Temporal Leadership, and Corporate Entrepreneurship [J]. Administrative Science Quarterly, 2017, 62 (1): 31-66.

[68] Chen S, Liao Z G, Redd T, Wu S B. Laotian Entrepreneurs' Optimism and New Venture Performance [J]. Social Behavior and Personality, 2013, 41 (8): 1267-1278.

[69] Chesbrough H W. Making Sense of Corporate Venture Capital [J]. Harvard Business Review, 2002, 80 (3): 90-99.

[70] Child J. Organizational Structure, Environment and Performance: The Role of Strategic Choice [J]. Sociology, 1972, 6 (1): 1-22.

[71] Chiu S C, Sharfman M. Legitimacy, Visibility, and the Antecedents of Corporate Social Performance: An Investigation of the Instrumental Perspective [J]. Journal of Management, 2011, 37 (6): 1558-1585.

［72］ Cho T S, Hambrick D C. Attention as the Mediator between Top Management Team Characteristics and Strategic Change: The Case of Airline Deregulation ［J］. Organization Science, 2006, 17 (4): 453-469.

［73］ Chung K H, Pruitt S W. A Simple Approximation of Tobin's Q ［J］. Financial Management, 1994, 23 (3): 70-74.

［74］ Cirillo B. External Learning Strategies and Technological Search Output: Spinout Strategy and Corporate Invention Quality ［J］. Organization Science, 2019, 30 (2): 361-382.

［75］ Chen Y M, Liu H H, Ni Y T, Wu M F. A Rational Normative Model of International Expansion: Strategic Intent Perspective, Market Positions, and Founder CEOs/family - successor CEOs ［J］. Journal of Business Research, 2015, 68 (7): 1539-1543.

［76］ Chemmanur T J, Loutskina E, Tian X. Corporate Venture Capital, Value Creation, and Innovation ［J］. Review of Financial Studies, 2014, 27 (8): 2434-2473.

［77］ Cockburn I M, Henderson R M. Absorptive Capacity, Coauthoring Behavior, and the Organization of Research in Drug Discovery ［J］. Journal of Industrial Economics, 2010, 46 (2): 157-182.

［78］ Cohen W M, Levinthal D A. Absorptive Capacity: A New Perspective on Learning and Innovation ［J］. Administrative Science Quarterly, 1990, 35 (1): 128-152.

［79］ Coles J W, Mcwilliams V B, Sen N. An Examination of the Relationship of Governance Mechanisms to Performance ［J］. Journal of Management, 2001, 27 (1): 23-50.

［80］ Colombo M G, Shafi K. Swimming with Sharks in Europe: When Are They Dangerous and What Can New Ventures do to Defend Themselves? ［J］. Strategic Management Journal, 2016, 37 (11): 2307-2322.

［81］ Connelly B L, Certo S T, Ireland R D, Reutzel C R. Signaling Theory: A Review and Assessment ［J］. Journal of Management, 2011, 37 (1): 39-67.

［82］ Connelly B L, Hoskisson R E, Tihanyi L, Certo S T. Ownership as a Form of Corporate Governance ［J］. Journal of Management Studies, 2010, 47 (8): 1561-1589.

［83］ Connelly B L, Ketchen Jr. D J, Gangloff K A, Shook C L. Investor Perceptions of CEO Successor Selection in the Wake of Integrity and Competence Failures: A Policy Capturing Study ［J］. Strategic Management Journal, 2016, 37 (10):

2135-2151.

[84] Corredoira R A, Rosenkopf L. Should Auld Acquaintance be Forgot? The Reverse Transfer of Knowledge through Mobility Ties [J]. Strategic Management Journal, 2010, 31 (2): 159-181.

[85] Crossland C, Hambrick D C. Differences in Managerial Discretion across Countries: How Nation-level Institutions Affect the Degree to Which CEOs Matter [J]. Strategic Management Journal, 2011, 32 (8): 797-819.

[86] Crossland C, Hambrick D C. How National Systems Differ in Their Constraints on Corporate Executives: A Study of CEO Effects in Three Countries [J]. Strategic Management Journal, 2007, 28 (8): 767-789.

[87] Cyert R M, March J G. A Behavioral Theory of the Firm [M]. Cambridge: Prentice-Hall, 1963.

[88] Daft R L, Weick K E. Toward a Model of Organizations as Interpretation Systems [J]. The Academy of Management Review, 1984, 9 (2): 284-295.

[89] Dai W, Liu Y, Liao M, et al. How Does Entrepreneurs' Socialist Imprinting Shape Their Opportunity Selection in Transition Economies? Evidence from China's Privately Owned Enterprises [J]. International Entrepreneurship and Management Journal, 2018, 14 (4): 823-856.

[90] Dalton D R, Dalton C M. Integration of Micro and Macro Studies in Governance Research: CEO Duality, Board Composition, and Financial Performance [J]. Journal of Management, 2011, 37 (2): 404-411.

[91] Dalton D R, Hitt M A, Certo S T, Dalton C M. The Fundamental Agency Problem and Its Mitigation: Independence, Equity, and the Market for Corporate Control [J]. Academy of Management Annals, 2007, 1 (1): 1-64.

[92] Dang V A, Michayluk D, Pham T P. The Curious Case of Changes in Trading Dynamics: When Firms Switch from NYSE to NASDAQ [J]. Journal of Financial Markets, 2018, 41 (C): 17-35.

[93] De Jong A, Song M, Song L. How Lead Founder Personality Affects New Venture Performance: The Mediating Role of Team Conflict [J]. Journal of Management, 2013, 39 (7): 1825-1854.

[94] de Lange D, Valliere D. Sustainable Firms and Legitimacy: Corporate Venture Capital as an Effective Endorsement [J]. Journal of Small Business Management, 2020, 58 (6): 1187-1220.

[95] Demsetz H, Lehn K M. The Structure of Corporate Ownership: Causes and

Consequences [J]. Journal of Political Economy, 1985, 93 (6): 1155-1177.

[96] Di Lorenzo F, van de Vrande V. Tapping into the Knowledge of Incumbents: The Role of Corporate Venture Capital Investments and Inventor Mobility [J]. Strategic Entrepreneurship Journal, 2019, 13 (1): 24-46.

[97] Deeds D D L. The Impact of Stocks and Flows of Organizational Knowledge on Firm Performance: An Empirical Investigation of the Biotechnology Industry [J]. Strategic Management Journal, 2015, 20 (10): 953-968.

[98] Dushnitsky G , Lenox M J. When Does Corporate Venture Capital Investment Create Firm Value? [J]. Journal of Business Venturing, 2006, 21 (6): 753-772.

[99] Denise D H, Masaaki K, Ram M. A Story of Breakthrough vs. Incremental Innovation: Corporate Entrepreneurship in the Global Pharmaceutical Industry [J]. Strategic Entrepreneurship Journal, 2010, 4 (2): 106-127.

[100] D'aveni R A, Macmillan I C. Crisis and the Content of Managerial Communications: A Study of the Focus of Attention of Top Managers in Surviving and Failing Firms [J] . Administrative Science Quarterly, 1990, 35 (4): 634-657.

[101] Dokko G, Gaba V. Venture into New Territory: Career Experiences of Corporate Venture Capital Managers and Practice Variation [J]. Academy of Management Journal, 2012, 55 (3): 563-583.

[102] Dosi G. Technological Paradigms and Technological Trajectories [J]. Research Policy, 1982, 11 (3): 147-162.

[103] Drover W, Busenitz L, Matusik S, et al. A Review and Road Map of Entrepreneurial Equity Financing Research: Venture Capital, Corporate Venture Capital, Angel Investment, Crowdfunding, and Accelerators [J] . Journal of Management, 2017, 43 (6): 1820-1853.

[104] Drover W, Busenitz L, Matusik S, Townsend D, Anglin A, Dushnitsky G. A Review and Road Map of Entrepreneurial Equity Financing Research: Venture Capital, Corporate Venture Capital, Angel Investment, Crowdfunding, and Accelerators [J]. Journal of Management, 2017, 43 (6): 1820-1853.

[105] Dushnitsky G, Shapira Z. Entrepreneurial Finance Meets Organizational Rea-lity: Comparing Investment Practices and Performance of Corporate and Independent Venture Capitalists [J]. Strategic Management Journal, 2010, 31 (9): 990-1017.

[106] Dushnitsky G, Lenox M J. When do Firms Undertake R&D by Investing in New Ventures? [J]. Strategic Management Journal, 2005a, 26 (10): 947-965.

［107］ Dushnitsky G, Lenox M J. When do Incumbents Learn from Entrepreneurial Ventures? Corporate Venture Capital and Investing Firm Innovation Rates ［J］. Research Policy, 2005b, 34 (5): 615-639.

［108］ Dushnitsky G, Shaver J M. Limitations to Interorganizational Knowledge Acquisition: The Paradox of Corporate Venture Capital ［J］. Strategic Management Journal, 2009, 30 (10): 1045-1064.

［109］ Dushnitsky G. Corporate Venture Capital: Past Evidence and Future Directions ［A］. In Casson, M., Yeung, B., Basu, A., Wadeson, N. (Eds.), The Oxford Handbook of Entrepreneurship ［M］. Oxford: Oxford University Press, 2006: 387-431.

［110］ Edmans A. Blockholders and Corporate Governance ［J］. Annual Review of Financial Economics, 2014, 6 (1): 23-50.

［111］ Edmund M, Markus T. The Danger of Not Listening to Firms: Government Responsiveness and the Goal of Regulatory Compliance ［J］. Academy of Management Journal, 2017, 60 (5): 1741-1770.

［112］ Edwards J R, Lambert L S. Methods for Integrating Moderation and Mediation: A General Analytical Framework Using Moderated Path Analysis ［J］. Psychological Methods, 2007, 12 (1): 1.

［113］ Edwards J R. Methods for Integrating Moderation and Mediation ［J］. Psychological Methods, 2007, 12 (1): 1-22.

［114］ Eggers, J P, & Kaplan, S. Cognition and Renewal: Comparing CEO and Organizational Effects on Incumbent Adaptation to Technical Change ［J］. Organization Science, 2009, 20 (2): 461-477.

［115］ Elitzur R, Gavious A. Contracting, Signaling, and Moral Hazard: A Model of Entrepreneurs, "angels", and Venture Capitalists ［J］. Journal of Business Venturing, 2003, 18 (6): 709-725.

［116］ Engelen A, Neumann C, Schmidt S. Should Entrepreneurially Oriented Firms Have Narcissistic CEOs? ［J］. Journal of Management, 2016, 42 (3): 698-721.

［117］ Emmons R A. Factor Analysis and Construct Validity of the Narcissistic Personality Inventory ［J］. Journal of Personality Assessment, 1984, 48 (3): 291-300.

［118］ Emmons R A. Narcissism: Theory and Measurement ［J］. Journal of Personality and Social Psychology, 1987, 52 (1): 11-17.

［119］ Engelen A, Neumann C, Schwens C. "Of Course I Can": The Effect of

CEO Overconfidence on Entrepreneurially Oriented Firms [J]. Entrepreneurship Theory Practice, 2015, 39 (5): 1137-1160.

[120] Essen M V, Oosterhout J V, Heugens P P M A R. Competition and Cooperation in Corporate Governance: The Effects of Labor Institutions on Blockholder Effectiveness in 23 European Countries [J]. Organization Science, 2013, 24 (2): 530-551.

[121] Estrin S, Korosteleva J, Mickiewicz T. Which Institutions Encourage Entrepreneurial Growth Aspirations? [J]. Journal of Business Venturing, 2013, 28 (4): 564-580.

[122] Fanelli A, Grasselli N I. Defeating the Minotaur: The Construction of CEO Charisma on the US Stock Market [J]. Organization Studies, 2006, 27 (6): 811-832.

[123] Felin T, Foss N J, Ployhart R E. The Microfoundations Movement in Strategy and Organization Theory [J]. Academy of Management Annals, 2015, 9 (1): 575-632.

[124] Filatotchev I, Chahine S, Bruton G D. Founders, Private Equity Investors, and Underpricing in Entrepreneurial IPOs [J]. Entrepreneurship Theory & Practice, 2010, 33 (4): 909-928.

[125] Finkelstein S, D'Aveni R A. CEO Duality as a Double-edged Sword: How Boards of Directors Balance Entrenchment Avoidance and Unity of Command [J]. Academy of Management Journal, 1994, 37 (5): 1079-1108.

[126] Finkelstein S, Hambrick D C, Cannella A A J. Strategic Leadership: Theory and Research on Executives, Top Management Teams and Boards [M]. England: Oxford University Press, 2009.

[127] Finkelstein S, Peteraf M A. Managerial Activities: A Missing Link in Managerial Discretion Theory [J]. Strategic Organization, 2007, 5 (3): 237-248.

[128] Fischer D, Kruse D P, Leonardy H, Weber C. Don't Throw in the Towel too Early! How Agency Conflicts Affect the Survival of Corporate Venture Capital Units [J]. International Journal of Entrepreneurial Venturing, 2019, 11 (6): 568-597.

[129] Finkelstein S, Hambrick D C. Top-Management-Team Tenure and Organizational Outcomes: The Moderating Role of Managerial Discretion [J]. Administrative Science Quarterly, 1990, 35 (3): 484-503.

[130] Fiol C M. Corporate Communications: Comparing Executives' Private and Public Statements [J]. Academy of Management Journal, 1995, 38 (2): 522-536.

［131］ Flammer C, Kacperczyk A. Corporate Social Responsibility as a Defense against Knowledge Spillovers: Evidence from the Inevitable Disclosure Doctrine ［J］. Strategic Management Journal, 2019, 40 (8): 1243-1267.

［132］ Fombrun C, Shanley M. What's in a Name? Reputation Building and Corporate Strategy ［J］. Academy of Management Journal, 1990, 33 (2): 233-258.

［133］ Foss N J. Firms, Incomplete Contracts, and Organizational Learning ［J］. Human Systems Management, 1996, 15 (1): 17-26.

［134］ Gaba V, Bhattacharya S. Aspirations, Innovation, and Corporate Venture Capital: A Behavioral Perspective ［J］. Strategic Entrepreneurship Journal, 2012, 6 (2): 178-199.

［135］ Gaba V, Dokko G. Learning to Let Go: Social Influence, Learning, and the Abandonment of Corporate Venture Capital Practices ［J］. Strategic Management Journal, 2016, 37 (8): 1558-1577.

［136］ Gaba V, Meyer A D. Crossing the Organizational Species Barrier: How Venture Capital Practices Infiltrated the Information Technology Sector? ［J］. Academy of Management Journal, 2008, 51 (5): 976-998.

［137］ Galloway T L, Miller D R, Sahaym A, Arthurs J D. Exploring the Innovation Strategies of Young Firms: Corporate Venture Capital and Venture Capital Impact on Alliance Innovation Strategy ［J］. Journal of Business Research, 2016, 71 (2): 55-65.

［138］ Gans J S, Stern S. The Product Market and the Market for "ideas": Commercialization Strategies for Technology Entrepreneurs ［J］. Research Policy, 2003, 32 (2): 333-350.

［139］ Garrido E Á, Dushnitsky G. Are Entrepreneurial Venture's Innovation Rates Sensitive to Investor Complementary Assets? Comparing Biotech Ventures Backed by Corporate and Independent VCs ［J］. Strategic Management Journal, 2016, 37 (5): 819-834.

［140］ Ge J, Stanley L J, Eddleston K, Kellermanns F W. Institutional Deterioration and Entrepreneurial Investment: The Role of Political Connections ［J］. Journal of Business Venturing, 2017, 32 (4): 405-419.

［141］ George G. Slack Resources and the Performance of Privately Held Firms ［J］. Academy of Management Journal, 2005, 48 (4): 661-676.

［142］ Gerstner W C, König A, Enders A, Hambrick D C. CEO Narcissism, Audience Engagement, and Organizational Adoption of Technological Discontinuities

［J］. Administrative Science Quarterly, 2013, 58 （2）: 257-291.

［143］ Garrett R P, Covin J G. Internal Corporate Venture Operations Independence and Performance: A Knowledge-based Perspective ［J］. Entrepreneurship Theory and Practice, 2015, 39 （4）: 763-790.

［144］ Gong Y, Huang J-C, Farh J-L. Employee Learning Orientation, Transformational Leadership, and Employee Creativity: The Mediating Role of Employee Creative Self-efficacy ［J］. Academy of Management Journal, 2009, 52 （4）: 765-778.

［145］ Gompers P A, Lerner J. The Determinants of Corporate Venture Capital Success: Organizational Structure, Incentives, and Complementarities ［J］. Concentrated Corporate Ownership, 1998, 12 （3）: 17-50.

［146］ Gorman M E. Types of Knowledge and Their Roles in Technology Transfer ［J］. Journal of Technology Transfer, 2002, 27 （3）: 219-231.

［147］ Grant R M. Toward a Knowledge—based Theory of the Firm ［J］. Strategic Management Journal, 1996, 17 （1）: 109-122.

［148］ Grove H, Patelli L, Victoravich L M, Xu P. Corporate Governance and Performance in the Wake of the Financial Crisis: Evidence from US Commercial Banks ［J］. Corporate Governance, 2011, 19 （5）: 418-436.

［149］ Grullon G, Kanatas G, Weston J. Advertising, Breadth of Ownership, and Liquidity ［J］. The Review of Financial Studies, 2004, 17 （2）: 439-461.

［150］ Guerrero M, Amoros J E, Urbano D. Do Employees' Generational Cohorts Influence Corporate Venturing? A Multilevel Analysis ［J］. Small Business Economics, 2019, 57 （1）: 47-74.

［151］ Gulati R, Higgins M C. Which Ties Matter When? The Contingent Effects of Inter Organizational Partnerships on IPO Success ［J］. Strategic Management Journal, 2003, 24 （2）: 127-144.

［152］ Gupta A K, Govindarajan V, Malhotra A. Feedback-seeking Behavior within Multinational Corporations ［J］. Strategic Management Journal, 1999, 20 （3）: 205-222.

［153］ Guth W D, Ginsberg A. Guest Editors' Introduction: Corporate Entrepreneurship ［J］. Strategic Management Journal, 1990, 11 （4）: 5-15.

［154］ Haan J D, Vlahu R. Corporate Governance of Banks: A Survey ［J］. Journal of Economic Surveys, 2016, 30 （2）: 228-277.

［155］ Haas M R, Criscuolo P, George G. Which Problems to Solve? Online Knowledge Sharing and Attention Allocation in Organizations ［J］. Academy of Management Journal, 2015, 58（3）: 680-711.

[156] Hackman J R, Porter L W. Expectancy Theory Predictions of Work Effectiveness [J]. Organizational Behavior and Human Performance, 1968, 3（4）: 417-426.

[157] Hadani M, Doh J P, Schneider M A. Corporate Political Activity and Regulatory Capture: How Some Companies Blunt the Knife of Socially Oriented Investor Activism [J]. Journal of Management, 2016, 44（4）: 2064-2093.

[158] Hakanson L. Creating Knowledge: The Power and Logic of Articulation [J]. Industrial and Corporate Change, 2007, 6（1）: 51-88.

[159] Haleblian J, Finkelstein S. Top Management Team Size, CEO Dominance, and Firm Performance: The Moderating Roles of Environmental Turbulence and Discretion [J]. Academy of Management Journal, 1993, 36（4）: 844-863.

[160] Hallen B L, Katila R, Rosenberger J D. How do Social Defenses Work? A Resource-dependence Lens on Technology Ventures, Venture Capital Investors, and Corporate Relationships [J]. Academy of Management Journal, 2014, 57（4）: 1078-1101.

[161] Hallen, B L, & Pahnke, E C. When Do Entrepreneurs Accurately Evaluate Venture Capital Firms' Track Records? A Bounded Rationality Perspective [J]. Academy of Management Journal, 2016, 59（5）, 1535-1560.

[162] Hambrick D C, Abrahamson E. Assessing Managerial Discretion across Industries: A Multimethod Approach [J]. Academy of Management Journal, 1995, 38（5）: 1427-1441.

[163] Hambrick D C, Finkelstein S. Managerial Discretion: A Bridge Between Polar Views of Organizational Outcomes [J]. Research in Organizational Behavior, 1987, 9（4）: 369-406.

[164] Hambrick D C, Macmillan C I. Efficiency of Product R&D in Business Units: The Role of Strategic Context [J]. Academy of Management Journal, 1985, 28（3）: 527-547.

[165] Hambrick D C, Mason P A. Upper Echelons [J]. Automatic Control & Computer Sciences, 1984（41）: 39-43.

[166] Hambrick D C, Mason P A. Upper Echelons: The Organization as a Reflection of its Top Managers [J]. Academy of Management Review, 1984, 9（2）: 193-206.

[167] Hambrick D C, Misangyi V F, Park C. The Quad Model for Identifying a

Corporate Director's Potential for Effective Monitoring: Toward a New Theory of Board Sufficiency [J]. Academy of Management Review, 2015, 40 (3): 323-344.

[168] Hambrick D C. Environment, Strategy, and Power within Top Management Teams [J] . Administrative Science Quarterly, 1981, 26 (2): 253-275.

[169] Hambrick D C. Upper Echelons Theory [A]. Augier M, Teece D. The Palgrave Encyclopedia of Strategic Management [M] . London: Palgrave Macmillan, 2016.

[170] Hambrick D C. Upper Echelons Theory: An Update [J] . Academy of Management Review, 2007, 32 (2): 334-343.

[171] Hannan M T, Freeman J. Structural Inertia and Organizational Change [J]. American Sociological Review, 1984, 49 (2): 149-164.

[172] Hansen M T. Knowledge Networks: Explaining Effective Knowledge Sharing in Multiunit Companies [J]. Organization Science, 2002, 13 (3): 232-248.

[173] Hart O. Corporate Governance: Some Theory and Implications [J] . The Economic Journal, 1995, 105 (430): 678-689.

[174] Hausman J, Hall B H, Griliches Z. Econometric Models for Count Data with an Application to the Patents-R&D Relationship [J]. Econometrica, 1984, 52 (4): 909-938.

[175] Haveman H A, Russo M V, Meyer A D. Organizational Environments in Flux: The Impact of Regulatory Punctuations on Organizational Domains, CEO Succession, and Performance [J]. Organization Science, 2001, 12 (3): 253-273.

[176] Hayes A F, Preacher K J. Quantifying and Testing Indirect Effects in Simple Mediation Models When the Constituent Paths are Nonlinear [J] . Multivariate Behavioral Research, 2010, 45 (4): 627-660.

[177] Hayes A F. Beyond Baron and Kenny: Statistical Mediation Analysis in the New Millennium [J]. Communication Monographs, 2009, 76 (4): 408-420.

[178] Hellmann, T, Puri, M, Baron, J, Burton, D, & Hannan, M. Venture Capital and the Professionalization of Start - up firms: Empirical Evidence [J] . The Journal of Finance, 2002 (1): 169-198.

[179] Hellmann T , Puri M. Venture Capital and the Professionalization of Start-up Firms: Empirical Evidence [J]. Journal of Finance, 2002, 57 (1): 169-197.

[180] Helmers C, Rogers M. Does Patenting Help High - tech Start - ups? [J]. Research Policy, 2011, 40 (7): 1016-1027.

[181] Henderson A D, Miller D, Hambrick D C. How Quickly Do CEOs Be-

come Obsolete? Industry Dynamism, CEO Tenure, and Company Performance [J]. Strategic Management Journal, 2006, 27 (5): 447-460.

[182] Hendricks B, Howell T, Bingham C. How Much Do Top Management Teams Matter in Founder-led Firms? [J]. Strategic Management Journal, 2019, 40 (6): 959-986.

[183] Herrmann P, Nadkarni S. Managing Strategic Change: The Duality of CEO Personality [J]. Strategic Management Journal, 2014, 35 (9): 1318-1342.

[184] Hiatt S R, Grandy J B, Lee B H. Organizational Responses to Public and Private Politics: An Analysis of Climate Change Activists and U. S. Oil and Gas Firms [J]. Organization Science, 2015, 26 (6): 1769-1786.

[185] Higgins M C, Gulati R. Stacking the Deck: The Effects of Top Management Backgrounds on Investor Decisions [J]. Strategic Management Journal, 2006, 27 (1): 1-25.

[186] Hill S A, Birkinshaw J. Ambidexterity and Survival in Corporate Venture Units [J]. Journal of Management, 2014, 40 (7): 1899-1931.

[187] Hill S A, Birkinshaw J. Strategy-organization Configurations in Corporate Venture Units: Impact on Performance and Survival [J]. Journal of Business Venturing, 2008, 23 (4): 423-444.

[188] Hill S A, Maula M V J, Birkinshaw J M, Murray G C. Transferability of the Venture Capital Model to the Corporate Context: Implications for the Performance of Corporate Venture Units [J]. Strategic Entrepreneurship Journal, 2009, 3 (1): 3-27.

[189] Hood J N. The Relationship of Leadership Style and CEO Values to Ethical Practices in Organizations [J]. Journal of Business Ethics, 2003, 43 (4): 263-273.

[190] Huang P Y, Madhavan R. Dumb Money or Smart Money? Meta-analytically Unpacking Corporate Centure Capital [J]. Strategic Entrepreneurship Journal, 2021, 15 (3): 403-429.

[191] Hannan M T, Freeman J. The Population Ecology of Organizations [J]. American Journal of Sociology, 1977, 82 (5): 929-964.

[192] Hoffman, A J, & Ocasio, W. Not All Events Are Attended Equally: Toward a Middle-Range Theory of Industry Attention to External Events [J]. Organization Science, 2001, 12 (4): 414-434.

[193] Hong J, Lee O K, Suh W. Creating Knowledge within a Team: A Sociotechnical Interaction Perspective [J]. Knowledge Management Research & Practice,

2017, 15 (1): 23-33.

[194] Ho S S M, Li A Y, Tarn K, Zhang F. CEO Gender, Ethical Leadership, and Accounting Conservatism [J]. Journal of Business Ethics, 2015, 127 (2): 351-370.

[195] Huff A S, Schwenk C. Bias and Sensemaking in Good Times and Bad [M] // HUFF A S. Mapping Strategic Thought. Wiley, Chichester. 1990: 89-108.

[196] Ingersoll A R, Glass C, Cook A, Olsen K J. Power, Status and Expectations: How Narcissism Manifests among Women CEOs [J]. Journal of Business Ethics, 2017, 158 (4): 893-907.

[197] Ingolf D, Ernst M, Christoph S. Bankers on the Boards of German Firms: What They Do, What They Are Worth, and Why They Are (Still) There [J]. Review of Finance, 2010, 14 (1): 35-71.

[198] Ivanov V I, Xie F. Do Corporate Venture Capitalists Add Value to Start-up Firms? Evidence from IPOs and Acquisitions of VC-backed Companies [J]. Financial Management, 2010, 39 (1): 129-152.

[199] Janney J J, Damaraju N L, Dess G G. The Role of Corporate Venture Capital on Returns to Acquiring Firms: Evidence from the Biotechnology Industry [J]. Venture Capital, 2021, 23 (2): 111-127.

[200] Jensen M C, Meckling W H. Theory of the Firm: Managerial Behavior, Agency Costs and Ownership Structure [J]. Journal of Financial Economics, 1976, 3 (4): 305-360.

[201] Jensen M C, Murphy K J. CEO Incentives—It's Not How Much You Pay, But How [J]. Harvard Business Review, 1990, 68 (3): 138-149.

[202] Jensen M l, Zajac E J. Corporate Elites and Corporate Strategy: How Demographic Preferences and Structural Position Shape the Scope of the Firm [J]. Strategic Management Journal, 2004, 25 (6): 507-524.

[203] Jiao L, Harrison G, Dyball M C, Chen J. CEO Values, Stakeholder Culture, and Stakeholder-based Performance [J]. Asia Pacific Journal of Management, 2017, 34 (4): 875-899.

[204] Judd C M, Kenny D A. Process Analysis Estimating Mediation in Treatment Evaluations [J]. Evaluation Review, 1981, 5 (5): 602-619.

[205] Judge T A, Lepine J A, Rich B L. Loving Yourself Abundantly: Relationship of the Narcissistic Personality to Self-and Other Perceptions of Workplace Deviance, Leadership, and Task and Contextual Performance [J]. Journal of Applied

Psychology, 2006, 91 (4): 762-776.

[206] Kaba A, Ramaiah C K, Carayannis E, Tsui E. Demographic Differences in Using Knowledge Creation Tools among Faculty Members [J]. Journal of Knowledge Management, 2017, 21 (4): 857-871.

[207] Kang S. The Impact of Corporate Venture Capital Involvement in Syndicates [J]. Management Decision, 2019, 57 (1): 131-151.

[208] Kann A. Strategic Venture Capital Investing by Corporations: A Framework for Structuring and Valuing Corporate Venture Capital Programs [D]. Doctoral Dissertation. Standford University, 2000.

[209] Kao S C, Wu C H. The Role of Creation Mode and Social Networking Mode in Knowledge Creation Performance: Mediation Effect of Creation Process [J]. Information & Management, 2016, 53 (6): 803-816.

[210] Katila R, Rosenberger J D, Eisenhardt K M. Swimming with Sharks: Technology Ventures, Defense Mechanisms and Corporate Relationships [J]. Administrative Science Quarterly, 2008, 53 (2): 295-332.

[211] Kato T, Long C. CEO Turnover, Firm Performance, and Enterprise Reform in China: Evidence from Micro Data [J]. Journal of Comparative Economics, 2006, 34 (4): 796-817.

[212] Keil T, Autio E, George G. Corporate Venture Capital, Disembodied Experimentation and Capability Development [J]. Journal of Management Studies, 2008, 45 (8): 1475-1505.

[213] Keil T, Maula M V J, Schildt H, Zahra S A. The Effect of Governance Modes and Relatedness of External Business Development Activities on Innovative Performance [J]. Strategic Management Journal, 2008, 29 (8): 895-907.

[214] Keil T, Maula M V, Wilson C. Unique Resources of Corporate Venture Capitalists as a Key to Entry into Rigid Venture Capital Syndication Networks [J]. Entrepreneurship Theory and Practice, 2010, 34 (1): 83-103.

[215] Keil T. Building External Corporate Venturing Capability [J]. Journal of Management Studies, 2004, 41 (5): 799-825.

[216] Kelly D, Amburgey T L. Organizational Inertia and Momentum: A Dynamic Model of Strategic Change [J]. Academy of Management Journal, 1991, 34 (3): 591-612.

[217] Keloharju M, Knüpfer S, Linnainmaa J T. Do Investors Buy What They Know? Product Market Choices and Investment Decisions [J]. Social Science Electronic

Publishing, 2013, 25 (10): 2921-2958.

[218] Kernberg O F. Borderline Conditions and Pathological Narcissism [M]. New York: Aronson, 1975.

[219] Kesner I F, Dan R D. Top Management Turnover and CEO Succession: An Investigation of the Effects of Turnover on Performance [J]. Journal of Management Studies, 1994, 31 (5): 701-713.

[220] Kim B, Prescott J E. Deregulatory Forms, Variations in the Speed of Governance Adaptation, and Firm Performance [J]. Academy of Management Review, 2005, 30 (2): 414-425.

[221] Kim J Y, Steensma H K, Park H D. The Influence of Technological Links, Social Ties, and Incumbent Firm Opportunistic Propensity on the Formation of Corporate Venture Capital Deals [J]. Journal of Management, 2019, 45 (4): 1595-1622.

[222] Kim K H, Al-Shammari H A, Kim B, Lee S H. CEO Duality Leadership and Corporate Diversification Behavior [J]. Journal of Business Research, 2009, 62 (11): 1173-1180.

[223] Kingsley A, Bergh R V, Bonardi J P. Political Markets and Regulatory Uncertainty: Insights and Implications for Integrated Strategy [J]. Academy of Management Perspectives, 2012, 26 (3): 52-67.

[224] Kogut B, Zander U. Knowledge of the Firm, Combinative Capabilities, and the Replication of Technology [J]. Organization Science, 1992, 3 (3): 383-397.

[225] Kogut B, Zander U. A Memoir and Reflection: Knowledge and an Evolutionary Theory of the Multinational Firm 10 Years Later [J]. Journal of International Business Studies, 2003, 34 (6): 505-515.

[226] Kohut H. The Restoration of the Self [M]. Chicago: University of Chicago Press, 2009.

[227] Krogh G V, Nonaka I, Rechsteiner L. Leadership in Organizational Knowledge Creation: A Review and Framework [J]. Journal of Management Studies, 2012, 49 (1): 240-277.

[228] Kunisch S, Menz M, Cannella A A. The CEO as a Key Micro-Foundation of Global Strategy: Task Demands, CEO Origin, and The CEO's International Background [J]. Global Strategy Journal, 2019, 9 (1): 19-41.

[229] Lai J H, Lin W C, Chen L Y. The Influence of CEO Overconfidence on Ownership Choice in Foreign Market Entry Decisions [J]. International Business Re-

view, 2017, 26 (4): 774-785.

[230] Lane P J, Salk J E, Lyles M A. Absorptive Capacity, Learning, and Performance in International Joint Ventures [J]. Strategic Management Journal, 2001, 22 (12): 1139-1161.

[231] Lang L H P, Stulz R M. Tobin's Q, Corporate Diversification and Firm Performance [J]. Journal of Political Economy, 1994, 102 (6): 1248-1280.

[232] Lantz J S, Sahut J M, Teulon F. What is the Real Role of Corporate Venture Capital? [J]. International Journal of Business, 2011, 16 (4): 367-382.

[233] Lawrence B S. Perspective—The Black Box of Organizational Demography [J]. Organization Science, 1997, 8 (1): 1-22.

[234] Leena A M, Tarek R, Mahmuda A, Mahfuzul H. Impact of Intellectual Capital on Financial Performance: Evidence from the Bangladeshi Textile Sector [J]. Journal of Accounting & Organizational Change, 2018, 11 (4): 429-454.

[235] Levy O. The Influence of Top Management Team Attention Patterns on Global Strategic Posture of Firms [J]. Journal of Organizational Behavior, 2005, 26 (7): 797-819.

[236] Liao Y C, Phan P H. Internal Capabilities, External Structural Holes Network Positions, and Knowledge Creation [J]. Journal of Technology Transfer, 2016, 41 (5): 1-20.

[237] Li J, Tang Y. CEO Hubris and Firm Risk Taking in China: The Moderating Role of Managerial Discretion [J]. Academy of Management Journal, 2010, 53 (1): 45-68.

[238] Lindenberg E B, Ross S A. Tobin's q Ratio and Industrial Organization [J]. Journal of Business, 1981, 54 (1): 1-32.

[239] Lin Z, Peng M W, Yang H, Sun S L. How Do Networks and Learning Drive M&As? An Institutional Comparison between China and the United States [J]. Strategic Management Journal, 2009, 30 (10): 1113-1132.

[240] Li Q, Maggitti P G, Smith K G, et al. Top Management Attention to Innovation: The Role of Search Selection and Intensity in New Product Introductions [J]. Academy of Management Journal, 2013, 56 (3): 893-916.

[241] Liu Y, Li Y, Hao X, Zhang Y. Narcissism and Learning from Entrepreneurial Failure [J]. Journal of Business Venturing, 2019, 34 (3): 496-512.

[242] Li Y H, Huang J W, Tsai M T. Entrepreneurial Orientation and Firm Performance: The Role of Knowledge Creation Process [J]. Industrial Marketing Manage-

ment, 2009, 38 (4): 440-449.

[243] Lane P J, Lubatkin M. Relative Absorptive Capacity and Interorganizational Learning [J]. Strategic Management Journal, 1998, 19 (5): 461-477.

[244] Lloria M B, Peris-Ortiz M. Knowledge Creation. The Ongoing Search for Strategic Renewal [J]. Industrial Management & Data Systems, 2014, 114 (7): 1022-1035.

[245] Maccoby M. Narcissistic Leaders: The Incredible Pros, the Inevitable Cons [J]. Harvard Business Review, 2000, 78 (1): 68-77.

[246] Mackinnon D P, Fritz M S, Williams J, Lockwood C M. Distribution of the Product Confidence Limits for the Indirect Effect: Program Prodclin [J]. Behavior Research Methods, 2007, 39 (3): 384-389.

[247] Mackinnon D P, Lockwood C M, Hoffman J M, West S G, Sheets V. A Comparison of Methods to Test Mediation and Other Intervening Variable Effects [J]. Psychological Methods, 2002, 7 (1): 83-104.

[248] Mackinnon D P, Warsi G, Dwyer J H. A Simulation Study of Mediated Effect Measures [J]. Multivariate Behavioral Research, 1995, 30 (1): 41-62.

[249] Mackinnon D P. Introduction to Statistical Mediation Analysis [M]. New York: McGraw-Hill, 2008.

[250] Makri M, Lane P J, Gómez-Mejia L R. CEO Incentives, Innovation, and Performance in Technology-intensive Firms: A Reconciliation of Outcome and Behavior-Based Incentive Schemes [J]. Southern Medical Journal, 2006, 27 (11): 1057-1080.

[251] March J G, Shapira Z. Variable Risk Preferences and the Focus of Attention [J]. Psychological Review, 1992, 99 (1): 172-183.

[252] March J G, Simon H A. Organizations. [M]. New York: Wiley, 1958.

[253] March J G. Primer on Decision Making: How Decisions Happen [M]. New York: Simon and Schuster, 1994.

[254] Martín-de-Castro G, Delgado-Verde M, López-Sáez P, Navas-Lopes J E. Towards "An Intellectual Capital-based View of the Firm": Origins and Nature [J]. Journal of Business Ethics, 2011, 98 (4): 649-662.

[255] Masucci M, Brusoni S, Cennamo C. Removing Bottlenecks in Business Ecosystems: The Strategic Role of Outbound Open Innovation [J]. Research Policy, 2020, 49 (1): 17-31.

[256] Mathews R D. Strategic Alliances, Equity Stakes, and Entry Deterrence

[J]. Journal of Financial Economics, 2006, 80 (1): 35-79.

[257] Maula M V J, Autio E, Murray G C. Corporate Venture Capital and the Balance of Risks and Rewards for Portfolio Companies [J]. Journal of Business Venturing, 2009, 24 (3): 274-286.

[258] Maula M V J, Autio E, Murray G. Corporte Venture Capitalists and Independent Venture Capitalists: What do They Know, Who do They Know, and Should Entrepreneurs Care? [M]. New York: Springer, 2005.

[259] Maula M V J, Keil T, Zahra S A. Top Management's Attention to Discontinuous Technological Change: Corporate Venture Capital as an Alert Mechanism [J]. Organization Science, 2013, 24 (3): 926-947.

[260] Maula M V J. Corporate Venture Capital and the Value-added for Technology-based New Firms [D]. Helsinki University of Technology, Institute of Strategy and International Business, 2001.

[261] Mawdsley J K, Somaya D. Demand-side Strategy, Relational Advantage, and Partner-driven Corporate Scope: The Case for Client-led Diversification [J]. Strategic Management Journal, 2018, 39 (7): 1834-1859.

[262] Mell J N, Van Knippenberg D, Van Ginkel W P. The Catalyst Effect: The Impact of Transactive Memory System Structure on Team Performance [J]. Academy of Management Journal, 2014, 57 (4): 1154-1173.

[263] Michael S, Ksenia P, Hans V D B, Johannes I M H. Success Factors in New Ventures: A Meta-analysis [J]. Journal of Product Innovation Management, 2008 (25): 7-27.

[264] Miles, M P, & Covin, J G. Environmental Marketing: A Source of Reputational, Competitive, and Financial Advantage [J]. Journal of Business Ethics, 2000, 23 (3): 299-311.

[265] Miles, M P, & Covin, J G. Exploring the Practice of Corporate Venturing: Some Common Forms and Their Organizational Implications [J]. Entrepreneurship Theory and Practice, 2002, 26 (3): 21-40.

[266] Miles R E, Snow C C, Meyer A D, et al. Organizational Strategy, Structure, and Process [J]. The Academy of Management Review, 1978, 3 (3): 546-562.

[267] Miles R H. Managing the Corporate Social Environment: A Grounded Theory [J]. Administrative Science Quarterly, 1988, 33 (4): 632-634.

[268] Milosevic I, Bass A E, Combs G M. The Paradox of Knowledge Creation

in a High-reliability Organization: A Case Study [J]. Journal of Management, 2015, 44 (3): 1174-1201.

[269] Mizruchi M S. Who Controls Whom? An Examination of the Relation Between Management and Boards of Directors in Large American Corporations [J]. Academy of Management Review, 1983, 8 (3): 426-435.

[270] Mischel W. The Interaction of Person and Situation [A] // D. Magnusson, N. S. Endler. Personality at the Crossroads: Current Issues in Interactional Psychology. Hillsdale: Lawrence Erlbaum, 1977.

[271] Mohammadi A, Khashabi P. Patent Disclosure and Venture Financing: The Impact of the American Inventor's Protection Act on Corporate Venture Capital Investments [J]. Strategic Entrepreneurship Journal, 2021, 15 (1): 73-97.

[272] Mohrman S A, Finegold D, Mohrman A M. An Empirical Model of the Organization Knowledge System in New Product Development Firms [J]. Journal of Engineering & Technology Management, 2003, 20 (1): 7-38.

[273] Morsing M, Roepstorff A. CSR as Corporate Political Activity: Observations on IKEA's CSR Identity-Image Dynamics [J]. Journal of Business Ethics, 2015, 128 (2): 395-409.

[274] Moss T W, Neubaum D O, Meyskens M. The Effect of Virtuous and Entrepreneurial Orientations on Microfinance Lending and Repayment: A Signaling Theory Perspective [J]. Entrepreneurship Theory and Practice, 2015, 39 (1): 27-52.

[275] Muller D, Judd C M, Yzerbyt V Y. When Moderation is Mediated and Mediation is Moderated [J]. Journal of Personality and Social Psychology, 2005, 89 (6): 852.

[276] Muthuveloo R, Shanmugam N, Ai P T. The Impact of Tacit Knowledge Management on Organizational Performance: Evidence from Malaysia [J]. Asia Pacific Management Review, 2017, 22 (4): 192-201.

[277] Nadkarni, S, & Chen, J. Bridging Yesterday, Today, and Tomorrow: CEO Temporal Focus, Environmental Dynamism, and Rate of New Product Introduction [J]. The Academy of Management Journal, 2014, 57 (6), 1810-1833.

[278] Nadkarni S., Barr P. S. Environmental Context, Managerial Cognition, and Strategic Action: An Integrated View [J]. Strategic Management Journal, 2008, 29 (13): 1395-1427.

[279] Narayanan V K, Yang Y, Zahra S A. Corporate Venturing and Value Creation: A Review and Proposed Framework [J]. Research Policy, 2009, 38 (1):

58-76.

[280] Navis C, Ozbek O V. The Right People in the Wrong Places: The Paradox of Entrepreneurial Entry and Successful Opportunity Realization [J]. Academy of Management Review, 2016, 41 (1): 109-129.

[281] Neeley T B, Leonardi P M. Enacting Knowledge Strategy Through Social Media: Passable Trust and the Paradox of Nonwork Interactions [J]. Strategic Management Journal, 2018, 39 (3): 922-946.

[282] Nelson R R, Winter S G. An Evolutionary Theory of Economic Change [J]. Administrative Science Quarterly, 1982, 32 (2): 315-318.

[283] Nonaka I, Takeuchi H. The Knowledge-creating Company: How Japanese Companies Create the Dynamics of Innovation [M]. New York: Oxford University Press, 1995.

[284] Nonaka I. A Dynamic Theory of Organizational Knowledge Creation [J]. Organization Science, 1994, 5 (1): 14-37.

[285] North D C. Institutions, Institutional Change and Economic Performance [M]. Cambridge: Cambridge University Press, 1990.

[286] Noyes E, Brush C, Hatten K, Smith-Doerr L. Firm Network Position and Corporate Venture Capital Investment [J]. Journal of Small Business Management, 2014, 52 (4): 713-731.

[287] Núñez-Pomar J, Prado-Gascó V, Sanz V A, Hervás J C, Moreno F C. Does Size Matter? Entrepreneurial Orientation and Performance in Spanish Sports Firms [J]. Journal of Business Research, 2016, 69 (11): 5336-5341.

[288] Ocasio W. Attention to Attention [J] . Organization science, 2011, 22 (5): 1286-1296.

[289] Ocasio W. Political Dynamics and the Circulation of Power: CEO Succession in US Industrial Corporations, 1960-1990 [J]. Administrative Science Quarterly, 1994, 39 (2): 285-312.

[290] Ocasio W. Towards an Attention-Based View of the Firm [J] . Strategic Management Journal, 1997, 18 (S1): 187-206.

[291] Oesterle M J, Elosge C, Elosge L. Me, Myself and I: The Role of CEO Narcissism in Internationalization Decisions [J]. International Business Review, 2016, 25 (5): 1114-1123.

[292] Oliver C. Strategic Responses to Institutional Processes [J]. Academy of Management Review, 1991, 16 (1): 145-179.

[293] Ou A Y, Tsui A S, Kinicki A J, Waldman D A, Xiao Z, Song L J. Humble Chief Executive Officers' Connections to Top Management Team Integration and Middle Managers' Responses [J]. Administrative Science Quarterly, 2014, 59 (1): 34-72.

[294] Ou A Y, Waldman D A, Peterson S J. Do Humble CEOs Matter? An Examination of CEO Humility and Firm Outcomes [J]. Journal of Management, 2018, 44 (3): 1147-1173.

[295] Ozer M, Zhang W. The Effects of Geographic and Network Ties on Exploitative and Exploratory Product Innovation [J]. Strategic Management Journal, 2015, 36 (7): 1105-1114.

[296] Pahnke E C, Katila R, Eisenhardt K M. Who Takes You to the Dance? How Partners' Institutional Logics Influence Innovation in Young Firms [J]. Administrative Science Quarterly, 2015, 60 (4): 596-633.

[297] Paik Y, Woo H. The Effects of Corporate Venture Capital, Founder Incumbency, and Their Interaction on Entrepreneurial Firms' R&D Investment Strategies [J]. Organization Science, 2017, 28 (4): 670-689.

[298] Pan Y, Wang T Y, Weisbach M S. CEO Investment Cycles [J]. Review of Financial Studies, 2016, 29 (11): 2956-2977.

[299] Park H D, Steensma H K. The Selection and Nurturing Effects of Corporate Investors on New Venture Innovativeness [J]. Strategic Entrepreneurship Journal, 2013, 7 (4): 311-330.

[300] Park H D, Steensma H K. When does Corporate Venture Capital Add Value for New Ventures? [J]. Strategic Management Journal, 2012, 33 (1): 1-22.

[301] Peng M W, Li Y, Xie E, Su Z. CEO Duality, Organizational Slack, and Firm Performance in China [J]. Asia Pacific Journal of Management, 2010, 27 (4): 611-624.

[302] Peng M W, Luo Y. Managerial Ties and Firm Performance in a Transition Economy: The Nature of a Micro-Macro Link [J]. Academy of Management Journal, 2000, 43 (3): 486-501.

[303] Petrenko O V, Aime F, Ridge J, Hill A. Corporate Social Responsibility or CEO Narcissism? CSR Motivations and Organizational Performance [J]. Strategic Management Journal, 2016, 37 (2): 262-279.

[304] Pfeffer J, Nowak P. Joint Ventures and Interorganizational Interdependence [J]. Administrative Science Quarterly, 1976, 21 (3): 398-418.

[305] Pfeffer J, Salancik G. The External Control of Organizations: A Resource Dependence Perspective [M]. New York: Harper & Row, 1978.

[306] Pincus A L, Roche M J. The Handbook of Narcissism and Narcissistic Personality Disorder: Theoretical Approaches, Empirical Findings, and Treatments [M]. New Jersey: John Wiley & Sons, Limited, 2012.

[307] Polanyi M. The Tacit Dimension [M]. New York: Doubleday & Company, Inc., 1966.

[308] Porter. Competitive Strategy−Techniques for Analysing Industries and Competitors [M]. New York: Free Press, 1980.

[309] Preacher K J, Hayes A F. SPSS and SAS Procedures for Estimating Indirect Effects in Simple Mediation Models [J]. Behavior Research Methods, Instruments, & Computers, 2004, 36 (4): 717−731.

[310] Preacher K J, Rucker D D, Hayes A F. Addressing Moderated Mediation Hypotheses: Theory, Methods, and Prescriptions [J]. Multivariate Behavioral Research, 2007, 42 (1): 185−227.

[311] Qian C L, Wang H L, Geng X S, Yu Y X. Rent Appropriation of Knowledge−based Assets and Firm Performance When Institutions Are Weak: A Study of Chinese Publicly Listed Firms [J]. Strategic Management Journal, 2017, 38 (4): 892−911.

[312] Qiang L I, Maggitti, Patrick G, et al. Top Management Attention to Innovation: The Role of Search Selection and Intensity in New Product Introductions [J]. Academy of Management Journal, 2013, 56 (3): 893−916.

[313] Quarterly, M. Ackerloff, George. The Market for Lemons: Quality Uncertainty and the Market Mechanism [J]. The Quarterly Journal of Economics, 1970, 84 (3): 488−500.

[314] Rajan R, Servaes H, Zingales L. The Cost of Diversity: The Diversification Discount and Inefficient Investment [J]. The Journal of Finance, 2000, 55 (1): 35−80.

[315] Raskin R N, Hall C S. A Narcissistic Personality Inventory [J]. Psychological Reports, 1979, 45 (2): 590.

[316] Raskin R, Novacek J, Hogan R. Narcissistic Self−esteem Management [J]. Journal of Personality and Social Psychology, 1991, 60 (6): 911−918.

[317] Raskin R, Terry H. A Principal−components Analysis of the Narcissistic Personality Inventory and Further Evidence of its Construct Validity [J]. Journal of Per-

sonality and Social Psychology, 1988, 54 (5): 890-902.

[318] Redmayne N B, Bradbury M E, Cahan S F. The Effect of Political Visibility on Audit Effort and Audit Pricing [J]. Accounting & Finance, 2014, 50 (4): 921-939.

[319] Reimsbach, D, & Hauschild, B. Corporate Venturing: An Extended Typology [J]. Journal of Management Control, 2012 (23): 71-80.

[320] Rhodewalt F, Morf C C. On Self-aggrandizement and Anger: A Temporal Analysis of Narcissism and Affective Reactions to Success and Failure [J]. Journal of Personality Social Psychology, 1998, 74 (3): 672-685.

[321] Rivette K G, Kline D. Discovering New Value in Intellectual Property [J]. Harvard Business Review, 2000, 78 (1): 54-66.

[322] Ragozzino R, Reuer J J. Geographic Distance and Corporate Acquisitions: Signals from IPO Firms [J]. Strategic Management Journal, 2011, 32 (8): 876-894.

[323] Rohm P. Exploring the Landscape of Corporate Venture Capital: A Systematic Review of the Entrepreneurial and Finance Literature [J]. Management Review Quarterly, 2018, 68 (3): 279-319.

[324] Rosenbaum, J. E. Tournament Mobility: Career Patterns in a Corporation [J]. Administrative Science Quarterly, 1979 (24): 220-242.

[325] Rosenbaum P R, Rubin D B. Constructing a Control Group Using Multivariate Matched Sampling Methods That Incorporate the Propensity Score [J]. The American Statistician, 1985, 39 (1): 33-38.

[326] Rosenbusch N, Brinckmann J, Bausch A. Is Innovation Always Beneficial? A Meta-analysis of the Relationship between Innovation and Performance in SMEs [J]. Journal of Business Venturing, 2011, 26 (4): 441-457.

[327] Rossi M, Festa G, Devalle A, Mueller J. When Corporations Get Disruptive, the Disruptive Get Corporate: Financing Disruptive Technologies through Corporate Venture Capital [J]. Journal of Business Research, 2020, 11 (8): 378-388.

[328] Rossi M, Festa G, Papa A, Kolte A, Piccolo R. Knowledge Management Behaviors in Venture Capital Crossroads: A Comparison between IVC and CVC Ambidexterity [J]. Journal of Knowledge Management, 2020, 24 (10): 2431-2454.

[329] Rynes S L, Bartunek J M, Daft R L. Across the Great Divide: Knowledge Creation and Transfer between Practitioners and Academics [J]. Academy of Management Journal, 2001, 44 (2): 340-355.

[330] Sahaym A, Cho S Y, Sang K K, Mousa F T. Mixed Blessings: How Top

Management Team Heterogeneity and Governance Structure Influence the Use of Corporate Venture Capital by Post-IPO Firms [J]. Journal of Business Research, 2016, 69 (3): 1208-1218.

[331] Sahaym A, Steensma H K, Barden J Q. The Influence of R&D Investment on the Use of Corporate Venture Capital: An Industry-level Analysis [J]. Journal of Business Venturing, 2010, 25 (4): 376-388.

[332] Sahlman, W A. The Structure and Governance of Venture-capital Organizations [J]. Journal of Financial Economics, 1990, 27 (2): 473-521.

[333] Sanders G. Behavioral Responses of CEOs to Stock Ownership and Stock Option Pay [J]. The Academy of Management Journal, 2001, 44 (3): 477-492.

[334] Sanders W G, Hambrick D C. Swinging for the Fences: The Effects of CEO Stock Options on Company Risk Taking and Performance [J]. Academy of Management Journal, 2007, 50 (5): 1055-1078.

[335] Schildt, H A, Maula, M V J, & Keil, T. Explorative and Exploitative Learning from External Corporate Ventures [J]. Entrepreneurship Theory and Practice, 2005, 29 (4): 493-515.

[336] Schneiberg M, Bartley T. Regulating American Industries: Markets, Politics, and the Institutional Determinants of Fire Insurance Regulation [J]. American Journal of Sociology, 2001, 107 (1): 101-146.

[337] Sciascia S, Mazzola P, Chirico F. Generational Involvement in the Top Management Team of Family Firms: Exploring Nonlinear Effects on Entrepreneurial Orientation [J]. Entrepreneurship Theory Practice, 2013, 37 (1): 69-85.

[338] Sharma P, Chrisman J J. Toward a Reconciliation of the Definitional Issues in the Field of Corporate Entrepreneurship [J]. Entrepreneurship Theory and Practice, 1999, 23 (3): 11-28.

[339] Shepherd D, Mcmullen J, Ocasio W. Is that an Opportunity? An attention Model of Top Managers' Opportunity Beliefs for Strategic Action [J]. Strategic Management Journal, 2016, 38 (3): 626-644.

[340] Shleifer A, Vishny R W. A Survey of Corporate Governance [J]. The Journal of Finance, 1997, 52 (2): 737-783.

[341] Simon G. Administration Behavior [M]. New York: Maemillan, 1947.

[342] Simon G. Investor Horizons, Long-term Blockholders, and Corporate Social Responsibility [J]. Journal of Banking & Finance, 2019 (103): 78-97.

[343] Simsek Z, Heavey C, Veiga J F. The Impact of CEO Core Self-evaluation

on the Firm's Entrepreneurial Orientation [J]. Strategic Management Journal, 2010, 31 (1): 110-119.

[344] Simsek Z, Veiga J F, Lubatkin M H, Dino R N. Modeling the Multilevel Determinants of Top Management Team Behavioral Integration [J]. Academy of Management Journal, 2005, 48 (1): 69-84.

[345] Saverio B, Francesco F, Federica R. Italian Annual Intellectual Capital Disclosure: An Empirical Analysis [J]. Journal of Intellectual Capital, 2003, 4 (4): 543-558.

[346] Shu C, Page A L, Gao S, Jiang X. Managerial Ties and Firm Innovation: Is Knowledge Creation a Missing Link? [J]. Journal of Product Innovation Management, 2011, 29 (1): 125-143.

[347] Siegel R, Siegel E, Macmillan I C. Corporate Venture Capitalists: Autonomy, Obstacles, and Performance [J]. Journal of Business Venturing, 1988, 3 (3): 233-247.

[348] Surroca J, Prior D, TribóGiné J A. Using Panel Data Dea to Measure CEOs' Focus of Attention: An Application to the Study of Cognitive Group Membership and Performance [J]. Strategic Management Journal, 2016, 37 (2): 370-388.

[349] Slovin M B, Sushka M E. Ownership Concentration, Corporate Control Activity, and Firm Value: Evidence from the Death of Inside Blockholders [J]. The Journal of Finance, 1993, 48 (4): 1293-1321.

[350] Smith K G, Collins C J, Clark K D. Existing Knowledge, Knowledge Creation Capability, and the Rate of New Product Introduction in High-technology Firms [J]. Academy of Management Journal, 2005, 48 (2): 346-357.

[351] Sobel M E. Asymptotic Confidence Intervals for Indirect Effects in Structural Equation Models [J]. Sociological Methodology, 1982, 13 (13): 290-312.

[352] Sofus M. More Than Words: Quantifying Language to Measure Firms' Fundamentals [J]. Journal of Finance, 2008, 63 (3): 1437-1467.

[353] Sorenson, O, & Stuart, T E. Bringing the Context back in: Settings and the Search for Syndicate Partners in Venture Capital Investment Networks [J]. Administrative Science Quarterly, 2008, 53 (2): 266-294.

[354] Sougiannis L T. The Capitalization, Amortization, and Value-relevance of R&D [J]. Journal of Accounting and Economics, 1996, 12 (3): 107-138.

[355] Spence M. Job Market Signaling [J]. Quarterly Journal of Economics, 1973, 87 (3): 355-374.

［356］Spence M. Signaling in Retrospect and the Informational Structure of Markets ［J］. American Economic Review, 2002, 92 （3）: 434-459.

［357］Spencer S J, Zanna M P, Fong G T. Establishing a Causal Chain: Why Experiments Are Often More Effective than Mediational Analyses in Examining Psychological Processes ［J］. Journal of Personality & Social Psychology, 2005, 89 （6）: 845-851.

［358］Stuart T E, Hoang H, Hybels R C. Interorganizational Endorsements and the Performance of Entrepreneurial Ventures ［J］. Administrative Science Quarterly, 1999, 44 （2）: 315-349.

［359］Stuart T E, Sorenson O. Strategic Networks and Entrepreneurial Ventures ［J］. Strategic Entrepreneurship Journal, 2010, 1 （3-4）: 211-227.

［360］Su C Y, Lin B W, Chen C J. Knowledge Co-creation across National Boundaries: Trends and Firms' Strategies ［J］. Knowledge Management Research & Practice, 2016, 14 （4）: 457-469.

［361］Suorsa A, Huotari M L. Knowledge Creation and the Concept of a Human Being: A Phenomenological Approach ［J］. Journal of the American Society for Information Science & Technology, 2014, 65 （5）: 1042-1057.

［362］Sykes H B. Corporate Venture Capital-strategies for Success ［J］. Journal of Business Venturing, 1990, 5 （1）: 37-47.

［363］Taj S A. Application of Signaling Theory in Management Research: Addressing Major Gaps in Theory ［J］. European Management Journal, 2016, 34 （4）: 338-348.

［364］Tang J, Crossan M, Rowe W G. Dominant CEO, Deviant Strategy, and Extreme Performance: The Moderating Role of a Powerful Board ［J］. Journal of Management Studies, 2011, 48 （7）: 1479-1503.

［365］Tan H P, Plowman D, Hancock P. Intellectual Capital and Financial Returns of Companies ［J］. Journal of Intellectual Capital, 2007, 8 （1）: 76-95.

［366］Theeke M, Lee H. Multimarket Contact and Rivalry over Knowledge-based Resources ［J］. Strategic Management Journal, 2017, 38 （12）: 2508-2531.

［367］Timothy A J, Ronald F P, Tomek K. The Bright and Dark Sides of Leader Traits: A Review and Theoretical Extension of the Leader Trait Paradigm ［J］. Leadership Quarterly, 2009, 20 （6）: 855-875.

［368］Titus Jr V K, Anderson B S. Firm Structure and Environment as Contingencies to the Corporate Venture Capital-Parent Firm Value Relationship ［J］. Entrepreneurship Theory and Practice, 2018, 42 (3): 498-522.

[369] Titus Jr. V K, Anderson B S. Firm Structure and Environment as Contingencies to the Corporate Venture Capital-parent Firm Value Relationship [J]. Entrepreneurship Theory & Practice, 2018, 42 (3): 498-522.

[370] Titus Jr. V K, House J M, Covin J G. The Influence of Exploration on External Corporate Venturing Activity [J]. Journal of Management, 2017, 43 (5): 1609-1630.

[371] Titus Jr. V K, Parker O, Covin J. Organizational Aspirations and External Venturing: The Contingency of Entrepreneurial Orientation [J]. Entrepreneurship Theory and Practice, 2020, 44 (4): 645-670.

[372] Tang Y, Qian C, Chen G, Shen R. How CEO Hubris Affects Corporate Social (ir) Responsibility [J]. Strategic Management Journal, 2015, 36 (9): 1338-1357.

[373] Tobin J. A General Equilibrium Approach to Monetary Theory [J]. Journal of Money Credit & Banking, 1969, 1 (1): 15-29.

[374] Tong T W, Li Y. Real Options and Investment Mode: Evidence from Corporate Venture Capital and Acquisition [J]. Organization Science, 2011, 22 (3): 659-674.

[375] Tovstiga G, Tulugurova E. Intellectual Capital Practices: A Four-region Comparative Study [J]. Journal of Intellectual Capital, 2009, 10 (1): 70-80.

[376] Tsai M T, Li Y H. Knowledge Creation Process in New Venture Strategy and Performance [J]. Journal of Business Research, 2007, 60 (4): 371-381.

[377] Tuggle C S, Schnatterly K, Johnson R A. Attention Patterns in The Boardroom: How Board Composition and Processes Affect Discussion of Entrepreneurial Issues [J]. Academy of Management Journal, 2010, 53 (3): 550-571.

[378] Turbin D, Greening W. Corporate Social Performance and Organizational Attractiveness to Prospective Employees [J]. Academy of Management Journal, 1997, 40 (3): 658-672.

[379] Uzuegbunam I, Ofem B, Nambisan S. Do Corporate Investors Affect Entrepreneurs' IP Portfolio? Entrepreneurial Finance and Intellectual Property in New Firms [J]. Entrepreneurship Theory and Practice, 2019, 43 (4): 673-696.

[380] Vanden B, Frans A J, Volberda H W, De Boer M. Co-evolution of Firm Absorptive Capacity and Knowledge Environment: Organizational Forms and Combinative Capabilities [J]. Organization Science, 1999, 10 (5): 551-568.

［381］van de Vrande V, Vanhaverbeke W, Duysters G. Additivity and Complementarity in External Technology Sourcing: The Added Value of Corporate Venture Capital Investments ［J］. IEEE Transactions on Engineering Management, 2011, 58 (3): 483-496.

［382］van de Vrande V, Vanhaverbeke W. How Prior Corporate Venture Capital Investments Shape Technological Alliances: A Real Options Approach ［J］. Entrepreneurship Theory and Practice, 2013, 37 (5): 1019-1043.

［383］Vries M K D. Organizations on the Couch: A Clinical Perspective on Organizational Dynamics ［J］. European Management Journal, 2004, 22 (2): 183-200.

［384］Wadhwa A, Kotha S. Knowledge Creation through External Venturing: Evidence from the Telecommunications Equipment Manufacturing Industry ［J］. Academy of Management Journal, 2006, 49 (4): 819-835.

［385］Wadhwa A, Phelps C, Kotha S. Corporate Venture Capital Portfolios and Firm Innovation ［J］. Journal of Business Venturing, 2016, 31 (1): 95-112.

［386］Wales W J, Patel P C, Lumpkin G T. In Pursuit of Greatness: CEO Narcissism, Entrepreneurial Orientation, and Firm Performance Variance ［J］. Journal of Management Studies, 2013, 50 (6): 1041-1069.

［387］Wallace H M, Baumeister R F. The Performance of Narcissists Rises and Falls with Perceived Opportunity for Glory ［J］. Journal of Personality Social Psychology, 2002, 82 (5): 819-834.

［388］Walsh J P. Managerial and Organizational Cognition: Notes from a Trip Down Memory Lane ［J］. Organization Science, 1995, 6 (3): 280-321.

［389］Wang D, Su Z, Yang D. Organizational Culture and Knowledge Creation Capability ［J］. Journal of Knowledge Management, 2011, 15 (3): 363-373.

［390］Wang G, DeGhetto K, Ellen B P, Lamont B T. Board Antecedents of CEO Duality and the Moderating Role of Country-level Managerial Discretion: A Meta-analytic Investigation ［J］. Journal of Management Studies, 2019, 56 (1): 172-202.

［391］Wang H L, Choi J, Wan G G, Dong J Q. Slack Resources and the Rent-Generating Potential of Firm-specific Knowledge ［J］. Journal of Management, 2016, 42 (2): 500-523.

［392］Wangrow D B, Schepker D J, Barker V L. Managerial Discretion: An Empirical Review and Focus on Future Research Directions ［J］. Journal of Management, 2015, 41 (1): 99-135.

[393] Wang X A, Wan W P. Explaining the Variance in Underpricing among Venture Capital-Backed IPOs: A Comparison between Private and Corporate VC Firms [J]. Strategic Entrepreneurship Journal, 2013, 7 (4): 331-342.

[394] White G O, Boddewyn J J, Galang R M N. Legal System Contingencies as Determinants of Political Tie Intensity by Wholly Owned Foreign Subsidaries: Insights from the Philippines [J]. Journal of World Business, 2015, 50 (2): 342-356.

[395] White G O, Fainshmidt S, Rajwani T. Antecedents and Outcomes of Political Tie Intensity: Institutional and Strategic Fit Perspectives [J]. Journal of International Management, 2018, 24 (1): 1-15.

[396] Whittington K B, Owen-Smith J. Networks, Propinquity, and Innovation in Knowledge-intensive Industries [J]. Administrative Scienee Quarterly, 2009, 54 (1): 90-122.

[397] Whorf B. L. Language, Thought, and Reality: Selected Writings [M]. Technology Press of Massachusetts Institute of Technology: Cambridge, Mass., 1956.

[398] Wiersema M, Bantel K A. Top Management Team Demography and Corporate Strategic Change [J]. Academy of Management Journal, 1992, 35 (1): 91-121.

[399] William Ocasio. Towards an Attention-based View of the Firm [J]. Strategic Management Journal, 1997 (18): 187-206.

[400] Wiseman R M, Gómez-Mejia L R. A Behavioral Agency Model of Managerial Risk Taking [J]. Academy of Management Review, 1998, 23 (1): 133-153.

[401] Werner T. Investor Reaction to Covert Corporate Political Activity [J]. Strategic Management Journal, 2017, 38 (12): 2424-2443.

[402] White G O, Hemphill T A, Joplin J R W, Marsh L A. Wholly Owned Foreign Subsidiary Relation-based Strategies in Volatile Environments [J]. International Business Review, 2014, 23 (1): 303-312.

[403] Wowak A J, Hambrick D C. A Model of Person-pay Interaction: How Executives Vary in Their Responses to Compensation Arrangements [J]. Strategic Management Journal, 2010, 31 (8): 803-821.

[404] Wowak A J, Mannor M J, Arrfelt M, McNamara G. Earthquake or Glacier? How CEO Charisma Manifests in Firm Strategy over Time [J]. Strategic Management Journal, 2006, 37 (3): 586-603.

[405] Xie Q. CEO Tenure and Ownership Mode Choice of Chinese Firms: The

Moderating Roles of Managerial Discretion [J]. International Business Review, 2014, 23 (5): 910-919.

[406] Xia J, Dawley D D, Jiang H, Ma R, Boal K B. Resolving a Dilemma of Signaling Bankrupt-firm Emergence: A Dynamic Integrative View [J]. Strategic Management Journal, 2016, 37 (8): 1754-1764.

[407] Yadav M S, Prabhu J, Chandy R. Managing the Future: CEO Attention and Innovation Outcomes [J]. Journal of Marketing, 2007, 71 (4): 84-101.

[408] Yadav, M S, Prabhu, J, & Chandy, R. Managing the Future: CEO Attention and Innovation Outcomes [J]. Journal of Marketing, 2007 (71): 84-101.

[409] Yang K. Institutional Holes and Entrepreneurship in China [J]. Sociological Review, 2004, 52 (3): 371-389.

[410] Yang Y, Narayanan V K, De Carolis D M. The Relationship between Portfolio Diversification and Firm Value: The Evidence from Corporate Venture Capital Activity [J]. Strategic Management Journal, 2014, 35 (13): 1993-2011.

[411] Yang, Y, Narayanan, V K, & Zahra, S A. Developing the Selection and Valuation Capabilities through Learning: The Case of Corporate Venture Capital [J]. Journal of Business Venturing, 2009, 24 (3): 261-273.

[412] Yashikawa H. On the "q" Theory of Investment [J]. American Economic Review, 1980, 70 (4): 739-743.

[413] Yiru Y. Do Aggressive Proforma Earnings-reporting Firms have Difficulty Disclosing Intellectual Capital? Australian Evidence [J]. Journal of Intellectual Capital, 2018 (19): 875-896.

[414] Zahra S A, George G. Absorptive Capacity: A Review, Reconceptualization, and Extension [J]. Academy of Management Review, 2002, 27 (2): 185-203.

[415] Zahra S A, Hayton J C. The Effect of International Venturing on Firm Performance: The Moderating Influence of Absorptive Capacity [J]. Journal of Business Venturing, 2008, 23 (2): 195-220.

[416] Zelaya-Zamora J, Dai S. Synthesizing Seeming Incompatibilities to Foster Knowledge Creation and Innovation [J]. Journal of Knowledge Management, 2013, 17 (1): 106-122.

[417] Zhang Hao W. S., Xin Chong. The Influences of CEO's Attention on Innovation Performance in Stated Owned Enterprises [J]. Chinese Journal of Management, 2014, 11 (12): 1798-1805.

［418］Zhang J. Public Governance and Corporate Fraud：Evidence from the Recent Anti-corruption Campaign in China ［J］. Journal of Business Ethics，2018，148（2）：375-396.

［419］Zhang Y A，Qu H. The Impact of CEO Succession with Gender Change on Firm Performance and Successor Early Departure：Evidence from China's Publicly Listed Companies in 1997-2010 ［J］. Academy of Management Journal，2016，59（5）：1845-1868.

［420］Zhang Y，Rajagopalan N. Once an Outsider，Always an Outsider？CEO Origin，Strategic Change，and Firm Performance ［J］. Strategic Management Journal，2010，31（3）：334-346.

［421］Zhang Y，Wiersema M F. Stock Market Reaction to CEO Certification：The Signaling Role of CEO Background ［J］. Strategic Management Journal，2009，30（7）：18-31.

［422］Zhang Y，Zhao W，Ge J. Institutional Duality and Political Strategies of Foreign-invested Firms in an Emerging Economy ［J］. Journal of World Business，2016，51（3）：451-462.

［423］Zhao J，Ha S，Widdows R. The Influence of Social Capital on Knowledge Creation in Online Health Communities ［J］. Information Technology & Management，2016，17（4）：311-321.

［424］Zhao X，Lynch Jr J G，Chen Q. Reconsidering Baron and Kenny：Myths and Truths about Mediation Analysis ［J］. Journal of consumer research，2010，37（2）：197-206.

［425］Zhou W. Political Connections and Entrepreneurial Investment：Evidence from China's Transition Economy ［J］. Journal of Business Venturing，2013，28（2）：299-315.

［426］Zhu D H，Chen G. CEO Narcissism and the Impact of Prior Board Experience on Corporate Strategy ［J］. Administrative Science Quarterly，2015a，60（1）：31-65.

［427］Zhu D H，Chen G. Narcissism，Director Selection，and Risk-Taking Spending ［J］. Strategic Management Journal，2015b，36（13）：2075-2098.

［428］曹兴，宋长江. 认知邻近性、地理邻近性对双元创新影响的实证研究 ［J］. 中国软科学，2017（4）：120-131.

［429］曾蔚，沈亚宁，唐雨，阳欢欢. CVC 投资模式对大公司技术创新绩效影响的实证研究 ［J］. 科技进步与对策，2020，37（7）：9-15.

［430］常红锦，杨有振．地理临近性与企业创新绩效［J］．中国科技论坛，2015（6）：106-111.

［431］陈传明，孙俊华．企业家人口背景特征与多元化战略选择——基于中国上市公司面板数据的实证研究［J］．管理世界，2008（5）：124-133+187-188.

［432］陈建勋，潘昌才，吴隆增．知识创造能否提升组织绩效？一项实证研究［J］．科研管理，2009，30（1）：107-115.

［433］陈军．美国公司风险投资分析——发展、特点及运作机理［J］．改革，2001（1）：106-114.

［434］陈敏灵，薛静．基于组织间关系视角的国外公司风险投资研究［J］．科技管理研究，2012，32（24）：226-229.

［435］陈守明，戴燚．高管团队职能背景多样性与企业创新产出间关系——创新关注的中介作用［J］．科技进步与对策，2015，32（18）：75-82.

［436］陈守明，唐滨琪．高管认知与企业创新投入——管理自由度的调节作用［J］．科学学研究，2012，30（11）：1723-1734.

［437］褚淑贞，都兰娜．基于CDM模型的创新投入、创新产出与企业创新绩效关系研究——以医药制造业上市公司为例［J］．工业技术经济，2017，36（7）：136-142.

［438］崔小雨，陈春花，苏涛．高管团队异质性与组织绩效的关系研究：一项Meta分析的检验［J］．管理评论，2018，30（09）：152-163.

［439］戴维奇．组织冗余、公司创业与成长：解析不同冗余的异质影响［J］．科学学与科学技术管理，2012，33（6）：156-164.

［440］戴维奇，姜浩然．监管与反监管：CEO自恋与公司创业投资［J］．财经论丛，2020，267（12）：78-87.

［441］戴维奇，刘赫，林巧．董事会断裂带对创业导向的影响——行为整合机制的调节效应［J］．财经论丛，2018，232（4）：83-93.

［442］戴维奇，魏江，余纯国．过往绩效与公司风险投资：高管政治网络的调节效应［J］．科研管理，2012，33（1）：138-146.

［443］党兴华，常红锦．网络位置、地理临近性与企业创新绩效——一个交互效应模型［J］．科研管理，2013，34（3）：7-13.

［444］翟丽，鹿溪，宋学明．上市公司参与公司风险投资的收益及其影响因素实证研究［J］．研究与发展管理，2010，22（5）：104-112.

［445］董静，徐婉渔．公司风险投资："鱼水相依"抑或"与鲨共舞"？——文献评述与理论建构［J］．外国经济与管理，2018，40（02）：3-17+50.

［446］董临萍，宋渊洋．高管团队注意力与企业国际化绩效：权力与管理自由度的调节作用［J］．管理评论，2017，29（8）：167-178.

［447］段勇倩，陈劲．风险投资如何影响企业创新？——研究述评与展望［J］．外国经济与管理，2021，43（1）：136-152.

［448］方杰，张敏强．中介效应的点估计和区间估计：乘积分布法、非参数Bootstrap 和 MCMC 法［J］．心理学报，2012，44（10）：1408-1420.

［449］方润生，李雄诒．组织冗余的利用对中国企业创新产出的影响［J］．管理工程学报，2005，19（3）：15-20.

［450］丰若旸，温军．风险投资与我国小微企业的技术创新［J］．研究与发展管理，2020，32（6）：126-139.

［451］高腾飞，陶秋燕，周平录，孙世强．企业社会创新与企业价值：知识产出的中介效应［J］．科技管理研究，2021，41（15）：11-19.

［452］郭蓉，文巧甜．业绩反馈与公司创业投资行为关系——来自中国上市公司的数据检验［J］．系统管理学报，2019，28（6）：1041-1056.

［453］郭燕燕，杨朝峰，封颖．网络位置、地理临近性对创新产出影响的实证研究［J］．中国科技论坛，2017（2）：127-134.

［454］海本禄，杨君笑，尹西明，李纪珍．创新产出与财务绩效——信贷融资的双刃剑效应［J］．中国科技论坛，2020（8）：119-128.

［455］韩宝龙，李琳，刘昱含．地理邻近性对高新区创新绩效影响效应的实证研究［J］．科技进步与对策，2010，27（17）：40-43.

［456］韩瑾，党兴华，石琳．不同管理风格下创业投资参与程度对创业企业绩效的影响［J］．科技进步与对策，2016，33（3）：109-114.

［457］何霞，苏晓华．高管团队背景特征、高管激励与企业 R&D 投入——来自 A 股上市高新技术企业的数据分析［J］．科技管理研究，2012，32（6）：100-108.

［458］胡钢，曹兴．知识视角下动态能力对多元化战略影响的研究［J］．科研管理，2014，35（9）：98-105.

［459］黄福广，贾西猛，田莉．风险投资机构高管团队知识背景与高科技投资偏好［J］．管理科学，2016，29（5）：31-44.

［460］黄磊，王化成，裘益政．Tobin Q 反映了企业价值吗——基于市场投机性的视角［J］．南开管理评论，2009，12（1）：90-95+123.

［461］纪明明，邓伟．研发投入与公司价值：规模与产权性质的调节作用［J］．企业经济，2017，36（3）：68-75.

［462］加里·杜什尼茨基，余雷，路江涌．公司创业投资：文献述评与研究

展望［J］. 管理世界，2021，37（7）：114+118-125+198-216.

［463］李健，陈传明. 企业家政治关联、所有制与企业债务期限结构——基于转型经济制度背景的实证研究［J］. 金融研究，2013（3）：161-173.

［464］李晋，邓峰. 政府 R&D 补贴投入对技术创新产出能力影响机制研究——基于 5 个高技术行业面板数据的实证分析［J］. 科技进步与对策，2013，30（13）：67-71.

［465］李九斤，王福胜，徐畅. 私募股权投资特征对被投资企业价值的影响——基于 2008-2012 年 IPO 企业经验数据的研究［J］. 南开管理评论，2015，18（5）：151-160.

［466］李梦雅，严太华，郝晨. 风险投资、创新产出质量与企业绩效——基于地区制度环境的调节作用［J］. 科研管理，2021，42（8）：168-175.

［467］李牧南，褚雁群，王流云. 专利质量的不同维度指标与托宾 Q 值的关系测度［J］. 科学学研究，2019，37（7）：1164-1173+1202.

［468］李世奇，朱平芳. 研发补贴对企业创新产出的影响研究［J］. 中国科技论坛，2019（8）：18-26.

［469］李晓翔，李晶. 行为策略、资源结构与中小企业创新产出［J］. 科研管理，2019，40（7）：173-181.

［470］李心丹，肖斌卿，张兵，朱洪亮. 投资者关系管理能提升上市公司价值吗？——基于中国 A 股上市公司投资者关系管理调查的实证研究［J］. 管理世界，2007（9）：117-128.

［471］李振华，赵敏如，王佳硕. 社会资本对区域科技孵化网络创新产出影响——基于多中心治理视角［J］. 科学学研究，2016，34（4）：564-573+581.

［472］梁晓艳，糜仲春，叶跃祥，王宏宇. 国外公司创业投资理论研究及其启示［J］. 外国经济与管理，2007，29（5）：11-17.

［473］林子尧，李新春. 公司创业投资与上市公司绩效：基于中国数据的实证研究［J］. 南方经济，2012，30（6）：3-14.

［474］刘人怀，霍孟军. 高管职业生涯关注对企业创新产出的影响［J］. 科技进步与对策，2021，38（15）：135-142.

［475］刘伟，黄江林. 企业资源对新创上市公司创业投资决策的影响——基于创业板制造业的分析［J］. 科技进步与对策，2016，33（2）：86-90.

［476］柳卸林，田凌飞. 不同产业研发投入对区域创新产出的影响［J］. 科技进步与对策，2019，36（4）：33-39.

［477］卢俊婷，张喆，贾明. 公仆型领导对员工组织公民行为影响的跨层次研究：一个有中介的调节模型［J］. 管理评论，2017，29（7）：187-199.

［478］陆晓丽．公司风险投资的目标及影响效应［J］．现代管理科学，2015（6）：52-54.

［479］陆正飞，胡诗阳．股东—经理代理冲突与非执行董事的治理作用——来自中国 A 股市场的经验证据［J］．管理世界，2015（1）：129-138.

［480］罗吉，党兴华．我国风险投资机构网络社群：结构识别、动态演变与偏好特征研究［J］．管理评论，2016，28（5）：61-72.

［481］吕冲冲，杨建君，张峰．共享时代下的企业知识创造——关系强度与合作模式的作用研究［J］．科学学与科学技术管理，2017，8（8）：19-30.

［482］马嫣然，蔡建峰，王淼．风险投资背景、持股比例对初创企业技术创新产出的影响——研发投入的中介效应［J］．科技进步与对策，2018，35（15）：1-8.

［483］彭茂，李进军．公司价值、外部治理环境和上市公司违规行为研究——来自中国上市公司的经验数据［J］．天府新论，2016（4）：120-126.

［484］彭学兵，胡剑锋．初创企业与成熟企业技术创业的组织方式比较研究［J］．科研管理，2011，32（7）：53-59.

［485］乔明哲，张玉利，张玮倩，虞星星．公司创业投资与企业技术创新绩效——基于实物期权视角的研究［J］．外国经济与管理，2017，39（12）：38-52.

［486］乔明哲，杜运周，吴为民．国外公司创业投资的研究现状与未来展望——基于英文期刊文献的分析［J］．北京工商大学学报（社会科学版），2014，29（6）：63-72.

［487］乔明哲，张玉利，凌玉，李金良．公司创业投资究竟怎样影响创业企业的 IPO 抑价——来自深圳创业板市场的证据［J］．南开管理评论，2017，20（1）：167-180.

［488］饶扬德，李福刚．地理邻近性与创新：区域知识流动与集体学习视角［J］．中国科技论坛，2006（6）：20-24.

［489］沈洪涛，黄珍，郭肪汝．告白还是辩白——企业环境表现与环境信息披露关系研究［J］．南开管理评论，2014，17（2）：56-63.

［490］施国平，陈德棉，董建卫，郑晓彬．国有企业作为有限合伙人参与风险投资对创新产出的影响［J］．管理学报，2020，17（7）：1024-1032.

［491］舒志彪，于君博，于永达．企业规模与企业创新产出关系的实证研究［J］．科技进步与对策，2007，24（2）：21-26.

［492］宋效中，程玮．上市公司风险投资对经营绩效的影响［J］．会计之友，2014，4（11）：34-38.

［493］孙早，肖利平．产业特征、公司治理与企业研发投入——来自中国战

略性新兴产业 A 股上市公司的经验证据 [J]. 经济管理, 2015, 37 (8): 34-45.

[494] 孙道军, 王栋. 高新技术产业集群下区域 R&D 投入与创新产出的实证研究 [J]. 现代管理科学, 2010 (6): 69-71.

[495] 孙俊华, 贾良定. 高层管理团队与企业战略关系研究述评 [J]. 科技进步与对策, 2009, 26 (9): 150-155.

[496] 孙兆斌. 股权集中、股权制衡与上市公司的技术效率 [J]. 管理世界, 2006 (7): 115-124.

[497] 汤超颖, 丁雪辰. 创新型企业研发团队知识基础与知识创造的关系研究 [J]. 科学学与科学技术管理, 2015 (9): 83-94.

[498] 唐汉瑛, 龙立荣, 周如意. 谦卑领导行为与下属工作投入: 有中介的调节模型 [J]. 管理科学, 2015, 28 (3): 77-89.

[499] 唐清泉, 韩宏稳. 关联并购与公司价值: 会计稳健性的治理作用 [J]. 南开管理评论, 2018, 21 (3): 23-34.

[500] 田轩, 孟清扬. 股权激励计划能促进企业创新吗 [J]. 南开管理评论, 2018, 21 (3): 176-190.

[501] 屠立鹤, 孙世敏, 陈怡秀. 股票期权激励、高管解雇压力与公司风险承担 [J]. 经济与管理研究, 2017, 38 (10): 125-135.

[502] 万坤扬, 陆文聪. 创业企业知识异质性与公司投资者知识创造 [J]. 科研管理, 2016, 37 (2): 9-19.

[503] 万坤扬, 陆文聪. 公司创业投资与企业技术创新——吸收能力、卷入强度和治理结构的调节作用 [J]. 科学学与科学技术管理, 2014b, 35 (11): 117-128.

[504] 万坤扬, 陆文聪. 公司创业投资组合多元化与企业价值——组织冗余的调节作用 [J]. 经济管理, 2014a, 36 (9): 156-166.

[505] 汪金爱, 宗芳宇. 国外高阶梯队理论研究新进展: 揭开人口学背景黑箱 [J]. 管理学报, 2011, 8 (8): 1247-1255.

[506] 王雷, 周方召. 公司创业投资比独立创业投资更能促创新吗? ——基于上市公司的实证研究 [J]. 科学学与科学技术管理, 2017, 38 (10): 122-136.

[507] 王崇锋, 巩杰, 晁艺璇. 发明人网络嵌入性对创新产出影响研究——基于网络演化特征的中介机制 [J]. 科技管理研究, 2019, 39 (24): 1-7.

[508] 王海花, 赵鹏瑾, 周位纱, 周洁. 地理邻近性与众创空间成长 [J]. 科学学研究, 2022, 40 (1): 160-171.

[509] 王红霞, 高山行. 基于资源利用的企业 R&D 投入与创新产出关系的实证研究 [J]. 科学学研究, 2008, 26 (S2): 517+567-572.

[510] 王俊. R&D 补贴对企业 R&D 投入及创新产出影响的实证研究 [J]. 科学学研究, 2010, 28 (9): 1368-1374.

[511] 王雷, 亓亚荣. CVC 竞争强度与被投资企业技术创新绩效——基于卷入强度的中介效应分析 [J]. 上海财经大学学报, 2019, 21 (2): 46-64.

[512] 王姝勋, 方红艳, 荣昭. 期权激励会促进公司创新吗?——基于中国上市公司专利产出的证据 [J]. 金融研究, 2017, (3): 176-191.

[513] 王苏生, 康永博, 彭珂. 公司创业投资 (CVC)、实物期权和公司价值创造 [J]. 管理评论, 2017, 29 (9): 110-121.

[514] 王晓巍, 陈逢博. 创业板上市公司股权结构与企业价值 [J]. 管理科学, 2014 (6): 42-54.

[515] 王雪莉, 马琳, 王艳丽. 高管团队职能背景对企业绩效的影响: 以中国信息技术行业上市公司为例 [J]. 南开管理评论, 2013, 16 (4): 80-93.

[516] 温忠麟, 刘红云, 侯杰泰. 调节效应和中介效应分析 [M]. 北京: 教育科学出版社, 2012.

[517] 温忠麟, 叶宝娟. 中介效应分析: 方法和模型发展 [J]. 心理科学进展, 2014, 22 (5): 731-745.

[518] 温忠麟, 张雷, 侯杰泰, 刘红云. 中介效应检验程序及其应用 [J]. 心理学报, 2004, 36 (5): 614-620.

[519] 吴建祖, 肖书锋. 创新注意力转移、研发投入跳跃与企业绩效——来自中国 A 股上市公司的经验证据 [J]. 南开管理评论, 2016, 19 (2): 182-192.

[520] 吴悦, 李小平, 涂振洲, 顾新, 张莉. 知识流动视角下动态能力影响产学研协同创新过程的实证研究 [J]. 科技进步与对策, 2020, 37 (8): 115-123.

[521] 吴建祖, 毕玉胜. 高管团队注意力配置与企业国际化战略选择——华为公司案例研究 [J]. 管理学报, 2013, 10 (9): 1268-1274.

[522] 吴建祖, 龚敏. 基于注意力基础观的 CEO 自恋对企业战略变革影响机制研究 [J]. 管理学报, 2018 (11): 1638-1646.

[523] 吴建祖, 关斌. 高管团队特征对企业国际市场进入模式的影响研究——注意力的中介作用 [J]. 管理评论, 2015, 27 (11): 118-131.

[524] 吴建祖, 关斌. 高管团队注意力与企业对外直接投资方式——基于中国制造业上市公司的实证研究 [J]. 软科学, 2013, 27 (11): 76-80.

[525] 吴建祖, 王欣然, 曾宪聚. 国外注意力基础观研究现状探析与未来展望 [J]. 外国经济与管理, 2009, 31 (6): 58-65.

[526] 吴伟伟, 张天一. 非研发补贴与研发补贴对新创企业创新产出的非对称影响研究 [J]. 管理世界, 2021, 37 (3): 110+137-160.

［527］吴雄臣，李恩平．中小高科技公司创业投资退出决策模型研究［J］．科技管理研究，2013，33（19）：197-200.

［528］萧维嘉，王正位，段芸．大股东存在下的独立董事对公司业绩的影响——基于内生视角的审视［J］．南开管理评论，2009，12（2）：90-97.

［529］谢雅萍，宋超俐．风险投资与技术创新关系研究现状探析与未来展望［J］．外国经济与管理，2017，39（2）：47-59.

［530］许昊，万迪昉，徐晋．风险投资、区域创新与创新质量甄别［J］．科研管理，2017，38（8）：27-35.

［531］薛超凯，任宗强，党兴华．CVC 与 IVC 谁更能促进初创企业创新？［J］．管理工程学报，2019，33（4）：38-48.

［532］杨林，芮明杰．高管团队特质、战略变革与企业价值关系的理论研究［J］．管理学报，2010，7（12）：1785-1791.

［533］叶宝娟，温忠麟．有中介的调节模型检验方法：甄别和整合［J］．心理学报，2013，45（9）：1050-1060.

［534］应洪斌．地理临近对企业知识搜索效果的影响研究——基于结构洞理论视角［J］．科技管理研究，2015，35（20）：128-133.

［535］于君博，舒志彪．企业规模与创新产出关系的实证研究［J］．科学学研究，2007，25（2）：373-380.

［536］员智凯，李林蔚．企业间合作中的组织学习、创新产出与财务绩效［J］．情报杂志，2011，30（6）：194-198.

［537］张红，杨飞，王悦，李洋．基于托宾 Q 值法的我国房地产上市公司投资价值判别［J］．科技进步与对策，2014，31（11）：86-89.

［538］张化尧，史小坤．研发资源的跨国分布与创新产出：OECD 国家的经验与启示［J］．研究与发展管理，2012，24（1）：78-85.

［539］张建君，张闫龙．董事长—总经理的异质性、权力差距和融洽关系与组织绩效——来自上市公司的证据［J］．管理世界，2016（1）：110-120.

［540］张军，曲丽洋，许庆瑞．不同新颖度知识创造与企业成长动态关系研究——基于华为时间序列数据的探索性案例研究［J］．科学学研究，2016，34（9）：1381-1390.

［541］张霖琳，刘峰，蔡贵龙．监管独立性、市场化进程与国企高管晋升机制的执行效果——基于 2003~2012 年国企高管职位变更的数据［J］．管理世界，2015（10）：117-131.

［542］张三保，李晔．高层管理团队研究：进展、比较与方向［J］．管理学季刊，2018，3（2）：85-112+148.

［543］张优智，党兴华，赵璟．陕西省 R&D 投入与创新产出动态均衡关系研究——基于陕西省 2000-2010 年数据实证分析［J］．科技管理研究，2014，34（3）：85-90．

［544］赵蓓，吴芳，张岩．企业可见度、社会责任与绩效［J］．厦门大学学报（哲学社会科学版），2015（3）：20-28．

［545］赵炎，王冰，郑向杰．联盟创新网络中企业的地理邻近性、区域位置与网络结构特征对创新绩效的影响——基于中国通讯设备行业的实证分析［J］．研究与发展管理，2015，27（1）：124-131．

［546］赵炎，王琦，郑向杰．网络邻近性、地理邻近性对知识转移绩效的影响［J］．科研管理，2016，37（1）：128-136．

［547］赵子夜，杨庆，陈坚波．通才还是专才：CEO 的能力结构和公司创新［J］．管理世界，2018，34（2）：123-143．

［548］郑国坚，林东杰，张飞达．大股东财务困境、掏空与公司治理的有效性——来自大股东财务数据的证据［J］．管理世界，2013（5）：157-168．

［549］郑志刚．接管威胁和有效的董事会监督所需要的外部环境［J］．经济科学，2005，27（4）：74-84．

［550］周铭山，张倩倩．"面子工程"还是"真才实干"？——基于政治晋升激励下的国有企业创新研究［J］．管理世界，2016（12）：116-132．

［551］朱冰，张晓亮，郑晓佳．多个大股东与企业创新［J］．管理世界，2018，34（7）：151-165．

［552］朱德胜，周晓珮．股权制衡、高管持股与企业创新效率［J］．南开管理评论，2016，19（3）：136-144．